China's
Management
under the Great
Changes

大变局下的
中国管理
3
商学院批判
与自我革新

赵向阳◎著

中国人民大学出版社
·北京·

图书在版编目（CIP）数据

大变局下的中国管理 .3，商学院批判与自我革新 /
赵向阳著. -- 北京：中国人民大学出版社，2024.1
ISBN 978-7-300-32269-8

Ⅰ.①大… Ⅱ.①赵… Ⅲ.①经济管理－研究－中国
Ⅳ.①F123

中国国家版本馆 CIP 数据核字（2023）第 207364 号

大变局下的中国管理 3：商学院批判与自我革新

赵向阳　著

Dabianju Xia de Zhongguo Guanli 3：Shangxueyuan Pipan yu Ziwo Gexin

出版发行	中国人民大学出版社	
社　　址	北京中关村大街 31 号	邮政编码　100080
电　　话	010－62511242（总编室）	010－62511770（质管部）
	010－82501766（邮购部）	010－62514148（门市部）
	010－62515195（发行公司）	010－62515275（盗版举报）
网　　址	http://www.crup.com.cn	
经　　销	新华书店	
印　　刷	北京联兴盛业印刷股份有限公司	
开　　本	720 mm×1000 mm　1/16	版　次　2024 年 1 月第 1 版
印　　张	21 插页 2	印　次　2024 年 1 月第 1 次印刷
字　　数	233 000	定　价　89.00 元

关于《大变局下的中国管理》的部分评论

赵向阳老师是位广谱型学者，他的大脑雷达扫描范围之广、思想穿透力之犀利，都是我所欣赏的少数人才具备的特质。收入《大变局下的中国管理》中的多篇皆是独具思想的管理学方面的"锦绣文章"，它们切中时下国家和企业层面的一些痛点管理问题，视角相对独特，观点切中时弊，文字跳跃而不"八股"，能带给读者一些阅读快感和启发。

——田涛（华为公司顾问、《下一个倒下的会不会是华为》作者）

随性任情，跨界驰骋；经世致用，醒世为文。向阳所著的《大变局下的中国管理》一书，不仅带给读者耳目一新的时局洞见，还生动呈现作者的为学为人。最为可贵的是，这本书有助于读者从根本上思考在当今大变局时代个人的责任、定位与使命。

——陈明哲（美国弗吉尼亚大学达顿商学院讲席教授，国际管理学会终身院士、前主席）

讲真话很难。因为讲真话的人，不仅要有勇气、有胆略，而且需要有广博的知识，有深刻的洞察力，才能讲得出真正的真话，而不是肤浅的"真话"。向阳的经历很丰富，涉及的专业很多，书看得很多、很杂、很勤、很泛，知识面很宽。他常常喜欢发表与众不同、标新立异的观点，而且特别不喜欢人云亦云。有时他宁可不说，也绝对不说违心的话，不说拍马屁的话。他的这个性格我很喜欢，所以和他也比较谈得来。

——王方华（上海交通大学安泰经济与管理学院原院长、"中国管理 50 人论坛"发起人之一）

向阳是性情中人，讲实话。我们一见面，我就喜欢他。我认为，他具备"三见"的能力：看见、洞见、远见。他眼光犀利，善于观察，思维活跃，勇于探索，认真思考，想得深远。中国与世界都处于大变局之中，因此，我特别喜欢读他的文章。不是每篇文章的所有内容我都看得懂，但他的独到之见常引起我思考，将我带向未来。

——周南（香港城市大学退休教授）

《大变局下的中国管理》得以出版，既放大了中国管理的某种集体无力感，又强调了"在场、多元、意义"的迫切性。最终，是思想的碰撞与交流。我曾不止一次听过管理同行的大话："管理学不缺思想"，缺的是"科学证明"。事实上，管理世界有多少"像样"的思想？又有多少研究敢于声称是"科学证明"？管理思想的传播与科学证明之间到底有多么密切的关系?! 向阳的这些文章受到不少管理实践者——体制外人士的青睐，对于致用之学的管理学当然是好事！试想有几篇管理学术论文会受到如此之众的关注？

——韩巍（深圳大学管理学院教授）

赵老师的文章绝不是娓娓道来，而是慷慨激昂，我竟然读出了一种"大珠小珠落玉盘"的感觉。赵老师虽然创立"煮茶问道·本土管理研究论坛"，但他绝不"端茶倒水"，而是直接递给你一瓶可乐，让你心跳加速，或者给你一杯从德国带回来的咖啡，让你喝出醇厚来。通读此书，我的总体感受是，赵老师文笔流畅，但是，他的文笔不及他的才华横溢，他的才华不及他的思想博大，而他的思想远没有他的情怀让人动容。虽然赵老师的这些文章本来是面向企业家群体的，但它们同样适合作为博士生的通识读物。

——吕乐娣（上海大学管理学院 2019 级博士生）

中国不仅需要扎根祖国大地的管理学家，更需要放眼全球的管理战略学家。我觉得，赵老师应是一位管理战略学家，他既有扎实的管理学研究功底，更有多跨度、多学科、多角度、有高度的思维和视野。他可以跳出管理看管理，不拘泥于"正确地做事"，更知道"做正确的事"。这是商学院教不出来的。读赵向阳老师的文章，有一种爽感，一气呵成，中间不要停顿，不能停顿，也不会停顿。

——李文重（中国人民大学出版社编辑）

初识向阳老师是在创业成长互助联盟（简称创盟）的活动中。彼时他作为管理学学者，义务兼任创盟的顾问，近距离观察创业者艰辛的创业历程和管理实践。近年来一直关注和拜读向阳老师的文章，我能强烈感受到他对管理学深刻的理解、非凡的视角和罕见的理性思辨力。除了管理学学术之外，我还能从字里行间感受到他作为一个读书人浓烈的家国情怀和强烈的社会责任感。我把这归因于他在物理学、心理学、管理学方面的学术阅历，以及游学东西方、博览群书的杂学经历。相信本书中的这些文章能启迪和激励更多的创业者在企业发展、国家进步和民族复兴事业中做出更大的成绩。

——欧阳建平（天阳宏业科技股份有限公司董事长兼总裁）

赵向阳博士是我的老乡、挚友，我们的经历有很多相似之处，因此他的很多人生分享我感同身受。《大变局下的中国管理》中的大部分文章我第一时间都拜读过，并且分享给周围的朋友，大家好评如潮。不同于一般学者的纯理论研究晦涩难懂，或者高谈阔论，向阳的文章思路开阔，旁征博引，信息量很大，但又条理清楚，通俗易懂，实用性和现实性都很强。向阳是一位率性的人，对事件的分析在理性的基础上充满了激情，这一点尤为打动人。我喜欢他的文章，欣赏他的为人和做学问的品格。《大变局下的中国管理》值得一读。

——何钦（北京真之影文化传媒有限公司董事、总经理，
电影制片人、监制，电影节评委、选片人）

赵老师是个生命浓度比常人高许多的人，炙热、坚持、真诚。多年来，我们击掌有时，争执有时。无论是赞同还是反对，我俩都热血沸腾、毫不克制，能把情绪放大到最大值，全无君子之交的从容与和而不同的风度。但是，我们尚能保持多年友谊，是因为他的知行合一。他是真的相信自己所说的，也认真地身体力行着。仅此一点，我就必须尊重！

比装睡的人更可怕的是装醒的人。装睡的人至少愿意醒就醒了，而装醒的人却不知道自己只是在梦游而已。比起那种动辄用片面的理论去教导大众的专家学者，我们更应该尊重用生命去实验、去践行自己理论的人。

《大变局下的中国管理》中的大多文章都是赵老师在实践中的所见、所思、所悟，也会是他接下来一段时间去认真推行、实验的内容。我很期待他实验的成果，也期待更多的朋友和他交流、交锋。君子之交贵至诚以待，和而不同且勉励前行。

——马国宁（央视《职场健康课》常驻嘉宾）

过往表明，赵向阳教授可谓管理学界的"堂吉诃德"。这本书记录了他"以大格局应对大变局"的思考和探索。个人理解，这是一本"三好"管理著作：

一是好在探讨的始终是管理世界的真问题。从国家层面、组织层面到个体层面，问题真切、实在，没有伪问题，展示了管理著作所应该具有的现实关切。

二是好在讲真话，而且是有洞察力的真话。如果说理论是一条河流的话，那么相对于管理学而言，社会学、经济学、政治学和不分家的"文史哲"更靠近河流的源头。阅读本书，有畅游之喜，有启发之乐，有"千里快哉风"拂面之快。在探寻可能性的过程中，本书展示了管理研究所应具有的知识谱系与宏阔眼光。

三是好在文章背后始终站着一位真性情的作者。这些年来，向阳教授似乎一直率性而为，不乏任性之举，而又充满韧性活力，像极了那位堂吉诃德先生——你认为我是谁并不重要，重要的是"我知道我是谁"。或许，我们不妨将其理解为，作为一位学者和管理实践者值得努力"去除遮蔽"的意义追寻与理想守护。此中真意，唯有读者可鉴。

——曾宪聚（深圳大学管理学院教授）

初识向阳，印象最深的莫过于他身处学界，却一袭黑衣、胯下摩托、英俊帅气的骑士风范。逐渐熟悉，发现他更像是徜徉于思想海洋中撷英咀华的骑士，一位在海边寻觅思想火花的拾贝人。《大变局下的中国管理》正是用他平时积累的珍珠串成的一串闪亮的项链。希望这本书能启发更多人，让大家各自的珍珠皆能熠熠生辉。

——刘刚（国住人居工程顾问有限公司战略总监）

初涉学术圈，就听闻了两个人的名字：赵向阳和韩巍，都以犀利著称。默默地围观了一次向阳老师的"煮茶问道·本土管理研究论坛"后加了他的微信，结果刚一通过就被灵魂三问："你是谁？你要干吗？我认识你吗？"吓得我隐身了很长一段时间。后来，就是和明哲老师、向阳老师相聚四川铁骑力士集团，参观完毕临上车前一分钟，向阳老师突然拉住我，跟我说："你一定要开发一个铁骑力士的案例，名字我都给你想好了，就叫'Values create value'（价值观创造价值）。"然后，他头也不回地上车了，留下一脸懵的我。再后来，我们团队给铁骑力士开发了 18 篇案例，唯独不敢用这个题目，估计是留给第 20 篇案例的。我很喜欢陈明哲老师的这句话——"随性任情，即是向阳'一以贯之'的精神。"学术圈幸好有向阳老师如此"有趣"的人，处处有惊喜，随时有惊吓。"其文如其为人"，《大变局下的中国管理》，让人期待。

——何波（西南科技大学经济管理学院教授）

收到教授或企业家们寄来的新著作，我一般都是翻翻就放下了。每年都有 10 余件类似的事情。为什么？绝大部分著作都是走"中国企业实践＋摘抄欧美经典管理理论做注解"的套路。我习惯了中国商学院教授绝大部分就是欧美教材翻译官的模式，我更习惯

了中国管理学界关于中国企业管理实践粗浅到让人无法忍耐的描述
与定义。

但是，赵向阳博士的书，还是让我震撼。

（1）他咀嚼中国管理实践时非常认真、细致甚至深入，触及中
国管理实践人士的真问题和实困惑。比如"用生存智慧渡难关"这
样的判断，是非常有用的，不像绝大部分学者会像泼妇骂不争气的
丈夫那样数落"没有战略，没有组织结构……导致今天的烂摊
子"等。

（2）他使用的管理理念和思路是有自己的视角、更有自己的爱
在其中的，不像绝大部分管理学者像"鞭尸"一样谈论着中国企业
家与企业管理者这些活人的行为。"隐藏在中国人内心的偏见"一
段，触及中国管理者们心理建设的缺乏。华景咨询倡导"修炼而不
是学习"才是管理成长之道，也是如此。

（3）向阳视角超越了管理学、经济学的单维视角，使用了心理
学、社会学等视角去思考中国管理之道。华景咨询在 18 年的实践
中，发现企业管理实践是在真实的社会中运行的，不是在经济管理
抽象过的环境中运行的。企业管理务必结合公司治理、社会、科
技、经济和政策法规等环境！

——佟景国 ［华景咨询（深圳）有限公司董事长］

老友赵向阳博士是一位创业、著书、译书颇多的人。2021 年 7
月中旬，收到赵向阳博士寄来的他的新书《大变局下的中国管理》，
便如饥似渴地拜读起来。之所以急于一探究竟，并不仅仅是因为
"大变局"的书名，也是因为赵向阳博士历来观点独特、似执似疯。
这在人云亦云的众生中多少有些弥足珍贵。

速读了一遍，意犹未尽，然后开始一点点啃食……

　　的确，我们身处一个巨变的时代，无论生活方式还是生产方式，管理乃至创业，都是在激荡中巨变，似乎一切都在巨变中迭代甚至重建。曾经的经典管理理论在互联网时代的异类们面前黯然失色（起码失去了旧日的光环），自由主义也遭遇到了设施主义基础上的产业集群、经济带的挑战，昔日全球化规则的制定者也恼羞成怒地为全球化设置各种栅栏。一场贸易战让这一切登峰造极地登场了。

　　在全球大变局之下，原来的"学生"越来越特立独行地存在，转向了自我修炼。中国管理就是这样一支力量，逐步有了自己的模样。也许，今天中国管理依旧无法输出什么理论与范式，但特立独行就是一个崛起的开始。其中的代表之一就是华为，其文化的韧性让一个头号帝国兴举国之力竟然也没能令其崩溃，而且还在升级中的科技战"上甘岭"（鸿蒙）渐渐站住了脚跟。

　　在《大变局下的中国管理》一书中，大到管理模式的三个转向、小到公司内部创业反脆弱四原则，一些独到的观点总会让人眼前一亮。书中的一些反思也会引发人们对风潮与特定现象的思考。虎歌本人非常赞成赵向阳博士的观点，不是什么人都适合创业。是否适合创业，更多取决于内在的野心而不是外在的期望。但"以创业的思维去就业"则是一种新的就业观，因为中国太需要企业中独当一面的中坚力量。

　　感谢赵向阳博士在《大变局下的中国管理》中为中国管理破题……掩书遐思，一个词突然蹦出：中国管理，蓬勃而年轻。

——张怀清（虎歌）（精一天使公社联合创始人、

《创业地图：从 0 到 1 精益创业导航》作者）

棒子歌——赠向阳

昨日在西城，雅集清茶舍。

有人说向阳，并非是棒喝。

说他是棒子，逗得大家乐。

虽然乐开怀，感觉很恰切。

余观赵向阳，混迹在学界。

治学如顽童，仿佛漫游客。

皇帝未穿衣，他敢直指破。

自诩能吹毛，求疵那与这。

科学之精神，常教学人怯。

我与向阳交，交情还不错。

屈指五载余，同行多不解。

其实都不知，我俩一丘貉。

丘貉亦有怀，素襟同开阔。

不与污同流，书生甘寂寞。

亦能下蓬蒿，悲悯青萍末。

棒子亦如何？横扫罡尘屑。

所谓大学者，无非识与魄。

丈夫自光明，游息俱磊落。

纵然至水穷，何妨云起落。

相逢且相酬，共酌千古月。

——周一白（周长辉，北京大学光华管理学院教授）

推荐序：工商管理教育急需颠覆性创新

席酉民

（西安交通大学管理学教授，西交利物浦大学执行校长，英国利物浦大学副校长）

受赵向阳教授邀请为《大变局下的中国管理3：商学院批判与自我革新》撰写推荐序，受宠若惊。向阳向来充满批判精神，之所以邀请我可能是因为我欣赏他的风格，也不时挑战他；还可能因为我对未来工商管理教育常作反思和批判，这暗合了本书"商学院批判"的主题。他以"商学院批判与自我革新"为题，收录了其观察、研究、反思、回响的文字。我无意于批判他的"批判"，他理应文责自负；大家可通过阅读本书，自行斟酌掂量其批判的意义。我这里借他的"流量"，兜售一点我对工商管理教育的最新看法，也供大家批判！

近年来，在教育部的推动下，各种关于新工科、新文科等学科建设的讨论热潮一波接一波，商科有时也蹭个热度，引发管理学界教师和学者的热情介入。现在似乎什么都在探讨其新版本。我经常很好奇地问：为什么要新？新在哪儿？怎样新？这里围绕工商管理教育发展，试图简要回应这三个基本问题，作为对于向阳对商学院批判的呼应。

一、为什么要新？

在知识碎片化时代，人们的思维容易变得肤浅，盲从社会潮流，而缺乏自我思考。作为教育者、学者，应该随时保持一种独立的、深刻的、冷静的，有时甚至是冷酷的思考方式，才可能在这个时代走在一条正确的路上。

在新时代、新范式下，尽管全球化受挫，但其长期发展趋势不会改变；数字化、物联网、互联网会去边界，把全球连在一起，因而全球化会有新的表现形式。当时代充满不确定性、模糊性、复杂性、多变性、稀缺性（UACCS①），便会引发一系列机制的改变和范式的转型，例如链接革命、共享、共生与人机融合等。大家对共享已有足够的体验与理解，甚至有"共享经济"之称。而共生比共享更为关键。共生是因为共处借由竞合而产生互动、合作和创新，从而相互促进和提升。人机融合则可以大大释放个人和组织的能量。共享、共生和人机融合会导致范式转型，新的范式则会孕育出各种各样的生态。过去工商管理教育提倡培养管理者，后来强调孕育企业家，现在则需要考虑协助学生成为能跨越组织边界、整合资源、营造生态的产业家②。

新范式催生新的生活方式和社会形态、新的商业模式以及新型的管理者和领导者。但遗憾的是，当前的商学院和大学，还没有从19世纪末20世纪初韦伯的层级结构和泰勒的专业化分工协作型的层级框架中走出来，其自身的管理依然沿袭官僚层级结构，没有像企业那样勇敢地尝试扁平化和网络化甚至是生态化的再造，对范式转型后的管理现象和问题也重视不足，研究上因理论与实践严重脱

---

① 席西民.管理何为——一个"理性主义"践行者的人生告白.北京：北京大学出版社，2022：328.

② 席西民，数智时代产业家与生态红利创获.产业新生态，2022，1（3）：6-19.

节而常被诟病。人们感受到管理似乎越来越难，甚至认为管理的价值在逐步衰减。其实，应该说是传统的管理范式在逐步被环境所淘汰，而不是管理失去了价值。在中国管理学界有影响力的袁宝华先生认为，管理就是"情、理、法"的有机运用。但在新范式下，"情、理、法"在不同情境和文化下如何有效耦合？野中郁次郎认为模糊知识的作用在增强，那么在数字化、万物互联、人工智能（AI）不断迭代升级后，隐性知识怎样转化为显性知识并得到有效运用？丹娜·左哈尔认为量子管理本质上与中国文化精髓一脉相承，强调自下而上的管理模式以及自提升、自学习、自组织，那么在日益涌现的各种生态下，如何形成诱导机制，使其自发形成和不断涌现？彼德·圣吉现今不再讲组织学习，而是强调这个世界需要和谐，认为只想独善其身根本没用，其关注点的转移会带给我们什么启示？"山雨欲来风满楼"，我认为大家都在强调的新的世界正在形成，新的管理范式正在孕育。

二、新在哪儿？

归根到底，传统管理面临挑战的根源是过分依赖科学管理时代遗留下来的管控，因为新世界已使管控的基础——设计和优化机制在很多场景下失灵。所以，新管理主要新在：如何在管理控制逻辑失色时，强调环境的创建和生态的营造，以让其中所有人能够释放自己的能量并通过竞合创造新价值。换句话说，如今设计和演化机制发生了比重上的改变，过去是以设计为主、演化为辅，当前则是演化占据主导地位。在充满 UACCS 的数智世界，人类会发现越来越难规划、设计和控制事物的发展，因为演化上升为主导机制，而控制只在局部起作用，充其量可通过政策和策略干预演化过程，这就是新的管理。

可以粗略地将管理的演进分成四个阶段：传统管理、矩阵管理、平台管理、生态管理。前两者以科学设计为主导。进入平台管理阶段，演化、治理的作用持续增强，管理整体上呈现在平台支持基础上演化的特性。随着平台建设的推进，各种生态逐步涌现，生态管理走上前台，相应的组织结构也日益网络化。过去也曾有组织或管理生态一说，主要是用仿生或生态的办法研究组织或组织群落的管理；而现在的生态管理强调组织内部以及组织间生存方式的生态化，组织运行机理或逻辑的共享和共生，共处与协作的竞合机理和网络治理。

面对这样的新管理形态，基于和谐管理理论的思想和方法论[①]，有效的管理模式也许是：（1）关键领导者通过经验积累、持续学习、不断反思、迭代升华形成对发展的坚定信念，并智慧地将其转化为组织可理解和可传播并可接受的理念；（2）形成组织长期发展的明晰定向和基本定位；（3）谋划高瞻远瞩的战略布局；（4）营造相应的生态系统和网络组织；（5）谋划策略和笃定实施基础上的持续迭代和动态优化。因而，以后的领导者和管理者应在坚定信念指引下准确定位与智慧布局，继而营造相应生态，并以深谋远虑的策略激发别人做出预期的反应，而不是轻易告诉别人该如何做，从而促进生态向自己期待的方向演化，并收获生态红利，以在 UACCS 时代跑赢变化，甚至能动致变、以变制变，立足潮头！这便是我心中的新管理。

新管理的实现需要组织的网络化和网络组织的构建。组织的基本要素包括角色、流程和关系。新时代环境、目标和任务都在快速演化，角色和组织也在巨变，其边界越来越模糊，流程和关系更加柔性，进而导致网络组织涌现。

---

① 席西民．和谐心智——鲜为人知的西浦管理故事．北京：清华大学出版社，2020：174 - 177.

　　新管理还需领导的转型升级。因组织的网络化、业务管理的数字化、产业的生态化，穿越组织边界的资源共享、业务整合和价值创造成为新的发展模式，于是会冒出一批产业家或一批企业家可能转型为产业家。具体来讲，产业家能从一种需求或一个具体的实业入手，利用价值网络，迅速撬动相关资源，吸引潜在的伙伴，缔结产业互联网并构建产业生态，以营造新产业或促进已有产业的转型、升级和创新，并有能力去收获生态红利。在社会范式重塑的时代，要成为产业家，需要有全球视野、宏大格局、生态（多赢）思维，对未来产业发展有敏锐性和前瞻力，有强大的跨文化领导力、创新创业精神、整合能力与融合智慧，能从产业角度看待价值创造，善于重塑商业模式和创新资源整合方式，长于利用现代数字网络和智能技术，创新和运用多种组织方式，孕育与营造产业生态，推动产业生态的创新、升级、迭代和进化。

　　新管理的目标是创收生态红利。生态红利包括共享红利、共生红利和系统红利三部分。能创造生态红利并将其放大到极致的人即是伟大的产业家。在全球供应链遭到严重破坏的当下，各国产业都有内向化趋势，似乎都在努力构建相对封闭的自循环体系，这有违经济社会发展的基本规律，因此无法长期持续。以教育产业为例，尽管当前教育国际化遭受重创，但人类知识共享、不同文化交流和相互学习、研究合作等本质需求依然存在，有前瞻性和有格局的教育家不仅不能退缩，反而恰恰应该高举国际化的大旗，冲破阻力、穿越黑暗、引领未来。

　　亨利·明茨伯格以"地震前焦虑不安的狗"形象比喻世界范围的焦虑，他指出："我们所处的世界已经严重失衡，并且我们需要根本的革新。人们必须行动起来。不是他们，是你和我，各自而又一起行动。"在这样的环境下，新管理的责任尤为重要，需设法帮助人们认清形势和掌握处理事务的新思路。目前，社会现象丰富多彩，发展模式、认知范式、社会思潮和哲学心智层出不穷，管理研究和教育要让人们理解真正的世界，需要关注社会思潮，对相应的社会心理和心智模式形成认知，才有可能发展出中级理论、元理论，特别是重构人们的心智模式，帮助人们跳出信息茧房、冲浪于更加精彩的未来世界。

三、怎样新？

第一是新思维。张五常指出，20 世纪更多地强调形式逻辑，实证主义研究流行，而现在更强调审辩式思维。面对伪知识的泛滥、虚假信息或错误信息的迎面扑来，人工智能算法"投其所好"地持续推送。欲跳出信息茧房，明白地立足于世，需要强大的批判思维、高阶思维、智识、智慧以及自我管理能力。

第二是新的管理逻辑。设计与演化并举，在有些领域甚至演化主导。在此背景下，随着生态管理涌现，需要重新定义管理、战略、领导和组织等。例如，领导转向定向、定位和布局，管理强调治理和干预，运行变成博弈、策略和演化，目标侧重生态红利的创获。

第三是新的研究问题和研究范式。从现实来看，随着人和组织的数字孪生产物出现，新研究需要关注虚实互动；组织的边界正在模糊化，新研究日益强调网络化和共享；社会不断升级为强互联，新研究需重视共生和生态化；世界日渐数字化和全球化，新研究需重视探索全球竞合和生态化治理等。

第四是新的管理人才需求。管理者或领导者需要重塑其素养体系、认知范式、心智模式、能力与知识体系。尽管全球化面临挑战，但数字化会促进全球沟通与协作，这样的背景下更需要全球化的人才或世界玩家、世界公民。另外，在人机合作和共生的未来，相比过去的教育，素质、素养教育和心智的提升更为重要。AI越迭代升级，机器人越智能，技术平台越强大，时代对人的要求就越高，因为只有更强大的人才会释放这些工具的价值。因此，素养、专业基础、行业造诣、跨文化领导力、企业家精神和融合智慧似乎正在成为未来管理人才的标配。

第五是新需求催生新的工商管理教育。基于对未来的认识，我们在管理上一定要想办法去培养学生的好奇心、想象力、创新精神、整合能力和融合智慧。遵循专业化分工逻辑的传统教育，将专业划分得很细，除孕育极少量的专业精英外，很难培养出来适应未来的管理人才。即使不少学校开始尝试跨专业的教育，也因缺乏生存于未来社会必要的管理才能、立足于复杂不确定世界必要的生存能力，特别是有关创新创业和企业家精神的训练及熏陶，培养出来的人才依然竞争力不足。因此，未来的管理教育，在强调素养教育的基础上，需要形成一种既有专业又有跨专业，还有贯穿整个教育过程的创业教育、训练和熏陶，我们称之为融合教育。

为了营造这样的新教育，我们基于和谐管理理论发展了一套和谐教育模型①，给出了我们的理论回答和实践方案②。和谐教育可以升级管理教育，强调帮学生从相对稳定环境下的传统心智转型为复杂不确定环境下的和谐心智，而且关注范式革命、共生法则、演

---

① 席酉民．特立独行——和谐教育之路．北京：清华大学出版社，2021：88－100．

② 张晓军，席酉民．大学转型——从教师主导到以学生为中心．北京：清华大学出版社，2021．

化管理、融合智慧。概括来讲，和谐教育主要是指，在改进现今流行的继承性学习的基础上，首要重视反思性认知，然后强调探索性整合，再进行兴趣驱动性积累，最后落脚到心智升级性的进步。为落实这样的教育理念，管理教育需重视六个方面的变革，即素养教育的加强、资历结构的调整、育人过程的重塑、新技术的运用、育人场景的改变、不断加强的国际化。

事实上，商学院的价值不在于楼多大、多漂亮，而在于是否发展出适应未来需求的管理研究和教育。遗憾的是，当前的商学院基本上还是遵循传统思维办学，运行在专业化分工协作的模式下，没有跟上数字化、网络化环境的变迁，还不能适应产业网络化和生态化发展的需求。长远来看，管理教育本身需要根据新环境重塑，特别是面对 AI 对受到一定训练的专业人才工作的"侵蚀"和对专业人才的替代，管理训练应该融入行业教育之中，甚至走入实践，从而实现临床式的管理研究与教育。

为了探索未来新管理教育，我领导的西交利物浦大学在升级以专业导向的传统管理教育的同时，正在西浦创业家学院（太仓）通过建设行业学院进行融合式教育的实验，以行业整合专业知识，把管理训练融入行业教育之中；而且根据产业生态化趋势和产业家的培养需要，进一步创建了产业家学院，整合各方资源，走进企业或产业，合作探讨和规划企业或产业转型升级或创新发展方案，一道合作实施，并在规划和实施过程中，培养和提升相关的各类人才。也许，让专业导向的管理教育聚焦到管理专业人才的后备力量上，通过把管理训练融入行业教育培养具有专业知识与行业背景的管理人才，这样工商管理教育才可能"顶天立地"，方能涌现伟大的新型的商学院。

自序一：走在"羊肠小道"

"大变局下的中国管理"是一个宏大的命题，它涉及从个人、企业、商学院、政府到国家和国际关系，横跨多个层次，涉及方方面面、无数个命题，需要中国管理学界的全体同人一起来回答。

2021年7月，以这样一个宏大的书名出版了第一本书之后，我不免惴惴不安，因为帽子太大了，显得"名不副实"。《大变局下的中国管理》由19篇精选文章组成，共26万字。从那时起，我就下定决心：每隔两三年，以同样的书名，出版《大变局下的中国管理2》《大变局下的中国管理3》……以对得起自己已经吹出去的牛皮。现在，《大变局下的中国管理2》和《大变局下的中国管理3》终于来了，我心甚慰，感到稍微轻松了一点。《大变局下的中国管理2》和《大变局下的中国管理3》，包括33篇文章，约40万字。为了便于阅读，分成两个主题出版：一个是《大变局下的中国管理2：专精特新之路》，另一个是《大变局下的中国管理3：商学院批判与自我革新》，大多数文章都是过去两年里所写的，也有六七篇文章要追溯到十多年前，但几乎没有在期刊上正式发表过。

近年来，大家深切地感到我们身处一个VUCA（快变性、不确定性、复杂性和模糊性）的时代，各种"黑天鹅"群飞乱舞，让人疲于奔命。不管是中美贸易战、中美技术"脱钩"、新冠疫情、俄乌战争，还是自媒体泛滥之后七嘴八舌带来的后真相困境、新一代互联网和人工智能革命等，总之，我们处于百年未有之大变局。如果说《大变局下的中国管理》的主题是中国经济转型和全球化，那么《大变局下的中国管理 2》和《大变局下的中国管理 3》则是进一步回答了在这种剧烈变动的时代背景下，中国企业和中国商学院到底应该怎么办。

这三本书在内容上有相对紧密的关系。如果说第一本书主要是提出问题和可以借鉴的对象（德日模式），那么在《大变局下的中国管理 2》和《大变局下的中国管理 3》中，我开出的药方主要是鼓励企业走"专精特新"之路，以及对中国商学院目前所走的强调实证研究、发表、基金申请和各种"帽子"等急功近利、浅薄的学术道路的批判，最后介绍了我在相关方面的一些个人革新性探索。所以，三本书之间的关系是层层递进的，逻辑上是环环紧扣的。根据主题，《大变局下的中国管理 2：专精特新之路》更多是面向实务界；《大变局下的中国管理 3：商学院批判与自我革新》更多是面向学术界，包括打算攻读 MBA 或者管理学博士研究生的人。事实上，如果想要完整、立体地了解我的观点，这三本书缺一不可，相互参照着阅读，才不会误解我的本意和初心。

关于"专精特新"的思想脉络事实上早已在《大变局下的中国管理》中埋下伏笔，我在那本书中特别强调了德日模式下重视商业伦理、利益相关者、实体经济、高端制造、工匠精神、缩小贫富差距等，也对美国模式进行了批判（"今日的美国，真的病了吗?"），对"双创"中出现的一些大冒进问题以及 2010—2020 年间中国经济"脱实向虚"问题，还有 P2P 金融、平台垄断、教培行业等进行了批判（“是时候，应该理性地反思一下创业了！”）。可以说，2021年7月《大变局下的中国管理》出版的时机恰到好处，与当时国家对资本无序扩张的治理整顿的政策完全一致。但是，这不是我投机取巧、曲意迎合的结果，而体现了我多年来一以贯之的坚定立场。再说，这些文章主要写作于2019—2020年间，编辑出版又花了大半年的时间，谁能预料到后来国家政策方面的风云突变呢？

《大变局下的中国管理》出版之后，我转向对德日模式的深层逻辑、“专精特新”企业的研究。我所有的研究主题历来有一个特点，就是来自自己的亲身经历或者个人观察，而非单纯来自对学术文献的阅读。而围绕我对于“专精特新”企业研究的起因，有一个很有趣的故事。关于中小企业的创新创业的研究和教学一直是我的本行，而我对于德国“隐形冠军”的关注，从2000年我在北京大学读研究生时就开始了。但是，我对于“专精特新”政策方面的关注始于2021年8月。一天，我突然接到一个陌生电话——北京市某机构的领导偶尔看到我的那篇流传甚广的《大变局下的中国管理：从以英美为师，转向与德日同行》之后，邀请我参与他们正在筹建中的智库的工作，提供咨询报告。他向我提出的第一个问题是：“如何从北京市的角度出发，学习借鉴德国和日本的优秀经验，特别是如何培育北京市的‘专精特新’企业？”

说实在的，听到“专精特新”这个拗口的名词，我当时都很难一次性正确发音。但是，三四个月之后，我就变成了这个主题的研究专家，因为在这段时间，我密集地阅读了相关的政策文件，尽可能多地收集了现成的企业案例，并且走访了几家专精特新“小巨人”企业，凭借多年的学术积累，进行了深入研究。2021年11月23日，当我看到国务院与工业和信息化部所发布的关于促进中小企业发展的三个文件之后，我于 11 月 26 日写下了这个主题的第一篇文章，这也是我平生第一次解读政策文件。

有意思的是，有 40 多家媒体和自媒体转载了这篇文章，阅读量甚多。于是，我陆陆续续在公众号"大变局下的中国管理"上写下了 20 多篇与"专精特新"有关的文章。从此以后，我就接二连三地接到不少国家单位和机构的合作邀请，甚至平生第一次上了《新闻联播》，并且应国资委《改革内参》的邀请，撰写了一篇内参报告。这好像是意外的一炮走红，实则是多年厚积薄发的结果。

因为"专精特新"主题的系列文章时效性比较强，所以我在将其选编入本书时，对这些文章做了比较大幅度的修改，只保留了那些探索底层逻辑的、有更多个人观察和体悟的、思想性强的、比较耐看的文章。这个单元系列文章的排列方式，一是基本上按照发表的时间顺序排列；二是按照从微观到宏观的顺序排列，其主题覆盖了普通中小企业、创新型中小企业、专精特新"小巨人"、龙头企业、数字化转型公共服务平台赋能"专精特新"企业、围绕特色产业集群建设工程技术创新中心最后到共同富裕、乡村振兴以及与德国"隐形冠军"的国际比较研究等。

举例来说，共同富裕与"专精特新"之间有什么关系？为什么要把这两个主题联系起来呢？在我看来，共同富裕是理念和目标，而"专精特新"是实现共同富裕的方法和路径。研究表明，"专精特新"企业是中小企业中的中坚力量。所有中小企业发展得比较好的地方，当地的经济发展水平都比较高，而且贫富差距比较小。在我国，浙江是专精特新"小巨人"企业数量最多的省份，同时，浙江也是"共同富裕先行示范区"，可见这两者之间有内在联系。

《大变局下的中国管理 3》则包括了两个环环紧扣的单元，那就是“商学院批判”和“自我革新”。这两个单元收录了差不多过去十年里我所写的一些关于中国商学院和管理学研究的批判性文章。当今中国面临前所有未有的机遇和挑战，如果中国商学院不能改变自己在学术精神上的孱弱和功利、在研究方法上的因循守旧或者食洋不化，口口声声说要面向管理实践，“把论文写在祖国大地上”，实际上仍然以论文发表、基金申请和追求“帽子”为导向，那么我们就对不起这个剧烈变动的伟大时代，我们的研究成果就不会被企业管理者和政策制定者所重视，发挥不了自己的价值。所以，我特别把涉及这两个主题的 19 篇文章单独编辑成册以飨读者。

“商学院批判”这个单元的一些内容，可能令管理学界的某些教授感到难堪。在习惯了你好我好、相互吹捧、和稀泥或者选择做一个“沉默的大多数”中的一员的中国学界，公开发表这样的文章是有一定的风险的。支持我个人无所畏惧前行的信念来自陶铸先生的“心底无私天地宽”，我也接受“知我者谓我心忧，不知我者谓我何求”的命运。

“自我革新”单元里所收录的系列文章，反映了我在批判和反思之后的一些个性努力，虽然不成系统，但是有其独特的价值，尤其是永葆天真和趣味之心。例如，我把自己的创业经历写成了案例，而且与孙黎教授合写了案例使用指南。我也反思了自己的两篇“爆款”文章流行的原因，以及背后的可能的动力机制。我估计读者很少见到这种把自己个人经历放在理论的手术台上大卸八块、剖析得如此透彻的管理学文章。我希望自己时时刻刻活在研究中，把自己当作研究对象和研究方法本身，按苏格拉底的那句名言“未经反思的人生是不值得过的”来活。

除此之外，我还选编了管理学研究应该如何转向的两篇文章，讨论如何真正应用多元范式做管理学研究，而不是停留在口号上，以及中国传统文化如何与管理学经验研究相结合。除了创造新知以外，我认为，商学院最重要的任务是传播知识和培养学生，所以我介绍了自己在 MBA 和博士生课程教学中的一些尝试，包括案例教学、情感教育、"管理哲学—管理理论—管理历史"三者结合的博士生课程模式。

特别开心的是，2021 年 9 月 24 日，我接受了正和岛《决策参考》副主编王夏苇先生两个多小时的采访。年纪轻轻的他，非常深入地阅读了《大变局下的中国管理》，然后提出了 13 个非常有挑战性的问题，这些问题包括德日模式的深层逻辑、共同富裕、"专精特新"、当时正在进行的政策调整、对平台经济和教培行业的治理整顿，最后涉及管理学的研究方法，以及管理者和管理学者在当下这个时代所扮演的角色等。这些尖锐的问题激发了我的表达欲望，给了我畅所欲言的机会。回头来看，这篇采访简直就是为《大变局下的中国管理 2》和《大变局下的中国管理 3》提前做了彩排，而且对第一本书和后续两本书进行了巧妙的桥接。所以，我就把这篇访谈录放在《大变局下的中国管理 2》的开篇，权当是一种特殊形式的"内容梗概"。读者从这个访谈录里可以看出，本书作者对本书中很多观点的思考和坚持不是临时起意，而是经过深思熟虑的，有的甚至长达十几年时间。

最后，我以《为什么我不打算升教授?》一文结束《大变局下的中国管理 3》。这是一篇写于 51 岁生日之际的明志之文，回应了部分朋友的一些关切。我写出来之后，只在很少几个朋友之间分享过。一位资深的管理者，也是非常有思想的企业管理顾问看完之后，在微信里给我留言："文章很长，我仍然一口气读完了，但结果是：我不知道该哭还是该笑，前者的成分多一些吧，太沉重了！我在想，我这是窥见了一个什么样的灵魂？又应该用什么样的语言，去描绘这样一个灵魂？世俗地说，赵老师你应该轻轻地用一把力，在不违反做人大原则的前提下，给老婆、小孩和其他真正关注和关心你的人一个交代；另外，如果你真发表这样的文章，那不用说，肯定对你的负面影响会非常大，但这种声音，如果不在这个世界上发出来，是多么可惜！这是真正的发自一个人灵魂深处的声音！必须要说谢谢你发给我这篇文章，我已经把你视作灵魂的伙伴了！"

面对巨变的时代，国家、企业、大学和个人都面临着诸多艰难的选择。作为管理学者，是盲目跟风，加入所谓的主流研究范式的大军，还是独自踏上一条少有人走的路？作为中国商学院，是继续模仿美国商学院的办学模式，成为他们的"跟屁虫"、二流的复制品，还是立足中国情境，探索中国特色商学院办学模式？作为中小企业，是一心一意走"专精特新"之路，还是左顾右盼，走多元化之路？上升到国家层面，中国应该全盘西化，照搬发达国家的老路，还是勇敢地探索中国式现代化的新路？这些都是时代之问，都是我们无法回避的选择。我的回答是，走"羊肠小路"，过"窄门"，这或许才是通向光明的。而一蜂窝地拥挤在"人来人往的大道"上，过"宽门"，大概率最后是"一地鸡毛"。

总之，与《大变局下的中国管理》相同，《大变局下的中国管理 2》和《大变局下的中国管理 3》仍然是一本文集，而不是一本"专著"。文集或许并不被市场所接受，但我不一定非要选择满足某些读者的需求。我一贯认为，著书立说是一种思想上的引领而非迎合，是一种价值观和认知观念相似的人们之间的精神交流。我希望每一本书的内容足够丰富多彩，但各个主题之间又有某种程度的关联，就像我一直坚持探索的"珍珠项链模式"一样，有一条丝线能把所有的文章串起来。

我希望《大变局下的中国管理 2》和《大变局下的中国管理 3》能把一些时效性、实用性、政策性的内容与思想性、学术性、个人风格强烈的内容糅合在一起。在任何时候，不同的读者拿起此书，都可以在书中找到几篇他们喜欢的文章，从而度过一个愉快的午后或者寂寞的夜晚。我不希望自己的书是单薄的、干巴巴的、速朽的（虽然这很难），几年之后作者自己都不愿意翻看，更何况读者呢？所以，我希望这两本书不同单元之间的组合搭配可以带来这种丰富性和平衡感，带来酣畅淋漓的阅读体验，使尽可能多的人觉得开卷有益。

收入两本书中的部分文章的初稿曾经在本人的两个公众号"大变局下的中国管理"和"本土管理研究"上发表过，但是，没有在任何期刊上正式发表过，这也是我选编这些文章时所坚持的一个原则。把一挥而就、未经精心雕琢的公众号文章改写成精确严谨的正式出版物，不是那么容易的事情。所有文章都经过了我和编辑的仔细编辑、反复推敲和润色，质量方面有了明显的提高。不过，在绝大多数情况下，我选择保留了当时写作的时间背景、动机、灵感和读者反馈，而不是依据事后发生的变化做过多的调整甚至文过饰非。一则，我希望始终保持作为一个学者的诚实和真诚；二则，我希望让读者清晰地看到我思想演变的痕迹。

《大变局下的中国管理》系列作品出版过程中，我得到了许多师长和朋友的帮助。首先，我要特别感谢华为顾问田涛老师。除了我的家人，这个世界上给予我最多帮助的肯定是田涛老师，他对我的期望经常比我对自己的期望还高。如果没有他的不断激励和鞭策，估计也不会有这三本书，以及未来的其他著作。他对《大变局下的中国管理》的喜爱和大力推荐，让我感到惶恐不安。我之所以勉力而行，很大程度上是不想让田涛老师对我感到失望。

其次，虽然本书是"专著"，但是，有几篇文章是我与他人以多种方式合作的结晶。这包括《数字经济"专精特新"企业培育新探索：基于成都的实践》（与新经济发展研究院曹宝林先生合作）、《"专精特新"企业是共同富裕和乡村振兴的主力军和重要基础》（深圳大学曾宪聚老师和曾凯同学提供了其中的四川天虹丝绸案例）、《麦当劳化的商学院与管理学》（与中央财经大学商学院刘书博老师合作）、《案例指南：从剪纸艺术网站到夸父心理——持续不断的创业人生》（与美国麻省大学洛厄尔分校商学院孙黎老师合作）、《如何写出一篇百万＋的文章？破解关于创造力的种种迷思》（在这篇文章的后面，天津大学张维老师撰写了一篇回应文章《关于创造力的遐（瞎）想》）、《"非科学性"让管理研究变得更好：再论多元范式》（与深圳大学管理学院韩巍老师合作）。与他们的合作为这两本书增色不少，在此表示衷心的感谢。

最后，我要特别感谢中国人民大学出版社的李文重编辑。通过《大变局下的中国管理》系列作品的出版和营销过程，我才深切地理解了编辑工作的专业性和不容易，所以在写作和编辑新书的过程中，我时刻提醒自己尽量给他们减少麻烦，自己能解决的问题自己处理好，但是，他们的价值和贡献仍然是无可替代的。

祝各位读者朋友阅读愉快！如果有任何问题，欢迎在我的个人公众号"大变局下的中国管理"上进行交流。

自序二：管理研究关乎我们的生命意义

本文是我个人发起的"煮茶问道·本土管理研究论坛"的发刊辞，发表于 2016 年 12 月 16 日"本土管理研究"公众号上。这篇发刊辞是我和韩巍博士联合执笔所写。此次收入《大变局下的中国管理 3：商学院批判与自我革新》作为自序二，是因为它很好地表明了两位学者长期所坚守的学术信念，也是为了纪念那段激情燃烧、才思敏捷的岁月（这里所指的是中国管理学界一场重要的学术争论）。

除了"煮茶问道·本土管理研究论坛"每年举办两三次论坛以外，应《管理学报》的邀请，自 2017 年 1 月开始，我还在《管理学报》上主持"煮茶问道"专栏，邀请各方名家各抒己见、百家争鸣。除此之外，还有"煮茶问道读书会"微信群，超过 800 位中青年老师和在读博士生围绕《管理理论构建论文集》和《管理学中的伟大思想：经典理论的开发历程》等著作进行深入研讨。

在 2016—2018 年间的三年里，我所发起的学术讨论多多少少给中国管理学界带来了一些新风和冲击。但是，2019 年之后，我强烈意识到，中国商学院所面临的很多问题积重难返，与其想着如何改变世界（这里指的是中国商学院），还不如想着如何改变自我，特别是扎扎实实地做出一些接地气的研究来。

于是，大约从 2018 年 9 月起，我开始了面向一般读者、企业家、管理者和政策制定者等群体的公众号文章写作，发表了类似《大变局下的中国管理：从以英美为师，转向与德日同行》等这样的全网阅读量超过 200 万的文章，从此，一发不可收拾。再到后来，才有了《大变局下的中国管理》三部曲，甚至在未来，还有第四部、第五部等。

附录："煮茶问道·本土管理研究论坛"发刊辞

赵向阳 韩巍

2016 年 12 月 16 日

背景信息

过去三十年，中国经济的成就举世瞩目，中国企业的贡献可圈可点，但是中国本土管理研究却显得乏善可陈。三十多年的学术积累，换来的是一堆知识碎片，尤其缺乏基于本土的管理理论构建。

中国管理学研究在粗糙和精致之间打磨，却大都是模仿西方主流实证研究范式，依托西方既有理论和概念的修修补补，不仅无法发挥对中国管理实践的引领作用，甚至连对管理实践的呈现、诠释都捉襟见肘。

"煮茶问道·本土管理研究论坛"是由赵向阳博士个人发起的一个学术交流活动，邀请本土社会科学领域尤其是管理学界有志于理论构建和探索的各路学者进行真诚对话和深入交锋，以达到启迪辩证思想、重树严谨学风，推动本土管理研究和教育的目的。

"煮茶问道"，一个"问"字，表达了本土社会科学研究的艰辛探索；一个"道"字，既有批判实在论（critical realism）的旨趣，也有意义生成（sense-making）的面向，是我们坚守多元范式之信念的体现。

"问道"不可能没有纷争，"煮茶"则表达了我们所期望的从容淡定的学术态度和一种诗意情怀。多一点"莫听穿林打叶声，何妨吟啸且徐行"，自然会"回首向来萧瑟处，归去，也无风雨也无晴"（苏轼《定风波》）。

我们心目中理想的管理研究是什么样子的？

每个人都生活在一个巨大且复杂的意义之网中。

作为管理研究者面临的挑战，既有科学性与艺术性、普适性与情境性、理论性与实践性等认知上的重重困惑，又有主流与边缘、问题与方法、科研与教学等选择中的种种焦虑。我们应如何选择，又该怎样坚守？

作为当代中国管理研究者，有幸成为社会（组织）剧变的亲历者、观察者、诠释者，有幸成为海量知识的接受者、传播者、探索者。我们有理由且有条件根植于中国组织管理实践的丰厚土壤，通过多重范式、多个视角、多条路径去呈现、反思、建构经得起时间检验的知识成果。无论我们彼此间曾经有过多么大的分歧和争议，大家都不得不回应三个最基本的问题：

（1）这里到底发生了什么？

（2）我们是否提出了有说服力的解释？

（3）未来"向好"的可能性何在？

我们坚持认为，"科学"不等于"真理"，"科学"不等于"正确"，"科学"不等于"方法"，科学的最大公约数应该是研究者

"必要"的诚实。作为中国的管理研究者，我们当然会"亲近历史"，但绝不止于"美妙说辞"；作为时代的专业见证者，我们应该"直面当下"，但绝不止于"成王败寇"；作为子孙后代美好生活的缔造者，我们钟情于想象力，专注于可能性。

我们每个人的所思、所言、所行，都标志着一种独特的生命体悟，那将是每位管理学者努力践行的生命意义。

目录 · CONTENTS

第一部分

商学院批判

1

中国商学院学术环境调查

引子

本研究的最初想法来源于我与他人 2016 年 6 月 11 日在"华人创业学者"微信群的一次"争论"。后者认为中国商学院的学术环境一片光明,我则批评后者是"睁眼说瞎话"。为了让我们的争论建立在可信的数据和逻辑之上,我设计了一份基于微信的调查问卷,在 5 天时间内收集到了 207 份有效问卷,然后对所争论的问题进行了定量和定性分析,期望对相关问题获得更深入的洞见,并希望中国商学院能够更加健康地发展。

关于本研究,曾经有学者开玩笑说:"商学院的老师都是在研究别人,你则是在研究我们本身",而我相信苏格拉底的名言:"未经反思的人生是不值得过的"。有意思的是,此次微信群里的"口舌之争"发生三个月之后,中国管理学界爆发了一次重要的学术论战,我是这场论战的主将之一。关于这场学术论战更具体的信息,请参考本书后面的"6. 中国管理学界缺乏真正的学术争论"一节。

问题的提出

———————

每一种能够长期存在的社会组织都有其独特的社会功能和地位。改革开放以来，尤其是近 20 年来，伴随中国经济的成长，国际化思想逐渐成为我国各类大学教学及学术研究中的主导思想。在招生规模、招生质量、基金申请、论文发表以及创收等方面，中国商学院（泛指各种类型的商学院、管理学院、经济管理学院、工商管理学院等）对于大学排名做出了比绝大多数传统人文社会学科（学院），甚至比部分理工学科（学院）更为突出的贡献。作为中国商学院的教师、学者，置身于这片繁荣景象之中，就个人而言到底获得了多少自我满足、自我认同，甚至是来自社会的正面评价，未必存在显然一致的答案。

自进入 21 世纪以来，即使是中国一流的商学院所纷纷效仿的美国商学院，其在学术生产、社会贡献、管理理念等方面也开始遭到激烈地质疑[1]。其中既有对管理学术研究可靠性的不

———————

① FONG P C T. The end of business schools? Less success than meets the eye. Academy of Management Learning & Education, 2002, 1 (1): 78 - 95; EMILIANI, M. L. Is management education beneficial to society?. Management Decision, 2004, 42 (3/4): 481 - 498; MARRINGTON P, ROWE J. The usefulness of management education: what has the university done for us?. Management Decision, 2004, volume 42 (3/4): 454 - 463; BENNIS W G, O'TOOLE J. How business schools lost their way. Harvard Business Review, 2005, 83 (5): 96 - 104, 154; GHOSHAL S. Bad management theories are destroying good management practices. Engineering Management Review, IEEE; SPENDER J C. Speaking about management education: some history of the search for academic legitimacy and the ownership and control of management knowledge. Management Decision, 2005, 43 (10): 1282 - 1292; 明茨伯格. 管理者而非 MBA. 杨斌, 译. 北京: 机械工业出版社, 2005.

满①，还包括对单一研究范式的危害②、研究旨趣的匮乏和社会责任的缺失③的不满，又涉及对学术评价的弊端④以及大量违背学术伦理的研究行为的不满。早在 2004 年的美国管理学会（AoM）年会上，卡明和琼斯就指出："大量的知识无法跨越研究和实践的鸿沟……很少有实践者会阅读我们的研究，欣赏它们的实际价值。"⑤ 十年后，这种情况到底有多少改进？甚至有学者重提商学院的合法性危机。

近年来，中国管理学界的学者们，在目睹并亲历管理学术共同体如何艰苦地顺应国际化潮流，学习如何按照西方规范发表论文并蔚然成风之后，却发现中国商学院总体表现远未达到社会的普遍预期。其中既有比较系统化、整体性的反思⑥，也有以《管理学报》

---

① HUBBARD R，VETTER D E. An empirical comparison of published replication research in accounting，economics，finance，management，and marketing. Journal of Business Research，1996，35（2）：153 - 164.

② CASSELL C，GUMMESSON E. Qualitative research in management：addressing complexity，context and persona. Management Decision，2006，44（2）：167 - 179.

③ GHOSHAL S. Bad management theories are destroying good management practices. Engineering Management Review，IEEE；REIBSTEIN D J，DAY G，WIND J. Guest editorial：is marketing academia losing its way?. Journal of Marketing，2009，73（4）：1 - 3.

④ ADLER N J，HARZING A W. When knowledge wins：transcending the sense and nonsense of academic rankings. Academy of Management Learning and Education，2009，8（1）：82 - 95；MUSTAFA Z F. From journal rankings to making sense of the world. Academy of Management Learning & Education，2009，8（1）：113 - 121；GIACALONE R A. Academic rankings in research institutions：a case of skewed mind-sets and professional amnesia. Academy of Management Learning & Education，2009，8（1）：122 - 126.

⑤ CUMMINGS T G. Quest for an engaged academy. The Academy of Management Review，2007，32（2）：355 - 360.

⑥ 郭重庆. 中国管理学界的社会责任与历史使命. 管理学报，2008（3）；席西民，韩巍. 中国管理学界的困境和出路：本土化领导研究思考的启示. 西安交通大学学报：社会科学版，2010（2）：9；韩巍，席西民. "中国管理学界的社会责任与历史使命"——一个行动导向的解读. 管理学家，2010，3（6）：3 - 19.

为平台，围绕"研究与实践"的脱节问题规模化发表的一系列反思性文章①。还有学者对于中国商学院学术评价和业绩管理的通行做法也提出了质疑。尽管从反思、批判的广度和深度上来说，中国管理学界与国际管理学界依然存在很大差距，但这一努力至少部分地说明，只有必要的自省才能使商学院正视当下可能存在的问题，才能够期待中国管理学术共同体秉持某种信念走向值得期待的未来。

当然，上述讨论偏重于概念化分析，尽管有可能作为既有事实的可靠表征，但研究者还是好奇，基于中国管理学者群个体的经验感受（自我评价）到底是证实抑或证否这种被不断重复的"分析—论证"所建构的商学院"景观"。因此，采用基于问卷调查的定量研究能够弥补其不足，让我们对中国商学院的学术环境以及深陷其中的教师的生存状态有一个更加全面的了解。

---

① 罗纪宁. 创建中国特色管理学的基本问题之管见. 管理学报，2005，2（1）：7；罗珉. 中国管理学反思与发展思路. 管理学报，2008，5（4）：478；张玉利. 管理学术界与企业界脱节的问题分析. 管理学报，2008，5（3）；孙继伟. 管理理论与实践脱节的界定依据、深层原因及解决思路. 管理学报，2009，6（9）：1143-1149；孙继伟，巫景飞. 管理学研究者客户迷失的判定、原因及出路. 管理学报，2009，6（12）：1588；孙继伟. 论管理学界的价值迷失——实践迷失和客户迷失的深化研究. 管理学报，2010，7（8）：1117；孙继伟，巫景飞. 论管理学界的研究方法迷失——实践迷失，客户迷失，价值迷失的继续研究. 管理学报，2011，8（2）：164；吕力. "黑板管理学"的 3 个来源——操作主义视角下管理理论与实践脱节问题分析. 管理学报，2010，7（8）：7；吕力. 管理学如何才能"致用"——管理学技术化及其方法论. 管理学报，2011，8（6）；陈春花. 当前中国需要什么样的管理研究. 管理学报，2010，7（9）：5；陈劲，王鹏飞. 以实践为导向的管理研究评价. 管理学报，2010，7（11）：1671；杨乃定. 影响我国管理学科发展的环境障碍分析及对策. 管理学报，2011，8（7）；韩巍. 论"实证研究神塔"的倒掉，2011，8（7）：980-989；韩巍. 管理研究认识论的探索：基于"管理学在中国"专题论文的梳理及反思. 管理学报，2011，8（12）：1772.

研究问题

　　本研究所关心的问题主要包括七个，而且所有的问题都可以通过直观可见的人口统计学变量（demographic variables），而不需要通过更深层次的、更细致的心理学或者社会学变量来分析。我深信，人口统计学变量可以解释许多现象和规律。尤其是在研究一个新问题之初，我们并不一定需要一头扎进细枝末节中，去探讨一些看不见、摸不着的深层次的心理学因素。

　　第一，身处管理学界学术金字塔中的不同层级和类型的人，他们对中国商学院学术环境现状评价和未来预期是否有显著性差异？一些重要的人口统计学变量是否影响关于中国商学院学术环境的现状评价和未来预期？其中包括性别、年龄、职称、职务、宗教信仰、是否曾留学海外等。

　　第二，中国商学院中男女教师的比例分布如何，以及这种性别结构对商学院的知识创新和知识传播可能有什么影响？男性和女性对商学院学术环境的评价是否有显著性差异？女性的评价是否比男性更高？为什么？在历史上，男性一直占据学术界的主导地位，尤其是在一些自然科学领域；而根据我们日常生活的观察，中国商学院男女比例接近 50∶50，甚至女性越来越多。中国商学院教师的这种女性化或者男女平等趋势对知识创新、权力结构、学生培养等有何影响，是一个值得关注的问题。

　　第三，不同职称的教师（讲师、副教授和教授）对中国管理研究国际学会（IACMR）的历史贡献和局限性评价有没有显著性区别？他们对中国商学院未来学术环境的预期是否有显著性差异？博士研究生一直被某些教师当作"学术劳工"，他们对以上问题的看法是否与教师之间存在显著性差异？

第四，研究型大学（985 高校、211 高校）的教师对学术环境的评价与非重点大学的教师之间有无显著性差异？非重点大学的教师对学术环境的评价是否更差？因为他们比较缺乏发表论文、申请课题的能力，但是又不得不迎合日益趋同的学术评价和晋升制度，所以他们面临比较沉重的科研压力。他们的满意度是否更低？

第五，中国商学院学术环境中令人不满意的因素主要包括哪些？令人满意的因素又包括哪些？基于微信群里的评论，我们共列出了 15 种主要因素，包括考核机制、论文发表过程、基金申请、复杂而快速变化的商业环境、与学生互动所带来的成就感、熟悉的文化环境所带来的归属感等。除了采用问卷的定量研究以外，我们还采用词频分析和内容分析的方法，对开放式问题（"你觉得中国管理学术界最需要改变的是什么？"）中参与者所填写的内容进行编码分析。在对以上因素进行分类的过程中，我们采用了类似赫兹伯格的"激励—保健"理论来解释所观察到的现象。

第六，IACMR 的历史贡献到底如何？这是一个非常敏感的问题。我认为："如果没有 IACMR，中国的管理学可能会发展得比较慢，但是一定会形成一个更加丰富的生态系统，更容易发展出类似日本和德国管理学界那种重视实践的学术传统，我们可能有机会提出既符合科学研究规范又扎根中国情境的中国式管理理论。但是，恰好因为有了 IACMR 这片速生林，才彻底吞没了其他生物存在的空间。所有的人只能被这股潮流裹挟着，以定量经验研究和论文发表为导向（定量经验研究是最容易批量化生产的），否则无法生存。这就造成了过去 15 年里，中国管理研究缺乏真正的知识贡献和对实践的影响力"（赵向阳，2014 年 4 月的电子邮件群发）。为此，我们将 IACMR 和陈明哲教授所发起的"中国管理学者交流营"进行了比较调查，试图搞清楚这个敏感的"学术政治"问题。

　　第七，因为我自己的特殊经历，所以我比较关心中国商学院教师的心理健康状况。世界卫生组织调查显示，全球范围内有超过3.5 亿人患有抑郁症，遍及各个年龄层。抑郁症已经成为世界第四大疾病，每年因抑郁症自杀死亡人数高达 100 万人。根据中国疾病预防控制中心精神卫生中心统计，我国有各类精神疾病患者逾亿人，抑郁症是其中一种重要病因，其发病率在整个人群中可达5%～6%，在工作人群中的患病率为 2.2%～4.8%。那么，中国商学院教师的焦虑症和抑郁症的发病率如何？这个工作群体是否属于高危人群？

研究方法

　　我采用基于微信的调查，共设计了 16 道题目。我在 5 个微信群中反复提醒符合条件的师生填写问卷，包括"华人创业学者""中国管理学者交流营""中国管理学者（京津）营""战略咖茶谈""本土管理研究"。为了排除来自海外的学者误填本问卷，我对 IP地址进行了详细分析，将 16 名在海外工作的学者排除在外（或者作为对照组进行了独立样本 T 检验）。共收到问卷 223 份，其中有效问卷 207 份。

在填写有效问卷的学者中，从性别看，男性占 52%，女性占 48%；从职称看，在读博士生占 11.2%，讲师占 23.3%，副教授占 38.6%，教授占 26.9%；曾经留学海外一年以上的人员占 49.3%；从大学类型看，985 高校的学者占 56.3%，211 高校的学者占 16.2%，其他非重点院校的学者占 27.5%；从是否参加管理学术组织的身份上来看，参加过 IACMR 的学者占 48.4%，参加过"中国管理学者交流营"的学者占 25.6%。

需要说明的是，本调查采用的抽样方法是方便抽样（convenient sampling），不是随机抽样。尽管这样做可能不是非常严谨、科学，但是有调查数据总比"空口无凭"地争论更好一些。根据研究问题和数据类型，我主要采用描述性统计分析和单因素方差分析的方法进行了数据分析；对于开放性问题中的文字内容，我做了内容分析，并报告了各种不同意见的频次。

定量研究的主要结论

独立样本 T 检验表明，国内学者和海外华人学者对国内学术环境的现状评价、未来走向和对 IACMR 的评价不存在显著差异。国内学者对中国商学院学术环境现状的评价如图 1 所示，对中国商学院学术环境的未来预期如图 2 所示，对 IACMR 和"中国管理学者交流营"的评价如图 3 和图 4 所示。

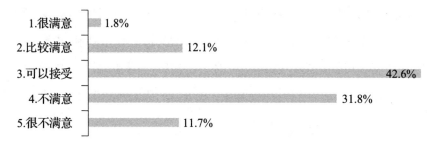

图 1　国内学者对中国商学院学术环境现状的评价

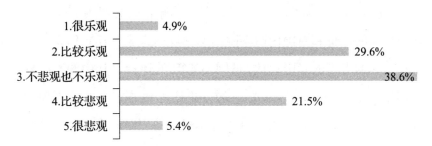

图 2　国内学者对中国商学院学术环境的未来预期

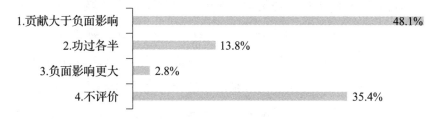

图 3　国内学者对 IACMR 的评价

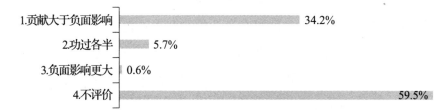

图 4　国内学者对"中国管理学者交流营"的评价

从图 1 可以看出，对中国商学院学术环境现状感到很满意的人比例很低（1.8%），而很不满意的人比例则相对而言很高（11.7%），可见，国内商学院学术环境现状堪忧。而国内学者对中国商学院学术环境的未来预期，从图 2 数据的分布形态上看，则相对乐观一些。从图 3 可以看出，国内学者对 IACMR 压倒性的评价是贡献大于负面影响（48.1%），但是也有 16.6% 的人认为 IACMR 的影响功过各半，甚至负面影响更大。

进一步的数据分析表明，学者所在大学的类型（985 高校、211 高校与非重点院校）并不显著地影响他们对国内商学院学术环境现状的评价和对国内商学院学术环境的未来预期，但是，学者所在大学的类型的确影响他们对 IACMR 的评价，其中 985 高校和211 高校的师生对 IACMR 影响的评价比其他非重点院校更加积极（$p=0.056$）。此外，学者的性别并不影响他们对国内商学院学术环境现状的评价和对学术环境的未来预期，也不影响他们对 IACMR 的评价。而不同年龄段的学者，对国内商学院学术环境的现状评价（$p=0.090$）和对学术环境的未来预期（$p=0.046$）则存在显著差异。其中，年轻学者对现状感到更加不满意，对学术环境的未来预期更加消极一些。这与大家平常所说的"青椒"现象完全一致。

与直觉经验相反，学者的职称高低并不影响他们对国内商学院学术环境现状的评价、对国内商学院学术环境的未来预期和对IACMR 的评价。但是，是否有海外学习和工作经历显著影响着他们对 IACMR 的评价。有海外留学经历的学者对 IACMR 的评价更加积极（$p=0.001$），显而易见，他们更认同西方管理学界的研究范式和论文发表体系。

数据分析表明，"是否为 IACMR 会员"显著影响学者对 IACMR的评价（$p=0.000$）。IACMR 的会员非常认同 IACMR 的历史贡献，认为 IACMR 的贡献大于负面影响。这一点是显而易见的，我们可以借鉴人力资源管理里的 ASA 理论（attention-selection-attrition）来解释，也就是"自己选择关注某个组织——自我选择是否加入或者不加入——加入之后，如果适应得不好，尽快离开；如果适应得很好，就留下来"。当然，也可以用幸存者偏差来解释，那些在 IAC-MR 里混得憋屈的，很快就离开了，而感觉良好的，则会继续留下来。

作为一个新的松散型的学术组织，"中国管理学者交流营"是美国达顿商学院教授陈明哲以一己之力发起的，目前仍然处于草创阶段，其影响力和被了解的程度远不如 IACMR。59.5% 的国内学者无法评价它的影响，而只有 35.4% 的人无法评价 IACMR 的影响。进一步的数据分析表明，凡是参加过"中国管理学者交流营"的学者对 IACMR 的评价都更加积极（$p = 0.000$），其中的原因可能包括组织认同、社会比较等。

进一步分析发现，国内商学院学术环境中令人最不满意的因素（见图 5）中前五个因素分别是考核体制不合理、发表中文论文的过程充满挫折感、待遇差、申请基金不公平以及教学工作量过大。而

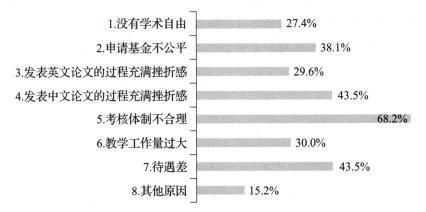

图 5 关于中国管理学界学术环境中令人最不满意的因素（多选题）

最令人满意的前五个因素（见图 6，其中第五名并列）则包括：熟悉的文化环境，朋友多，有归属感；在与学生互动中有成就感；商业环境复杂且快速变化，研究机会多；有机会深入公司实践，与实践互动；中国是全球关注焦点，有自豪感；有教学成就感。

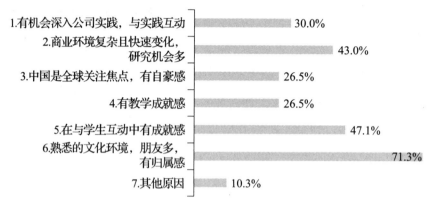

图 6 关于中国管理学界学术环境中令人最满意的主要因素（多选题）

本调查数据表明，有 11.6％的管理学者曾经或者现在患有重度或中度焦虑症或抑郁症（见图 7）。相对于普通中国人群中 5％～6％的抑郁症患病率、普通工作人群中 2.2％～4.8％的抑郁症患病率来说，管理学者可以说是高危人群。但是，需要说明的是，我们的调查采用的是单个问题的自我报告，而医院采用的是更严格的筛查标准，参与调查的学者也并不一定能准确区分抑郁症和抑郁焦虑情绪。如果这个结果是准确的，其中的原因可能包括商学院是离市

图 7 调查参与者是否曾经或现在患有焦虑症或者抑郁症

场最近的专业、国内学术环境令人不满意、商业环境的复杂性和动荡性、信息爆炸所带来的知识更新方面的巨大压力等。

进一步的数据分析表明，在是否患过抑郁症的人群里，对国内商学院学术环境现状的评价（$p = 0.000$）和对学术环境的未来预期（$p = 0.000$）之间存在非常显著的差异。那些曾经或者现在正罹患重度或者中度焦虑症或抑郁症的学者，对国内商学院学术环境现状的评价和对学术环境的未来预期显著地差于那些没有或者只是有轻微的情绪低落的学者。

如果把焦虑症和抑郁症作为因变量，数据分析表明，年龄对抑郁症患病率有显著的影响（$p = 0.057$）。年龄处于31～45岁区间的学者群是抑郁症的高发病率人群。这个年龄阶段的学者处于事业爬坡阶段，大多属于讲师或副教授，生活上"上有老，下有小"，压力巨大，很难兼顾工作与生活。相应地，进一步的数据分析表明，职称与抑郁症的患病率之间也有显著关系（$p = 0.072$），讲师比其他人群有更高的患病率，显然，这些"青椒"处于学术金字塔的最底层，生存压力非常大。

定性研究的主要结论

针对开放式问题"你觉得中国学术环境最需要改变的因素包括哪些？"共收到207份反馈。通过人工编码，可以将意见集中分为八类，在此基础上，我用 Excel 进行了简单的比例统计，具体结果如图8所示。

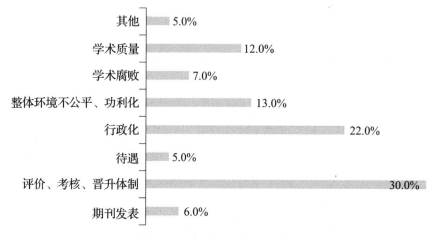

图 8　对开放式问题的分析结果

由图 8 可知，在主要的因素中，首先，学者最期望中国学术环境改变的是"评价、考核、晋升体制"（占 30.0%）。同时，从原始数据中可以读出学者们对于考核指标"多元化""重视教学"怀有急切愿望。其次，困扰中国学者的第二个主要问题是"行政化"（占 22.0%），也即行政化、官僚化、政治化带来的学术压抑、效率低下以及学者尊严受损。再次，是学者对整个学术环境不公平和功利化的担忧与改变的期待（占 13.0%），对当下的学术环境则评价为"功利""浮躁"，期待更为"自由""公平""公正""宽容"的环境。最后，则是对学术研究质量提高的期望（占 12.0%），主要是针对研究者自身的"严谨性""求真"态度，以及呼吁学术研究为志趣而做，或是为增进实践价值而做。

值得指出的是，学者们对于学术界的腐败现象同样深恶痛绝（占 7.0%）。大家的反馈表明学术界的"圈子文化"依然盛行，"帮派"现象依然强大，"学术垄断"和资源分配不公，甚至"造假""抄袭"频发，这也是大家迫切希望改变的。学者们对于期刊发表也有意见（占 6.0%），希望"发表论文的渠道能公开、透明"，希望期刊能够改进评审制度，期刊审稿能够真正以帮助学者成长和提高学术水平为要旨；期刊的投稿流程要以方便学者为出发点，尽可能简单；期刊尽可能反馈详细的审稿意见，方便大家提高改进，从而建立良好的学术对话体系。

相对来说，收入待遇不是一个高频的议题，只有少数反馈涉及（占 5.0%）。大家认为，当前"基本待遇差，学术研究变成了谋生手段，很功利"，应"提高科研人员和教师的待遇，营造轻松学术氛围"。另外，有部分反馈被列为"其他"项（占 5.0%）。"其他"项主要认为，"中国管理学领域中存在的问题，国外管理学领域也同样存在"，或者"中国的现状还是令人满意的，不需要改变，学者需要有更为积极乐观的心态，不要拿着国家的钱骂国家"等。

总体来看，定性问题的内容归类和分析结果与问卷调查的统计结果基本相符。

未来的研究方向

基于本调查，感兴趣的研究者在未来的研究中可以大大拓展研究问题的广度和深度，包括对管理学中流行的定量实证研究的评价、学术评价体系、本土管理研究等问题。我们期望有学者能设计内容更丰富的问卷，采用微信和 IACMR 官方网站发布问卷，邀请更多的学者（包括海外华人学者）参与调查，也可以从国内和国际两个视角进行比较研究。

我们还可以从商学院客户的视角（管理者和学生）来评价管理研究的知识贡献和社会影响力。例如，可以将一些权威的核心期刊（AMJ，SMJ，JIBS，MOR，《管理世界》，等等）所刊登的华人学者近五年来发表的实证研究论文中的研究假设摘抄出来，把拗口的名词适当口语化，翻译成管理者能理解的内容，然后请管理者和学生直接做出"真假判断"。看看基于实践、常识和直觉所得到的判断与花费了大量的研究经费所得出的"科学结论"之间是否存在显著差异。我们甚至可以探讨管理学定量实证经验研究中能否产生一些新奇的知识和启发性洞见，以加深关于管理研究对管理实践是否有真正贡献的理解。

2

麦当劳化的商学院和管理学

写在前面的话

本文的作者是中央财经大学商学院的刘书博副教授，本文也是本书中唯一一篇不是我自己写的文章。虽然我和刘书博一起做了两三次关于中国商学院历史和现状的访谈，不过，写作这篇文章的过程中我几乎没有参与。不过，刘书博说："我觉得，在理念和价值观上，我们都是这篇文章的作者。"感谢书博的理解。

中国大学的一些现状问题

大学老师一般兼具两种专业属性：教学和科研。在研究型综合性大学，大学老师的科研任务会更重、要求会更高。所以，不要看到我们一周只上一两次课，就觉得这份工作清闲轻松，现实是，现在大学已经从公司管理和工业化治理那里学到了量化考核等提升效率的工具方法，大学老师肩上是水涨船高的科研发表关键绩效指标（KPI）。

而且，在学历通胀的时代，进入大学当老师的基本都要获得博士学位。拿到博士学位，短则三四年，长则七八年。但是，越来越多的人看到，学历和能力并不成正比。这或许是因为知识的专业化发展让学科之间变得泾渭分明，某一领域的学者关注的范围越来越窄。

而且，博士教育也正变得世俗化。比如，博士一年级的学生，就要忙于"搬砖"，"比学赶超"，发表核心期刊论文，甚至还要帮助导师完成绩效考核；没有了自主探索的从容，在技术层面和前沿领域埋头苦干，不再关心这个学科的思想性和理论发展的社会背景，开始了小题大做、举轻若重和"学术民工""工具人"的内卷生活。所以，现在很多年轻人不再把做学术工作作为自己未来职业首选，因为同样很内卷，为什么不去金融或者互联网行业——那里的"性价比"更高。

同样，我们作为大学里商学院的老师，身处管理学这个研究领域，也时常会想：这个学科是否陷入了合法性危机和职业意义的空虚？

这种危机感和空虚感来自一种明显的异化：管理学者写作和发表学术论文，更多是迫于职业发展的压力和职称晋级的需求，而非为了探索发现、解决现实问题。管理学者的科研以论文快速发表为导向，并且管理学者写出了越来越多晦涩难懂、虚空浮夸、啰唆冗长的研究论文，从而创造出一种推动理论发展的幻觉、贡献管理新知的假象。事实上，异化的管理学研究变得名不副实、自说自话，研究成果与管理实践的鸿沟越来越明显，管理学者装模作样地进行"游戏规则"之内的"重要"工作。"先天下之忧而忧"的传统知识分子精神和社会责任感在现代专业化的进展中似乎变得稀薄。

为什么会出现以上这样的"价值异化"和"意义贬值"？有人认为，这和当下学术规则中强调理论贡献有关。我觉得，其中原因更可能是学术的"麦当劳化"——学术探索变成了工业标准化生产。就像麦当劳生产的快餐食品一样，管理学研究追求效率至上、标准一致，学术成果变得"理论虚胖"。

被麦当劳化的中国商学院和管理学

麦当劳化（McDonaldization）是社会学家乔治·瑞泽尔（George Ritzer）在其所著的《社会的麦当劳化》(第 9 版) 一书中提出的概念，用以呈现社会制度理性化设计所产生的不理性后果。

其特征有四个：

（1）效率至上——用最理想的方式完成某项作业；

（2）可计算性——客观的项目（如销售量）必须能够量化为非主观的项目（如食品味道）；

（3）可预测性——标准化和均一化的服务；

（4）可控制性——标准化和均一化的员工。

麦当劳成功的第四个特征，就是通过无形的规则来强化对人的控制。任何理性化系统中存在的不确定性、不可预测性和低效率的重要原因之一就是人，要么是为系统工作的人，要么是享受服务的人。因此，只要把人控制住，就能使一切更加确定、更加可预测、更加高效。

瑞泽尔认为，麦当劳化已经蔓延到社会的每个角落。看看如今的大学模式，几乎都受到了麦当劳化的影响。而更接近市场的中国商学院与管理学则表现出更明显的麦当劳化特征。

首先，用"效率至上"一词来概括中国的商学院教育与管理学研究，可谓恰如其分。学者强调早出成果、快出成果、多出成果，那些一年能够发表十篇、二十篇的"论文机器"（paper machine）式学者被同行艳羡，被学生们奉为"大神"。

其次，崇尚可计算性的量化考核已经成为各行各业运行机制的重要内容，学术也是如此。教师就像流水线上的组装工人，流水线式地生产出论文这样的产品。为了加速发展、刺激生产力，大学的管理者也模仿公司，引入绩效考核制度：量化产出、统一标准，进而分配资源，甚至是搞末位淘汰。

再次，为了保证"可预测性"和"可控性"，商学院和管理学存在"技术取向"的特点，论文写作的技术性高于创新性和思想性，而技术性使得论文写作过程可以做到标准化和程序化。对于一个科研团队来说，还可以在标准化的基础之上做到流水线式分工，每个团队成员各司其"职"。这样的"学术生产流水线"把"可预测性"和"可控性"发挥到了极致。

最后，我国商学院和管理学在建设发展中长期对标美国。比如，在研究生的培养方式、教师的科研管理方式、管理学的研究范式等方面，我国商学院均借鉴了美国顶尖商学院；其中，清华大学经济管理学院与北京大学光华管理学院，在博士生的培养上几乎完全借鉴了美国著名商学院的培养方式。

　　除了教育标准，在研究范式方面，中国的管理学研究更是在极大程度上仿照美国。当前国内绝大多数的管理学者都在沿用美国的研究范式，主要借助于美国管理理论，按照"规范"的研究范式解读中国的管理实践。而且，我国商学院在模仿外国标准的教育方式上十分注重对早期学术人员（如博士生）学习的"程序化"和"规范性"要求，并将其作为建构学者专业化身份的重心。越来越多的博士生从一入学就开始接受程序化的学术训练。

麦当劳化的副作用

　　工业化的治理模式让中国的高校和学术研究在成果推出和论文发表速度上取得了喜人成绩，而且越来越多的中国商学院加入国际商学院认证体系，在研究和教学方面对标"全球标准"，一些中国商学院也在全球商学院排行榜上节节攀升。但与此同时，麦当劳化的副作用也在显现。

　　这种副作用是对商学院和管理学专业价值的腐化和专业行为的异化。任何行业的发展和合法性需要其内在坚实的基础——专业精神，学术界更是如此。但是，麦当劳化会破坏专业精神的土壤，就像过度使用化肥会使土壤变板结不育。就如一个人走进博物馆，他对讲解员的述说很不耐烦，只是不断问这些展品值多少钱，仿佛只有钱数让他对艺术品的意义产生感知；你或许会嘲笑这个人，而一些商学院教授们对待学术研究工作的态度正像这个人的态度——研究的具体内容并不重要，他们脑子里想的是发表了多少、在哪里发表、是不是第一作者（或通讯作者）、这些发表在职称和奖金上如何兑现。

麦当劳化的效率至上强调早出、快出、多出成果，并不是让学者多做贡献，而是相反，让学者避免深入分析和思考，避免涉入和干预社会现状。无法控制自己时间和审视自己行为方式的人，最容易被控制——不是被具体的某个事情或者某个人控制，而是被那深入人心的观念和制度所控制。而且，如果方向错了，效率就如同是没有方向盘的汽车的狂奔。

麦当劳化通过标准化和均一化措施，达到便于管理、便于控制的目的。而"独立之精神，自由之思想"的大学教育理念在可控性面前显得无所适从。爱因斯坦曾说："想象力比知识更重要。"但是，如今规范化学术标准不仅限制了完整的理论化过程，单一化了研究题目选择和表达对象，而且弱化了研究者的想象力和多元化的理论活动，尤其是弱化了充满想象力的新概念发展、形象思维和思辨思维，而这些都是对理论发展必要甚至是更为重要的。如此规范化研究设计与论文写作，严谨有余，灵性不足。麦当劳化使得"格致"的科学不可避免地被实用化，"穷理"的理论取向被完全遗弃，也就是说"格致"所具有的"形而上"的"道"被丢弃，仅仅留下"经世"的层面，变成"形而下"的"器"，成了立竿见影的"书中自有黄金屋"的个人攀爬工具。

除了研究工作，教书育人的大学工作也被麦当劳化。对于教育工作来说，毫无疑问，麦当劳化的人才培养系统是理性和高效的，但这个系统并不鼓励"因材施教"，不鼓励缺乏效率和预测性的情感交互，好像一切教育活动的环节都只是为了迅速完成一笔又一笔交易。而教育本质上是一种人与人之间关系的建立和通过关系与关怀带来的人的全面发展。

教育本来是人类争得自己解放的手段，以人的和谐而全面的发展为目标。然而，面对当下的教育现状，我们不得不悲凉地承认，这是一种麦当劳化的"非人本"教育。时下流行的各科教学中的标准化考试以及与之相匹配的标准化练习，正是导向于将生机活泼、个性各异的人培育成冰冷的机器和标准化的零件。比如，商学院的课程常常对审辨性思维强调不足而着眼于"即食知识"（immediate use knowledge）。有研究者指出，商科高等教育在偏离初心——商科教育内容轻飘飘，就像快餐一样，虽然短平快，但是乏味没营养，很难培养出商业领袖。

总的来说，麦当劳化体现了现代社会所需要的效率和规范，它代表着工具理性，然而并不充分符合人类的价值理性。人被数字化、程序化，被自己制造出来的机器和章程所奴役。瑞泽尔指出："人们的确很大程度上生活在理性的铁笼中，几乎没有什么出路。"我们不得不去担忧，"或许最为可怕的，不是机器越来越像人，而是人越来越像机器"。

麦当劳化让管理学领域的学者只是看起来像是一位从事严谨研究的学者，实际上其工作本质上越来越像重复性体力劳动。所以，我们需要慎思的问题是：商学院以及大学的发展，是不是和工业管理与公司的发展逻辑一样？教育和研究，是为了规模扩张和"市场竞争力"，还是为了"百年树人"？快餐行业可以把鸡肉生产的周期压缩到极致，人才和思想的生产也可以不断压缩吗？高等教育和大学科研，为什么在麦当劳化的道路上一直走下去？学术自治的共同体，为什么心甘情愿交出管理自己的权力？

形式化专业主义及其对策

————

麦当劳化让大学和商学院的发展出现了"看起来很美"的专业主义。专业主义本来是让专业职业工作者有强烈的认同感、责任心、忠诚度，服务于公众利益，不计个人得失，等等。而我们在现实中发现，当前高校商学院场域中的专业主义呈现出明显的形式化特征，也就是形式化专业主义，这种专业主义大多徒有专业的"外形样貌"，例如程式化的学术训练过程、规范化的学术写作要求，但相对缺乏更深层次、更内隐的专业精神。

对规范性的过分追求还会束缚研究本该有的理论创新，就像逼着研究者戴着镣铐在舞台上精致地跳舞。在充满条条框框的规范性要求之下，学术人员会经常自我审视是否满足"看上去专业"的要求，从而自我规制并自觉精进。长此以往，研究成果往往徒有规范严谨的外表，缺乏令人深省的洞见。然而，真正意义上的专业主义是利他的、服务于社会的。

高校商学院场域中形式化专业主义的另一突出表现是学术研究注重"规范化"，而非注重研究能否为社会做出实际贡献，甚至把论文写作形式上的规范严谨等同于专业主义。在此种形式化专业主义引领下，学术工作者和高校管理者更加看重的是效率第一，要标准化。相比之下，关注实践现象与行为，重视对话沟通效果，进行理论应用，并产生多方面的社会影响，这些显得无足轻重。

面对此问题，我们应培养一种健全、充满活力的生态和养分丰富的土壤环境，而非为了"短平快"的跨越式发展只顾着嫁接外来标准套路和上化肥与催肥。学术探索和人才培养都更加类似于传统农业的活动，"十年树木，百年树人"，一味地使用工业化生产方式管理、治理大学可能会适得其反——破坏了土壤的绿色生态，会让土地板结、失去活力。

我们首先要做的是改变把研究发表看成一种"游戏"的心态。无论是研究者个人还是学术共同体，都需要"不忘初心"，关注重要的工作，并致力于"激情学术"，去做有社会责任感的研究。

与此同时，要树立真正的学术专业主义。比如，中国管理学界可以关注四条身为高校教师和学者的职业原则：

（1）置学术共同体利益在个人利益之上；

（2）坚持诚实、正直与可信任的最高标准；

（3）保持建议的独立性，随时准备告诉社会和管理实践者我们看到和研究发现的事实，即使这些事实与当下主流标准不一致，甚至影响到我们的收入与关系；

（4）远离"学术投机"心态，只做我们真正想要探索并可以为社会利益相关方创造新价值和真价值的事情。

另外，学术期刊或许应该更加包容多元化标准和思想。某些当下看似异端、与标准格格不入的观点，或许有一种不同的价值，最起码读起来更有趣。这个世界太丰富、太多样化了，不能用千篇一律的格式来描述，而是需要发展能够容纳全部光谱的风格。这要求我们的写作方式更加多样化。

在高等教育的治理制度建设方面，也需要有新的理念。当下中国大学治理中看到的全是工业化的思维模式——强调"全球化""标准化""效率至上"。制造业和工程质量管理的方式，一样适用于大学和科学事业吗？

土壤不够肥沃，只是忙碌于花花草草的科学移植技术，评比盆栽的技术高超与精细，或不断使用工业化肥，这样下去，长此以往，会生长出真实的茂盛森林吗？

最后，适当让自己慢下来，做一位"慢教授"。高效率并非唯一的至高无上的价值，我们所珍视的价值还有很多，且都处在这些低效的领地——爱、家庭、眷恋、归属、文化、学术思想、舒适的旧鞋子。

3

管理者为何经常不待见管理学者？

写在前面的话

本文摘自《管理学报》2017 年 3 月"煮茶问道·本土管理研究"专栏。应我的邀请，西交利物浦大学校长席酉民教授和他的弟子张晓军博士发表了一篇题为《从实践者视角看管理研究的价值和范式》的文章。然后，我邀请了其他四位学者围绕这篇文章展开争鸣。

管理学研究越来越跟不上技术革新的步伐

虽然席酉民教授试图从管理实践者的视角看待管理学研究的价值和范式，但是，我仍然表示怀疑：深厚的管理学学术背景已经"污染"了作为大学校长和教育改革家的他对管理实践的理解，所以，他所说的"从实践者视角看管理研究的价值和范式"可能无法代表千千万万的、没有受过多少管理教育的实践者的视角。

为了获得这种"未被理论污染"的实践视角，我希望至少有一位企业界人士能加入我们的讨论，因此，我试图邀请首都在线CEO曲宁先生对席西民教授和张晓军博士的文章进行回应和评论，但是，遭到了委婉的拒绝。华为国际顾问、畅销书《下一个倒下的会不会是华为》作者田涛先生更是直言不讳地说："我强烈建议包括你这样的有水平的中青年学者，多花时间到企业去，到生动、丰富、复杂的商业现场去，向德鲁克学习，而不是到古人中或洋人中寻找所谓'法宝'，搞脱离实际的'本土管理'研究。"

无奈之下，我只好亲自操刀，了解管理者如何看待管理研究。2017年1月29日，我在一个有403位草根创业者参加的微信群"大趋势下小企业生存发展之道"里抛出了这样一个问题："管理者如何看待管理学研究？"请大家吐槽。两个小时的讨论很热烈、很尖锐，涉及许多话题，但是，矛头主要集中在"管理学研究落后于时代，迷恋于对既有事物的总结和经典文献，无法指导实践"。

我个人认为，或许如此，但也不尽然。中国管理学界充斥着忙不迭地紧跟热点，在政府文件的字里行间寻找微言大义，做一些解释性研究（社科基金研究尤其是这样），但是，我们对于最新的管理实践尤其是技术革命的关注相对较少一些①。

偶然关注一下"大趋势下小企业生存发展之道"微信群中所讨论的热点问题，例如认知盈余、认知计算、区块链、二次元、共享经济、社群经济、智能时代等名词，很少出现在管理学者所聚集的微信群，更不要说出现在正式发表的研究成果里面。科学微世界和商业世界之间好像是隔离的，管理学者和经理人操着不同的语言，

---

① 在我写作这篇文章的2017年，情况的确如此。但是，近几年，局面出现了彻底反转。学者一窝蜂地去研究工业互联网、元宇宙等热点问题。

关注着不同的事情。管理者习惯于向前看，关注不确定的未来，关注如何在不确定的世界中抓住机会；管理学者则多向后看，试图在不确定的世界中找到不变的规律。西北大学刘文瑞教授说："管理者时时相信，学者则是事事怀疑。"前者因为相信而看见，他们相信相信的力量，后者则因为怀疑而成为社会良知和道德底线的守护者。管理学里找不到类似自然科学那种精确的规律，有的只是一些概率性的准规则，因此，基于实证主义经验研究范式的管理学研究很可能是刻舟求剑、黄粱一梦。

在过去的 20 年里，科学技术的进步速度和互联网浪潮带给人类的信息过载完全超乎人的认知加工能力。有学者认为，2045 年前后，奇点临近，机器智能在很多领域将超越人类认知能力，人类不得不对自己的大脑进行深度改造，未来的人类或许是某种人和机器的合体，是那种植入了生物芯片、安装了外骨骼、可以直接从互联网上传下载信息和知识的新型人类。但是，这种技术大爆炸对人类的工作和生活、对组织和管理的影响，甚少被纳入管理学的研究之中，由此管理学研究没有产生可以引领或者启发管理实务界的成果，这大概就是实务界对管理学界最失望的地方之一。造成管理学研究落后于时代发展的原因是多方面的，我的评论重点是管理学的研究方法和我们对管理学科的定位。

主流管理学研究方法过于保守

在过去的半个多世纪里，管理学沉迷于向自然科学学习，急于证明自己的科学性和合法性，因此，普遍地使用基于实证主义的经验研究范式，尤其是使用建立在数据和统计模型基础上的研究方法，无法立足于"青蘋之末"（极端的个别案例），创见性地对未来的"风向"做出预测和引领——而这才是创业者和管理者最渴望了解的未来发展趋势。

从研究方法来说，基于实证主义的经验研究本质上是极端保守的，重在事实积累和规律性验证，而非提出新问题、大胆猜想和进行前瞻性预测。虽然中国管理学界一直声称自己是在卡尔·波普的"证伪主义"哲学的指导下进行科学研究的，但事实上，这完全是对卡尔·波普的一种误解。我们绝大多数人只是在统计工具的层面，在进行假设检验的时候照猫画虎地运用"证伪"，而非在本体论和认识论上进行理论建构时采用"证伪主义"，没有把握科学研究最重要的功能之一——创造性地提出一些竞争性猜想，而只是在小心求证。甚至很多研究表现出"基于研究结果，提出研究假设"（hypothesis after results knowing），这更是明目张胆地违背了"证伪"的基本法则。

反过来，从管理者的角度来看，他们是活跃在产业第一线和管理最前沿的人，他们具有超前行动的特点，任何事情只要有百分之三四十的概率，他们就会选择去做，否则，创业创新的机会可能就不在他们手里。创业者很焦虑，容易患上"新事物狂热症"，即使这种"新事物"最后被证明只是泡沫而已，他们也不得不快速行动，生怕错失机会。他们的时间有限，所以他们只能进行碎片化、肤浅式的学习（这绝非是对管理者的冒犯），但是，他们的学习方式更多是跨界、多学科综合、多种学习途径和方法、功利性很强、实用主义导向的。而管理学的研究方法和教育都过于保守落伍，无法满足管理者快速学习的需要，所以，常常被鄙视、被忽略、被嘲笑。

我们对管理学学科本质的理解是错误的

———

不管是商业组织的管理，还是政府管理、军队管理、医院管理、教会管理等，本质上都是一种实践，而管理学是一种关于实践智慧的经验性总结和反思。如果我们试图把管理学当作一种类似自然科学去追求，那就是对这门学科本质上的错误定位，它根本承担不起这种不切实际的期望。

早在古希腊，亚里士多德就区分了五种知识类型：纯粹科学（episteme）、技术或应用科学（techne）、实践智慧（phronesis）、哲学智慧（sophia）以及神学智慧（nous）。这五种知识类型实际上可分为两大类，即知识与智慧。纯粹科学和技术或应用科学应当属于知识这一类，即我们现在所说的科学（science）和技术（technology）；而实践智慧、哲学智慧和神学智慧则属于智慧这一类，它们分属于三大领域：政治伦理、哲学和宗教。因为2 300多年前根本没有当今意义上的经济学和管理学，所以，亚里士多德没有明确说过经济学和管理学属于哪类知识和智慧。事实上，管理学属于实践智慧，其最恰当的研究方法之一是诠释学。按照哲学家洪汉鼎先生的看法，"诠释学作为哲学，就是实践哲学"。所以，把管理学与诠释学联系在一起，是一件自然而然的事情。

按照亚里士多德的看法，纯粹科学是一种关于不可改变并必然存在的事物的知识，它是一种依赖于推理证明而能被人学习的演绎性知识，其典范是数学、逻辑学和物理学；反之，实践智慧则不是一种按照普遍原则进行推理的永远不变的知识，它不能通过单纯学习和传授而获得，而是一种只能通过长期经验积累的智慧。它们两者明显的差别就在于确定性与非确定性。

作为知识的纯粹科学具有某种确定性，作为智慧的实践智慧则只有非确定性，或者某种不精确的准规则。这种非确定性在古希腊是与实践和经验相联系的。亚里士多德曾以青年人接受能力为例说明知识与智慧的差别，他说："青年人可以通晓几何学和数学，并在这方面卓有成就，但他们不能达到实践智慧，其原因在于，这种实践智慧不仅涉及普遍的事物，而且也涉及特殊的事物。人要熟悉特殊事物必须通过经验，而青年人所缺乏的正是经验，因为取得经验需较长时间。"

简而言之，知识与智慧的区别在于，知识是追求精确性、系统性和唯一性；而智慧，不论是实践智慧、哲学智慧还是神学智慧，它们相对于知识的共同特点就是非精确性、开放性和多元性。如果以这一基础来考察三种智慧，我们会发现这三种智慧正好对应于人文科学三个不同领域：实践智慧包括管理学、经济学、政治学和伦理学，哲学智慧覆盖哲学、文学、艺术和历史等，而神学智慧当然包括神学和宗教。商学院就其本质而言，应该更像法学院、军事学院和设计学院，而非医学院和工程学院，与理学院更是相去甚远。

市场规律和社会规律非常不同于自然规律，它是个别创业者（包括政治体制的制度创业者）首先主观构想出来的某种观念或者欲望，在社会运动（宣传、广告和权力）中经过群体活动确认后成为某种"自我证验预言"。所谓的创新，都是不走寻常路，都是对既有模式的颠覆和违背。一开始的时候，它们都是正态分布中的六西格玛之外的特异值。而现有管理学对所谓规律性的探寻只能抓住正态分布中间地带的"普通"事物或者事件，而忽略了正在形成中的机会和最有前途的"独角兽"企业，必然沦为"打牛后半截"。个人以为，这就是管理者为何不待见管理学者的原因之一。

4

那个改变了我对老师印象的"博士之父"

关于学术关系网路

我的博士生导师迈克尔·弗雷泽（Michael Frese）曾经担任世界上最古老的心理学学会——应用心理学国际联合会（International Association of Applied Psychology，IAAP）主席，是一位著名的心理学家，著作等身。英国牛津大学出版社出版的《管理学中的伟大思想：经典理论的开发历程》（*Great Minds in Management：the Process of Theory Development*）收录了他关于理论开发的经验之谈"宏大理论与中层理论：文化因素如何影响理论构建和对工作主动性的理解"。他也是组织行为学和创业研究领域为数极少的、曾经在《科学》杂志上发表过论文的心理学家之一。

迈克尔·弗雷泽

他性格开朗外向，交际广泛。每次参加国际学术会议的时候，他都是全场的"超级明星"［superstar，这是英国跨文化心理学家肯·史密斯（Ken G. Smith）在评价我导师的时候所用的词］。

2004 年 8 月，世界心理学大会（International Congress of Psychology）在北京举行，我当时正在德国写我的博士论文。有一天一起吃饭的时候，我导师和我说："8 月份和我一起去北京吧，我给你介绍一些人认识，对你将来找工作会有帮助。"我说："我刚从北京收集数据回来，不想回去了。"他接着说："我给你出飞机票，怎么样？"因为年龄的问题，我在德国读书期间无法申请德国学术交流中心（DAAD）的奖学金，完全靠自己的积蓄生活和进行研究，我导师担心我是不是因为缺钱才不想回北京。

我说："那我也不想回去，我不想认识什么人。"

他说："这样吧，你印两盒名片，我帮你去发。"

我听了之后，完全无语，只好乖乖地跟他回北京开会。

事实上，我比他先到北京几天，他是从非洲讲学之后赶过来的。在从机场到酒店的出租车上，他问我："你得快点告诉我，你的 first name 的正确发音是什么？"因为在此之前，我都是让他和我的德国同事叫我的 family name（姓，Zhao），而非 first name（名，Xiangyang），因为很少有德国人能正确地发出 Xiangyang 的音。而 Zhao 在德语里面的发音类似意大利语中的 Ciao（"再见"的意思），非常容易记住。我说："没有关系，随便叫什么都可以。"但是他坚持说这很重要，而且不厌其烦地反复练习"Xiangyang"，直到可以正确发音。后来，在一些重要的场合，他把我介绍给 2002 年诺贝尔经济学奖获得者丹尼尔·卡尼曼、中国科学院心理研究所原所长张侃教授等一众大佬。

关于学术伦理

我在德国吉森大学读书的时候，吉森大学和德国北边的马堡大学、南边的法兰克福大学的工作与组织心理学教授们组成了一个学术研究网络。每隔两三周的周四晚上，教授们就带着自己的学生来吉森大学开会讨论问题。每次开会之前，我导师就背着笔记本电脑，拖着投影仪去会议室布置。2003 年的时候，我们团队用的还是一台非常老旧的 NEC 的笔记本电脑，大约两寸厚，很沉。而索尼的投影仪是装在一个类似旅行箱的箱子里的，虽然底下装有轮子，但是也很重。好几次，我都自告奋勇想帮他搬运，但是，每次都被他拒绝。他开着玩笑拒绝我的帮助，并且说"这是我的工作"（"It is my job."）。后来，等我回到中国工作的时候，看到不少导师让自己的博士生专门拎包，而博士生毫无怨言、亦步亦趋、小心翼翼、毕恭毕敬，我真是觉得两者生活在不同的世界里。

还有一次，也就是 2003 年 7 月，我回国收集数据之前，我导师把我约到办公室里谈收集数据中的测量问题。当时，他担任 IAAP 的主席，日程安排得满满的，经常在全世界飞来飞去，我也是一两个月才能见到他一次而已。我们讨论了很多测量社会关系网络的方法，也谈到了如何采用访谈的方法测量"个人主动性"这个概念。他当时说了一句话，时至今日我仍然印象深刻——"我感到有罪恶感，因为我没有足够的时间去训练你如何做访谈。"（"I feel guilty because I have not enough time to train you to do interview."）注意，他用了"罪恶感"这个词来描述自己的心情，这是基督徒在上帝面前忏悔的时候才使用的词。

又有一次和我导师讨论一个学术问题时，我提到汉语中"危机"一词既包含"危险"又包含"机遇"，我导师听了以后对中国智慧赞叹不已。2003年8月回国收集数据时，我花了200元在西安碑林请一位师傅写了"危机"两个字，装裱好带回德国送给我导师。我导师看了一眼，笑了笑，就把那幅字顺手放到了座椅旁边的角落，一直没有挂起来，这让我心里很不舒服。

2005年6月博士毕业之后，我去加拿大做访问学者。这期间，我导师给我发来电子邮件，请教我"危机"如何发音。他说："作为一个老师，在你博士还没有毕业之前，我不能接受你的任何礼物，因为我怕干扰我对你的博士论文质量的评判。现在好了，你毕业了，我终于可以把你送给我的那幅字挂起来了，我很喜欢它。"后来，每次有中国学者去德国访问他，他都会与他们在那幅字面前合影，并把照片发给我，介绍我认识这些位高权重的中国学者。可是，我顽固不化，几乎一个都没有联系过。

关于学术争论

2002年5月，我申请博士入学资格的时候，发电子邮件请我导师发几篇他的论文让我看看，以便让我早日进入学习状态。读完导师发的几篇论文之后，我发现这几篇论文都是反复围绕他自己提出的两个概念在做研究：一个是个人主动性（personal initiative），另外一个是错误管理（error management）。当时的我年少轻狂，不知道做研究、发表论文有多么艰辛，以及想要在学术界的丛林里脱颖而出又是多么地艰难，我也不了解德国人做事踏踏实实、一点一滴层层推进的文化习俗，总之，我觉得反反复复玩弄几个概念，实在是太有点那个意思。所以，在给我的导师的电子邮件中，我不动声色地讽刺他："如果一个人手里只有一把榔头，他就会设想所有的问题都是钉子。"（"If one just has one hammer in his hand，he will suppose all of the problems are nails."）设想一下，如果一位中国导师正打算招收一个从来没有谋面的学生做自己的博士生，而这个学生竟然这么挖苦自己，估计99%的导师都会拒收这个学生。可是我的导师的回信令我非常惊讶，他说："让我们以名字相称吧。"（"Let's call each other as the first name."）

2002年8月20日，我抵达德国，开始博士阶段学习。那时，我对创业研究的相关文献一无所知，我甚至连企业家精神或者创业活动（entrepreneurship）这个词都拼写不对。第一次与我导师见面时，他就要求我3个月内做出一篇开题报告，两年内毕业，毕业前至少撰写一篇够得上发表水平的文章。走出他的办公室，我和我的一位德国同事聊起此事，我的德国同事说："你别理他，这是迈克尔一贯的策略，因为他相信目标设置理论（goal-setting theory），他认为只要给员工树立一个很高的、具体而明确的目标，而员工对这个目标有很强的认同感，员工自己又是自我效能感很高的人，而且员工能从外界得到具体而明确的反馈，那么员工的工作绩效就是最高的。事实上，几乎没有人能做到两年博士毕业，绝大多数人都需要四五年。"

但是，3个月到了，我竟然凭借自己的小机灵做出了一篇开题报告。现在回过头来看，开题报告中的模型的确很粗糙，但是也包含着一些原创性想法。我认为，我的模型事实上是对我导师花了十年时间建立起来的吉森-阿姆斯特丹模型（Giessen-Amsterdam model）的一个重大扩展。他的理论主要关注的是人如何高效地完成工作任务，体现了德国人关注工作而忽视人际关系的特点，而我关注的则是人如何通过有技巧地拓展人际关系网络，进而提升自己的工作绩效。应导师的要求，我在博士生和硕士生的学术讨论会上做了开题报告。虽然英文讲得结结巴巴，但是，我充满自信。讲完之后，我导师简单地问了几个问题，没有多说什么，一句公开批评我的话都没有。

　　会后，他把我请到自己的办公室去，直截了当地对我说："假如你因为我是迈克尔·弗雷泽，所以你要做与我相关的研究内容，我告诉你，大可不必！"当时，我的脸腾一下子就红了。我对他毫不客气地反驳："我从来都很独立地思考问题。我的研究模型可以说是对你的吉森-阿姆斯特丹模型的一个极大扩展，你的模型只研究了工作情境中人的工作行为，而我的模型重点研究社会情境中人的社会交往行为，更适合中国文化情境，所以，我把它叫作北京-吉森模型。"

　　可以想象，我当时把我导师气得够呛，他也从来没有见过这么直率的中国人。而且，不管我导师的意见如何，我一意孤行，坚持自己的研究想法。两年以后，我的博士论文基本写完了，数据和模型匹配得很好，而且研究结果非常强大（也就是相关系数和回归系数很高）。博士论文正式答辩之前，我导师又安排我在我们团队内部做了一次报告。我报告完之后，我导师和我说："这两年来，我一直为你担心。但是，现在看来我错了，而你是对的。"后来，每次我导师写综述性文章时必定引用我的论文，远远超过我对自己论文的引用。后来，我听说他招了一个非洲裔的博士生，让这个学生沿着我开辟的研究道路继续深入。时隔多年之后，我印象非常深刻地记得当年他和我说前面那句话时的场景：当时，我们正穿过一个大厅，旁边有一个吧台，新煮的咖啡和新烤出来的面包香气四溢。

关于学术道路

我和我的导师只合作过一篇论文，那就是从我的博士研究中生产出来的唯一一篇论文。作为一个母语非英语的人，第一次用英文写作科研论文，而且要发表在高水平期刊上，是一件非常困难的事情。在写作我的博士论文的过程中，每写完一章，我就发给我导师看，每次等我拿到他的反馈时，我就看见空白处密密麻麻地写满了批注，让我感到脸红的同时受益匪浅，所以，我进步很快。

但是，当我们真正开始写要发表的论文的时候，却是完全不同的另外一种模式。每周我们一起工作两三个小时。我坐在他旁边，他打开一个新的文档，一个字一个字在电脑上开始敲击，40 多页的论文，事实上全是他一个人写的，几乎没有多少是我自己原来的话。他边写边告诉我为什么要这样写，其背后的逻辑是什么，下一段应该写什么，选用哪个词更加准确，如何诠释数据让自己的观点表达得更有力、更可信。

近距离观摩自己导师逐字逐句地写完一篇文章，并且经历投稿、回复评审人的意见的整个过程，是一种极其难得的学习经历。

你一下子就恍然大悟了，"哇，原来英文论文是这么写出来的"，你一下子就获得了关于如何清晰简洁地写作论文的技巧和信心，你也明白了德国人为什么要把他们的导师叫作"博士之父"（Doktorvator），那是一种只有在手把手的示范教学中才能培养起来的特殊的亲密关系。

可惜的是，博士毕业之后我再也没有与我导师合作过论文。这是因为，毕业之后，经历了一段迷茫期之后，我走上了一条离经叛道的学术道路。甚至可以说，在博士论文答辩会上，我已经与主流研究范式公然决裂了。在我的博士论文的答辩会上，对面坐着五位德国教授，我只认识我导师。上半场的口头报告和答辩，我应对自如，五位德国教授表示满意。中场休息之后，答辩委员会宣布我的博士论文顺利通过答辩。然后呢？发生了不可思议的一幕，我开始狂批自己的论文。

"我用了三个月的时间，提出研究问题和研究设计。然后，又用了两年多的时间收集数据，分析数据，撰写论文。在我看来，我的博士论文完全符合实证研究（empirical study）的规范，达到了博士论文所要求的水平。但是，你们不觉得这件事情很可笑吗？我用了两年半的时间，证明了一个我在三个月里就能想出来的想法，而这个想法（也就是研究问题和假设）在我看来差不多就是常识。我非常怀疑采用这种碎片化的定量经验研究的方法有一天可以帮助我对组织和管理形成一个整体性的认知。"

对面几位德国教授面面相觑，他们第一次遇到这种情况，觉得我就像一个怪物。答辩结束之后，我导师把我叫到办公室，他批评我说："你为什么要这样讲话呢？你的博士论文本来可以得到最高等级的成绩，现在可好，只能得到第二等级的成绩。"

也就是说，从博士毕业的那一刻起，我就开始质疑所谓的管理学主流研究范式的价值，这注定了我后来选择了一条与所谓的快车道渐行渐远的道路、一条形单影只的道路。但是，这丝毫不影响我和导师之间的亲密关系。多年以后，也就是 2019 年 9 月的时候，我发表了一篇广为人知的文章《大变局下的中国管理：从以英美为师，转向与德日同行》。有一天，我突然收到我导师的一个电子邮件。他当时在新加坡国立大学商学院做系主任。他说："今天有一个人跑到我的办公室来，问我以前是否有一个叫 Xiangyang Zhao 的博士生。他说你写了一篇很有影响力的文章，连新加坡这边的人都很关注。"我告诉他说，这篇文章全网阅读量大概有 200 万。他感慨道："我的所有论文从来都没有被 200 万人阅读过，祝贺你。"（"My papers have never been read by two millions, congratulations."）

事实上，我的导师从来不是一个死板的、只会做经验研究的小学究，他是一个有雄心壮志、希望改变世界的大学者。就任 IAAP 主席期间，他把主观幸福感（social well-being）当作一个重要的学术概念，作为 IAAP 行动纲领的核心。他向当时的联合国秘书长安南和美国总统乔治·布什进行推销，鼓励各个国家不仅仅把 GDP 当作经济发展的重要指标，更要把主观幸福感当作社会发展的重要指标。他认为，经济学家发明了自己的货币，那就是 GDP，而心理学家也必须发明自己的货币，那就是主观幸福感。

在我博士毕业之后找工作的时候，我导师在推荐信里写道："我是 Xiangyang Zhao 的博士之父①。他颠覆了我们关于中国学者

---

① 在英文推荐信里，他真的用了一个饱含深情的德语单词 Doktovator。

的所有刻板印象。他坦率直接、坚持己见、富有批判精神，这些性格特点让他与我们这个德国研究团队相处得非常融洽。"

人生能有机会遇到这样一位明师，何其幸运。是他，改变了我从小学到大学甚至到研究生以来长期对老师的一些"偏见"、处处与老师作对的习惯，我后来心甘情愿地选择做大学老师与他有直接关系。他影响了我的很多方面，让我知道一个真正的学者可以是什么样子的。他让我无法轻易放低标准、随波逐流。

5

镜子与火把:
对陈明哲教授《学术创业》一文的评论

写在前面的话

2016 年 6 月,应一家新创刊的管理学期刊和美国管理学会主席陈明哲教授的邀请,我对陈明哲教授即将发表的《学术创业:动态竞争理论从无到有的历程》(简称《学术创业》)一文进行了评论。借此机会,我对自己的学术道路和中国管理学界的现状进行了反思,希望陈明哲教授的《学术创业》一文能带动一批中国学者在学术领域进行"大众创业、万众创新",帮助更多的优秀学者走出来。

2016 年 8 月 1 日,我收到评审人对我所写评论文章的反馈意见。他们认为:(1) 整体感觉该文情绪化的东西偏多,有理有据的东西较少。比如,p2,徐淑英教授曾经在一次公开演讲中批评这种做法,说"真正有价值的想法别人一般都不会写在'讨论和未来展望'这一部分里,作者在这一部分的写作上花的时间和心思最少"……很难相信这是徐淑英教授说的,而且这种说法不值一驳。再比如,p7,关于 IACMR 的批评,"估计谁也没有预料到这个组织会像速生林一样过度繁衍,排斥了其他的生物多样性,使得中国的管理学研究走上了一条畸形发展的道路。大胆设想一下，如果没有 IACMR，21世纪之前低度发展的中国管理学界经过长期的自然演进，可能会发展出一种多样化的学术生态系统，可能会更加接地气，更加面向中国实践和时代挑战，提出更多本土化的'管理学的中国理论'……"这些评论也有待斟酌。(2)文章对陈明哲教授的"学术创业"的评论不多，更多说的是自己的个人事迹。(3)正文中似乎引用了很多人的文章，但最后却没有附参考文献。

收到评审人的意见时，我正在徒步穿越老子写下五千言《道德经》、商鞅和白起走过的"马不并鞍，车不同轨"的函谷关，我的回应异常坚决，现在抄录如下："XX, YY：谢谢你们发来的评审意见和反馈，我仔细思考之后，决定放弃发表我对《学术创业：动态竞争理论从无到有的历程》一文的评论。1. 对于参考文献，很容易添加，根本不是什么大事情。事实上，几乎每一句话我都可以添加参考文献，但是，这是我第一次想测试一下，'一个人离开参考文献，是否还能自由地表达思想'。2. 关于写作方式和'个人事迹'：本文的写作一反实证研究者（或者经验研究者）所习惯的写作方式，纯属于诠释主义学派，范式之间很难通约，敬请理解。从我内心里讲，我根本上已经放弃了与'价值判断'无关、与个人生命体验无关的实证经验研究范式，在此无意妥协。此外，陈明哲老师的原文中强调中国古代的智慧'知行合一'，评论中的写作也是一种回应和共鸣。3. 强调个人经验，不是为了突出我个人，而只是将个人作为案例来进行分析，折射我们这个时代的问题，供他人参考。正如评论中的题目'镜子与火把'，我是以陈明哲老师作为对比，分析自己和中国管理学术界的现状，指出中国管理学术的未来发展方向，一点都没有跑题。4. 至于对 IACMR 的批评，这本来是写作重点和落脚点，如果去掉，本文的价值将大打折扣，读者会感觉不知所云。所以，我无法妥协。5. 我个人很理解你们的难处。中国的许多事情，只可腹诽和小范围议论，不可白纸黑字印刷出来。另外，请转告评审人一句话：我是 IACMR 的创始会员，2002 年我就认识徐淑英老师，她对我帮助很大，我的批评对事不对人。我所引用的徐淑英老师在北京大学光华管理学院（2010 年）和中国人民大学商学院（2011 年）公开演讲时说的话，言之凿凿。如果当时有录像，可以查看录像，希望评审人不要有'诛心之论'，这是对我人品的诋毁。赵向阳，于函谷关，2016 年 8 月 1 日。"

回顾过去，本文中"最具震撼性的"对 IACMR 的批评，已经在 2016 年 9 月我所挑起的"中国管理学界的第二次论战"中发表在由 130 多位学者所组成的一个电子邮件群和微信群里。陈明哲教授在自己所教的 EMBA 学员中也曾经分享过此文（2016 年中期"明哲来鸿"），而其中一些学员对本文很欣赏。有人来信说："您的文章，我已拜读，好看；您的回应很真诚，也很深入。而且您的业界背景，也让您的视角和他人不同。"

时过境迁，重读本文，我有了更多的感受。尤其是在对管理学主流研究范式所忽视的"叙述、诠释、批判"等多元研究范式有了更多了解之后，我完全可以将本文修改得更加完善，但是，为了保持最大限度的真实和真诚，特将原文发表出来，以还原当时的情境，这也算是一种"活在当下"，是对当下中国管理学界学术生态的折射和呈现吧。个人坚定地相信，所有看不到主体性、诚意和反思的管理学研究都是虚假的，都是不值得做的。

引言

有人说，所有的写作本质上都是自传，我对此非常赞同。作为一个天生的"持不同政见者"，我擅长提出尖锐的问题，而且缺乏"情境敏感性"，很少顾及所谓的"面子、关系和人情"。但是，在读完《学术创业：动态竞争理论从无到有的历程》以后，我一时间找不到批判的靶子。特别是，从与陈明哲教授的多次接触之中，我深深地为他儒雅的人格魅力所吸引、所感染，所以，不管是从为文的角度，抑或从做人的角度，对于一位将"中庸之道"真正地活出来、做出来的学者，我很难进行"批判"。只能将陈明哲教授和他的《学术创业》作为一面镜子，对照自己的学术道路和中国管理学界现状，谈几点粗浅的个人感想。

在古代印度，所谓的大师（guru）指的是黑暗中举着火把走在前面引路的人，从这个意义上来说，陈明哲教授就是这样一位 guru，他给我的启迪是多方面的，包括从学术研究、人生智慧、修身养性到社会服务等。我热诚地希望大家一起把陈明哲教授所开创的事业，包括动态竞争、文化双融、精一、夏学行践、中国管理学者交流营等，薪火相传下去。这就是本文题目中镜子与火把的基本含义。

做以问题和现象驱动的研究，避免"文献陷阱"和"文献上瘾"

没有一位管理学"大师"是从文献中找研究问题的，找所谓的缝隙、差距、空白（gap）的，但是，这几乎是现在许多学者（既有中国学者也有西方学者）的习惯性做法。《管理学中的伟大思想：经典理论的开发历程》一书中提供了许多管理学家成功开发管理理论的范例，仔细揣摩这些管理学家的成功之道就会明白这一点。至少我知道我的博士生导师弗雷泽教授（也是该书第 5 章的作者）和陈明哲教授都是这样做的。他们也读文献，但都是在观察到新奇的现象，或者用现有的理论无法解释问题以后，带着问题和困惑甚至不舒服、不满意的心态再去阅读少而精的文献。他们的研究主要由问题和现象来驱动，这也是明茨伯格等所推荐、所践行的研究方法。

很庆幸，我自己走过了类似的道路。我的硕士论文就是基于我当时的创业项目来写的。我在读硕士时成立了一家在商业模式上很创新的在线信息咨询公司，采用"分布式工作、集中化管理"的模式，所有的兼职员工分布在全国各地的 985 高校之中，我和 99% 的员工从未见过面，他们都是研一或者研二的学生，通过网络为打算考研的学生提供咨询建议。在经营中，我发现，不同的咨询员在网络上的匿名程度很不同。我很想知道"互联网上的匿名性如何影响咨询员的工作绩效"，因此，我设计了一项相关性研究和一个准实验，层层递进地研究了这个问题。可以说，这是"中国第一个以互联网为手段收集数据，研究互联网对人的工作行为影响的心理学研究"（北京大学心理学系朱滢教授评语，2001）。后来，我把所得到的研究成果有意识地运用到企业经营中，产生了一定的积极效果。在我毕业两年后，我的硕士论文的主要内容也被写入北京大学出版社出版的《实验心理学》教材之中。

在我申请博士的时候，我的德国导师弗雷泽要求看看我的硕士论文。于是，我把中文论文改写成英文论文，我的导师看完之后感到很惊讶，觉得"研究问题很有趣，研究设计很精妙"（Frese，2002），所以，收我为他的第一个中国弟子。这就是我的学术生涯中的第一项研究，而以后的绝大多数研究也遵从了相同的模式——从问题和现象出发。

多年以后，当智能手机和微信兴起时，我再次从自己的亲身感受出发（"手机上瘾，欲罢不能"），反求诸己，做了一项大规模的问卷调查，研究"微信时代的时间管理：由道及术"（《清华管理评论》微信公众号上的第一篇文章主题，2014），被认为是"很有前瞻性的"（《管理学家》杂志执行主编慕云五，2013）。

"古之学者为己，今之学者为人"。从问题和现象出发，将工作和生活中所遇到的问题和困惑精炼成一个理论问题，再通过严谨的科学研究得出有启发性的结论，甚至进而转换成金钱，形成一个"现象—理论—实践"的完整循环，是一件很好玩的事情，我乐在其中。

相反，现在越来越多的管理学研究不是从真实的现象和问题出发，而是从文献出发，从别人的论文中的"讨论和未来展望"部分里寻找可能的研究主题。2011 年前后，徐淑英教授在北京大学光华管理学院和中国人民大学商学院的演讲中公开调侃过这种做法，说"真正有价值的想法别人一般都不会写在这一部分里，作者在这一部分的写作上花的时间和心思最少"。

做研究，不读文献是不行的，但是，绝大多数文献——尤其是定量研究的文献——价值有限，更多的是一些知识碎片。绝大多数定量实证研究相当于采用镜头固定的视角看世界，"所得即所想"，看到的世界非常有限，就像那个只在有光的地方寻找丢失了的东西的愚人一样，缺乏深刻的理论发展和洞见，很少有惊喜和意外。我们应该尽量拓宽文献阅读的视野，拥抱多元研究范式。

另外，中国学者对研究方法照猫画虎学得很快，也很像，但是，对科学哲学了解甚少，在博士训练中几乎没有这方面的内容。大多数学者把科学研究简单地等同于假设检验（尤其是检验）和"证伪"。事实上，他们才不想让自己的研究假设得到证伪呢，每次SPSS分析结果一出来，他们第一个动作就是数 **，看看相关关系或者回归系数是否显著。这就像一个小孩子学会了使用榔头（假设检验的工具，例如，回归分析、SEM、HLM 等），就以为世界上所有的问题都是钉子，拿着榔头到处去砸。

我们不要忘了卡尔·波普的完整表述是"猜想与反驳"，也就是：现实中的观察→提出竞争性猜想→建立理论体系→检验猜想→如果证伪，就更换一个新的研究假设；如果没有证伪，就暂时性承认它的"真理性"。在这个完整的研究过程中，最困难的是产生竞争性猜想和洞见，而竞争性猜想和洞见来自哪里？很少来自文献，主要来自外部，来自学者对生活的深入观察，来自学者对个人经验和组织实践的哲学反思，来自某种信念飞跃（faith leap），这里面很少是有章可循的，所有重要的科学研究都表现出很强的艺术性和偶然性。总之，对于年轻学者，一定要避免"文献陷阱"和"文献上瘾"，应该走出去，观察生活，接触实践，同时要进行哲学反思，带着问题和困惑选择性地精读文献，尤其是多元化的理论文献，而不是局限于实证主义经验研究。

学问，就是学会问问题。
但是，学术创业还要系统性地解决问题

西方有谚语：学会提问是最重要的一种能力。（Asking a good question is the most important ability.）中国人则认为，所谓学问，就是学会问问题。爱因斯坦之所以伟大，就是因为他所追问的问题颠覆了人类对时间、空间、物质和能量等基本问题的看法。一个人能否成为大师，最重要的可能不是学术能力问题，首先是学术勇气问题，要有勇气走上一条鲜有人走过的道路，要有勇气问一些别人不敢问甚至不屑于问的问题，要有勇气质疑"皇帝的新装"。敢于质疑现有理论的核心假设，拓展了现有理论的边界，这就是我一直所理解的学术创业。学术创业也有颠覆式创业和渐进式创业之分。自然科学领域的规律因为自身固有的因果性和普适性，每隔几十年，就存在比较明显的颠覆式学术创业和范式转换；而社会科学领域的理论更多是一种概率性的"规律"，是一种社会群体建构出的"共识"，不是谁消灭谁的革命，更多是一种视角上的补充、丰富化和精炼化，是自成一家之言式的渐进式创业。动态竞争理论准确地说是在一个关于战略的细分知识领域的渐进式创业。

动态竞争理论从一个现象出发，经过近 30 年的发展，已经成为一种结构比较完善的中层理论（middle-range theory），而且有变成一个基础性理论（grand theory）的可能性，尤其是如果能对竞争的本质做出一个颠覆性解读的话。在这个方面，我建议陈明哲教授重点参考一下哲学家赵汀阳教授所提出的"共在存在论"（ontology of coexistence），因为西方管理学是以个人或者个体组织为中心的，东方哲学则强调"共在"而不是"存在"。动态竞争理论的发展路径是从小到大、从具体到抽象、从下而上（bottom-up process）的过程，层层递进，叠床架屋，最后构建起一座理论大厦。

我相信动态竞争的理论大厦不是事先设计出来的，而是逐渐涌现出来的、一点点堆砌起来的，它的整个发展过程也比较符合萨阿斯瓦斯（Sarasvathy）所提出来的效果推理理论（effectuation theory），这里面既体现了学术创业者的战略耐心和持之以恒，也体现了陈明哲教授充分利用自己拥有的资源（包括"你是谁""你知道什么""你认识谁"），以及广泛建立合作伙伴关系网络，拥抱创业过程中的偶然性，并把它们当作机会充分利用起来的灵活性。

学术创业不能仅仅止于提出好的问题，还要亲自解决问题，整合研究团队，发展出一系列的知识产品，满足不同利益相关者的需要（从理论文章到实证检验，再到教学案例、商业文章以及分析工具等）。这就是持之以恒、讲求规模效应的创业家与浅尝辄止的创新家之间的重要差别。所以，学术创新很多，而学术创业很少。反思我自己的学术道路，我觉得最欠缺的就是这种耐心和坚持，就是建立学术团队系统化、批量化地产出学术成果的能力。

与之相反，陈明哲教授近几年所提出的"文化双融"和"精一"概念，从一开始就是试图自上而下地建构一种基础性理论，甚至可能是一种元理论（不过，该领域的研究目前还处于非常初级的概念阶段）。"文化双融"从事物内在矛盾本质出发，强调如何整合矛盾的两个方面或者多个方面；"精一"则强调面对外部诱惑和内部资源约束，如何在矛盾之间进行取舍，所以，"文化双融"和"精一"在本质上是一回事，是一个硬币的两个面，是同一个问题的不同表达形式。"文化双融"就是佛家所说的"不二"，没有分别心，就是陈明哲教授的国学启蒙老师爱新觉罗·毓鋆先生所提出的夏学和原始儒家所说的"精一"，就是现代版的、可操作的"中庸"。

　　而"文化双融"和"精一"与动态竞争理论之间也有千丝万缕的联系。因为动态竞争理论是从对偶水平来分析竞争，要处理的核心问题自然而然地涉及"自我—他人""竞争—合作""已有资源和未来战略"等之间的悖论关系，所以，动态竞争理论发展到后期自然而然地就走到了"文化双融"这个根源性问题上来。陈明哲教授在这个新兴的研究主题上的研究策略是从大到小、从抽象到具体、从上到下（top-down process）。不同于已经成体系的动态竞争的研究成果，"文化双融"和"精一"研究领域目前最缺乏的是操作层面的经验研究，是如何将一个基本的文化概念转换成一系列可操作的、结构化的管理学中层理论。

　　总之，一旦动态竞争理论找到了自己的哲学基础，一旦"文化双融"和"精一"可以指导具体的经验研究，这两个自上而下的过程和自下而上的过程就形成了闭环，陈明哲教授在学术上的"圆"就画得很完美了。当然，这不一定非得要陈明哲教授一个人来完成，也不是倾一己之力就可以完成的。古人说"独乐乐不如众乐乐"。建立自己的学术团队，引领更多学者一起研究，更有利于调动学术资源和建立学术合法性。

关于"精一"的策略选择：先窄后宽，还是由点及面

————————

陈明哲教授几十年如一日对"精一"的实践令人印象深刻。这种实践是多方面的，从研究问题的选择（30年只问一个问题"什么是竞争"）、研究方法的选择（基于美国航空业数据库的建立和采用案例研究方法）、发表策略（只在有限的几个顶级期刊发表论文）到为人做事，均体现了古人的"吾道一以贯之"。但是，话说回来，像陈明哲教授这样先后受教于东西方不同的大儒［例如，爱新觉罗·毓鋆和威廉·纽曼（William Newman）］，在学术道路的起步阶段一开始就碰上了一个合适而且有前途的研究问题，在扬名立万的学术道路上又与人为善，从而得到了许多学界大佬的支持，是极其罕见和幸运的。问题是，对于我们许多人，因为学术环境不尽如人意，自己也是后知后觉，已经走过了崎岖的道路，人生一盘棋已经下得有点散乱，还有没有其他的"精一"模式可以参考呢？特别是关于专与博的关系，何时应该专一，何时应该广博，两者何时可以收敛到一点，何时又可以发散开来？人生的道路如何从混沌到有序、从有序到有意义？《学术创业》中并没有明确交代。

我强烈推荐大家遵循陈明哲教授这种 T 型模式，先找到一个重要的问题，一点点深挖，先挖到水，产生直接可见的成果，再一点点左右拓展，扩大战果，最后蔚然成风，开宗立派。绝大多数学术大咖都走过类似的道路。在商业领域，华为的成功也遵循类似的策略选择，就是 30 年来集中全部火力在通信行业，先在城墙上撕开

一个口子，然后迅速跟进、扩大战果，最后占领整座城池。

不过，人生也有其他可能性，哪怕是简单地想象一下其他可能性也可以让人的内心保持自由。反思自己走过的学术道路，我冒昧地提出一种新的模式，那就是将不同的知识领域联系起来打通，形成一个整体，最后一下子点亮人生（shinning），我称这种模式为"珍珠项链模式"。也就是你的人生中已经有了一些闪光的但是散落一地的珍珠，你需要找到一条丝线，把它们串起来，形成美丽的珍珠项链。

以我个人的经历为例，我本科学的是物理，硕士研究生学的是心理学，博士研究生开始研究创业、转到了管理学领域。每次转型的时候，我都会想着如何化不熟悉的学科为熟悉的学科，如何把不同领域的知识打通，如何把已有的资源转换成资产而非负债。在这个过程中，大学时代所研习的科学哲学发挥了重要作用，它帮助我快速地抓住每一个学术领域的核心问题，廓清现有理论的边界和局限性。所以，从物理学转向心理学，我花了半年时间考上北京大学心理学系的研究生；从心理学转向创业学，3个月内我通过博士研究的开题报告，两年半在德国博士毕业。

另外，创新往往发生在多学科的交叉点上。目前，我的教学领域包括创业学、跨文化管理以及管理案例分析等，所以我的研究更多集中在三个领域的交叉之处。例如，研究国家文化如何影响创业活动、文化如何影响案例教学法在中国情境下的使用，相关研究成果发表在《管理世界》等学术刊物上。同时，我将学术研究获得的成果"一鱼多吃""一石多鸟"（这也是陈明哲老师的策略），把严谨的学术论文变成通俗易懂的商业文章，发表在中国一些优秀的商业期刊上，几乎涵盖《哈佛商业评论》(中文版)、《北大商业评论》、

《清华管理评论》、《中欧商业评论》、《创业家》等主要刊物。

因为种种原因，我的人生曾经历重大挫折，我一度深陷重度抑郁症。从抑郁症中走出来之后，我结合自己的心理学知识和战胜抑郁症的人生体验，所写成的文章在互联网上广泛传播，所拍摄的微电影《一个人的战斗》全网播放量超过百万，为无数身处逆境的人带来安慰。而当这种分享带来过多的求助者，仅凭一己之力无法进行心理援助的时候，我又把这种"麻烦和挑战"转化成创业机会，创建了"夸父心理"，试图促进心理健康和咨询行业的发展。经过一段时间的摸索，我意识到心理健康行业本质上来说应该属于医疗行业，其职责应该由政府和非营利组织来承担，而非逐利的商业公司，所以，我又进入社会创业领域，发起了"心理援助基金向阳计划"的公益活动，试图多管齐下解决这个社会难题。更为有趣的是，我还把自己的经历写成了创业案例①。人生中有许多奇迹，而每一个奇迹都有一个很小的出发点，对我们来说最重要的是抓住机会，顺势而为，将过往发生的所有事情因势利导到某个方向，让人生之河汹涌流淌。

总结我走过的人生道路，没有太多的人生规划，但是，我做到了扎扎实实地做好每一件事情。而在做好每一件事情的时候，生活就会向我呈现新的机会。我的优点在于知识兴趣广博，缺点在于兴趣点转移太快。扪心自问，我很难成为某个领域的专家或者行家，但是，既然生活让我成了一个杂家，那么我就要试图把我熟知的各个领域全部打通，成为一个通才或者多面手。心理学的研究表明，要想成为一个领域的专家，至少需要 10 年、每天 4～5 个小时深思

---

① 请参考本书"10 从剪纸艺术网站到夸父心理——持续不断的创业人生"。

熟虑的实践（也就是所谓的一万小时的训练）。而要成为通才，我相信需要更多的时间和实践，经历更大的磨砺。所以，这是一条可能的道路，甚至适合许多人生的棋局已经下得有点散乱的朋友借鉴。但是，总体上来说，这是一条高风险、高失败率的道路，建议不要轻易模仿。

古人说，"皆性智海中"，"率性之谓道"。陈明哲教授提醒大家："我不是建议所有的学者都要走一样的路，用一样的方法或如法炮制。"我国台湾地区本土心理学运动的急先锋黄光国教授在演讲时也表达过类似的观点："学我者死，但是，超越我者生。"我们在借鉴这些学术前辈的经验智慧的时候，最重要的是反求诸己，找到自己的真我，率性而为，只有这样才能无愧人生。

和而不流：对话而非对抗，
互补而非替代，通过对话构建合法性

除了"精一"以外，《学术创业》给我启发最大的是陈明哲教授"和而不流"的策略和态度。他广结善缘，通过对话而非对抗，通过互补而非替代的方式，在战略管理领域一点点地站稳脚跟，建立学术合法性。反思自己，这种智慧是我个人最欠缺的。从我的微电影和长篇自传体心理案例《一个人的战斗》的名字就能看得出来，我一直在强调"对抗""战斗""英雄"。这种对抗导致我与环境、与他人之间关系紧张，这也是我的学术道路不顺的主要原因，甚至是导致我患上重度抑郁症的认知原因。

我记得刚开始进行博士研究不久，我就对我的德国导师花了十多年心血建立的用以解释创业者行为的吉森-阿姆斯特丹模型横挑鼻子竖挑眼，与之针锋相对地提出了吉森-北京模型，认为前者只适用于创业者的工作情境，无法解释创业者的社会行为，而吉森-北京模型能够解释创业者如何主动地利用自己的社会技能、社会策略和社会主动性建构和优化自己的社会关系网络（网络大小、结构和类型等），进而影响创业绩效。虽然我的德国导师弗雷泽是一个心胸宽广的人，鼓励学生超越自己，成为最好的自己（to be the very best），但是，他也对我这种桀骜不驯的行为非常恼火。

反观中国管理学界，我们既需要鼓励独立自主的学术精神，不能妄自菲薄跟着西方跑，但是，也不能自鸣得意、故步自封，认为老祖宗的智慧就一定高人一等，从而采用对抗的方式。我们应该坚持"文化双融"的研究策略，用西方人能听得懂的术语传播中国智慧，尤其是把中国智慧"润物细无声"地融入符合科学规范的经验研究之中。我们要坚持熊十力先生关于中西文化"体用合一"的观点，把中国智慧作为一种元理论和比喻（metaphor），转换成一系列结构化的、具有可操作性的中层理论，但是，又不失其神韵。

心理学的研究表明，一个人在无法接受现实的复杂性、模糊性和道德判断上的两难问题，而经常采用"非此即彼"的简单化思维方式的时候，最容易陷入焦虑和抑郁。为了避免焦虑和抑郁，我们必须了解和拥抱世界的多元，同时又不丧失自我的独立性，这就要求我们对世界和社会的运行法则有深层次的理解。不过，虽然我们寻求同情式理解和换位思考，但是我们不要轻易放弃自我，这才是真正的中道，也是"文化双融"。

建立中国管理学研究的学术自信，营造良好的学术生态环境

过去 10 多年，对中国管理学界影响最大的事件莫过于 IACMR 的建立和崛起，以及实证经验研究尤其是定量研究在中国管理学界的泛滥。建立 IACMR 的用心是好的，是良苦的，但是，正如那句名言——"我播下的是龙种，而收获的却是跳蚤。"估计谁也没有预料到这个组织会像速生林一样过度繁衍，排斥了其他生物的多样性，使得中国的管理学研究走上了一条畸形发展的道路。大胆设想一下，如果没有 IACMR，21 世纪之前低度发展的中国管理学界经过长期的自然演进，可能会发展出一种多样化的学术生态系统，可能会更加接地气，更加面向中国实践和时代挑战，提出一些更加本土化的中国式管理理论，类似日本的 Z 理论、精益生产等概念，在世界管理学中占有一席之地。但是，有了 IACMR，一旦中国人发现定量实证研究是最容易批量生产论文的方法以后，那种有机式的学术发展的机会就丧失殆尽。有学者调侃说："一旦中国人学会了假设检验，这世上就剩不下几个没被检验过的假设了。"目前，绝大多数中国管理学研究，从文献中来，到文献中去，在一些变量中打转转，自娱自乐，完全失去了管理研究的真正目的，被管理者和政府决策部门认为"不接地气"，没有什么用，导致整个中国管理学界缺乏话语权。

在这种情况下，再加上不尽如人意的学术环境和考核制度，产生了大量的投机性行为，这使得我们的学术传承变得岌岌可危。例

如，有资深教授建议自己的博士生和年轻学者先发实证研究，等取得长聘职位（tenure）或者当上正教授以后再任性。殊不知，学术创新和学术创业也有路径依赖的问题，也有锁死（lock in）的问题，这种"先定量，后定性，再理论构建"的学术创业模式存在巨大的转型困难。纵观各个领域的大师，其原创性思想都是在年轻的时候就萌芽的，而后期只是将其发展和完善而已。陈明哲教授对动态竞争理论的研究就始于他的博士论文研究。

管理和组织是复杂多元的，所以，管理学的研究方法也应该是多元的，我们应该公平地接纳所有类型的研究，从定量实证研究、案例研究、质性研究、思辨研究、数据建模甚至到诠释学研究、管理研究批判（critical study）、以诗歌和戏剧表达管理思想等。到底是选择实证主义研究取向，还是选择诠释主义研究取向，选择定量研究还是定性研究，不应该以任何功利主义（例如，发表文章的难易程度）作为选择的标准，而应该根据研究问题本身、研究方法的特点与研究者个人的能力和兴趣等三者进行匹配。

我曾经以为一个人发表了上百篇管理论文是一件值得赞许的事情，现在看来，这是一件令人值得怀疑的事情。同样，一个人过早地当上管理学教授很可能也不一定是件好事。蓝海林教授在 2016 年中国管理学者交流营演讲时宣称："当教授不宜过早"，我对此表示认同。从科学史的角度看，最早开始成熟的学科是数学和物理学，然后是化学、生物学等，最后才是经济学、心理学和管理学等。学科成熟的历史与学者个人学术思想的成熟过程之间有惊人相似的地方。如果一个人 35 岁之前还没有在数学和物理学上展现才华，基本上就很难成为一名优秀的数学家或者物理学家了；如果一个人40岁之前还没有在化学和生物学上有所突破，他这一辈子差不多就过去了，因为相比数学和物理学，化学和生物学更是一门复杂性科学。而社会科学领域学者的重大学术创新基本上都是45岁以后的事情。如果没有真真切切的生活经验，没有一定的管理经验、企业经验，哪怕是管理咨询的经验，很难写出什么能对管理者有启发的文章。

我们几乎每个人都对现行的学术制度和环境很不满，牢骚满腹，但是，每当机会出现的时候（比如，项目申请、论文发表等），大家就把不满和牢骚抛之脑后，忙不迭地伸手去抓、去抢、去争，生怕慢人一步。如此，整个中国学术界都陷入了"剧院效应"和"囚徒困境"，动弹不得，这事实上是中国学术界面临的最大挑战。

在这个浮躁而功利的时代，选择什么都不做，甚至比选择做点什么，需要付出更大的勇气和定力。对于各种不合理的考核机制，我们无法进行一个人的战斗，但是，至少应该采用圣雄甘地的"非暴力不合作"的态度，一起来营造一个相对正常的学术环境。

在管理学研究中，有两种研究进路都非常有价值：一种是詹姆斯·马奇那种象牙塔式的理论研究，专注于研究一些非常基础性的学科问题；另一种是经世致用的实践导向的研究，国外的例如德鲁克、明茨伯格等，国内的例如陈春花、蓝海林、邢以群、何志毅等，他们所走的学术道路是值得效仿的。相反，绝大多数在几个变量之间打转转的实证研究的价值是非常有限的。我们大多数人缺乏对学术范式高屋建瓴的深刻反思，不自觉地成了学术劳工，而且还没有醒悟过来。

退一步讲，并不是每个人都适合做研究，也不是每个人都能做出有价值的研究，与其辛辛苦苦每天在学术工厂的流水线上生产论文，不如回归当教师的本分（传道、授业、解惑），将教学放在第一位，关心学生的身心成长，成为一名好教师。2016 年 6 月 14日，我和深圳大学的韩巍老师与陈明哲教授就教学型学术是否有价值进行讨论时，韩巍说："做一名合格的教师足够了！"（"To be a qualified teacher is enough!"）而陈明哲教授更是斩钉截铁地补充："何止是足够了！"（"That is more than enough!"）。只有人尽其才，百花齐放，才是中国管理学界乃至整个学术界的春天。

结语

陈明哲教授多年来每天都会读《中庸》，我对此感到好奇，难以理解他每天读那样一本小书能读出什么新意来。在最近召开的中国管理学者交流营上，我对此刨根问底。他回答说："每天读《中庸》的时候，我会把它当作一面镜子，比对我所做的事情、我所说的话是否真正做到了'中'的含义。"我听了以后非常动容。正如《学术创业》一文所言，"中西对'学'的理解，有本质差异。西方的学（术）以知识为主，重视论证与方法，中国传统则强调行践，学问应该是活的、用出来的，是智慧的结晶、待人处事（世）的指南"。

学术创新很多，但是，学术创业很少。陈明哲教授的《学术创业》一文意在鼓励一批中国学者在学术领域进行"大众创业、万众创新"，帮助更多的优秀学者走出来。除此之外，陈明哲教授自

2013年创建的"中国管理学者交流营"强调分享和传承，试图营造一个健康的学术环境，这是一项更加重要的工作。让我们以陈明哲教授作为一面镜子，反思自己的不足，反思中国管理研究的不足，努力做到知行合一。同时，让我们接过陈明哲教授手中的火把，把他开创的事业薪火相传下去。

6

中国管理学界缺乏真正的学术争论

我所经历的两场管理学界的学术论战

中国管理学界普遍缺乏"坦诚辩证、理性对话"的学术争论（学术对话、学术论战、学术争鸣等，这几个术语在本文中依情境不同、激烈程度不同交替使用）。

大家或者碍于情面，或者缺乏对对方学术成果和思想（如果有思想的话）的深刻理解，开会时的一般性学术讨论都停留在表面和形式上，很少触及内心深处，鲜有真正的思想交锋。在很大程度上，也是因为缺乏学术争论的大环境导致了"陈春花教授危机事件"的发生。为了避免类似事情重复发生，我们需要对此进行深入讨论，并构建学术争论的机制和基本规则。

在中国经济学界，20多年前围绕杨小凯教授所提出的"后发劣势"问题，引发了长达20多年的、以林毅夫和张维迎为代表的不同学者之间的学术争论。不管双方秉持何种经济学理论观点和信仰，学者、学生甚至外行如何看待其中的具体学术争鸣，这个学术论战本身是公开透明的、针锋相对的。特别是论战的两位主将同处北京大学中国经济研究中心（CCER，也就是北京大学国家发展研究院的前身）的同一个院子里，大家低头不见抬头见，私交还不错。这种宽容大度的学者气度和求真的学术精神本身就值得赞赏，堪称美谈。而中国管理学界鲜有这种"对事不对人"的讨论。

我参加过中国管理学界仅有的两场学术论战。第一场论战发生在 2014 年 3—8 月间。起源是 2014 年 2 月 28 日在武汉大学举办了一场题为"中国本土管理研究现状与展望"的小型研讨会。事后，形成了一个 130 人左右的电子邮件群。3 月 4 日，会议参与者之一的中山大学史冰老师发了一封群发邮件，表达了自己的一个观点，而且附上自己的一篇论文，偶然地引爆了大家的热烈讨论。

这场学术论战持续了 5 个月，前后有 50 多个人积极参与，其他人都是在旁观，形成了 20 多万字的文本。后来，深圳大学韩巍老师写了一篇总结性反思的文章《管理学在中国：学术对话和意义生成》(《管理学报》，2015 年第 8 期)，感兴趣的朋友可以找来看看，非常有趣。

我参加了 2014 年 2 月 28 日的那次会议，也参加了这场论战的部分讨论，但是，这场论战没有引起我的足够重视和兴趣，因为我当时身处人生一次重大危机的前夜，非常焦虑和抑郁。虽然我不是第一场学术论战的主将，但有意思的是，因为我的一声断喝，第一场论战竟然戛然而止。因为当时收到的来来回回的电子邮件已经累计 300 多封，我没有心思一一仔细去读，更何况回复，所以感觉很烦，于是断喝一声："大家最好多接触一些管理实践和生活，以实践问题为研究导向，看看实践者对你们讨论的话题到底感兴趣不。

除了研究方法的严谨性以外，请更多关注研究问题的现实相关性。如果两者不可兼得，我个人宁愿舍弃严谨性而选择相关性。我越来越相信，管理是一种实践，管理学只是管理实践的反思和总结。"

然后呢？我完全没有想到大家竟然一下子变得鸦雀无声了，而我竟然丝毫不以为意。直到后来读到韩巍的总结性文章，我才意识到我的粗暴与鲁莽。感谢韩巍教授忠实地记录了我当时发言的主要内容。

第二场学术论战发生在 2016 年 8—9 月间。第二场论战的导火索是《管理学报》于 2016 年 7 月发表了一篇题为"中国管理研究国际化的演进与展望——中国管理研究国际学会（IACMR）的发展范例与社群构建"的文章。8 月又刊登了《管理学报》当时的主编蔡玉麟老师的一篇争鸣性文章《也谈中国管理研究国际化和管理理论创新——向张静、罗文豪、宋继文、黄丹英请教》。在转发这篇文章的时候，我在上面提到的那个电子邮件群里，写了几大段热辣辣的狠话，引发了第二场关于管理学研究方法论、何谓真正的学术精神、中国管理学界的道路选择等的大讨论。

如果说第一场论战基本上是打群架，不同学术观点的学者抱团相互"攻击"（开个玩笑），那么第二场论战基本上就是我一个人的战斗，我单枪匹马舌战群儒。第二场论战发生得快，去得更快，前后总共不超过两个月，不仅发生在电子邮件群里，也发生在微信群里。可惜的是，没有第二个像韩巍这样的"好事之徒"对此进行总结，否则，又是一篇精彩的文章。

第二场论战的结束也是因为我再次对这种关于管理学研究方法论和学术道路的车轱辘话感到厌烦，所以我自己主动宣布休战。事实上，后来的这几年里我也很少再涉及这个问题，只是在每年秋季博士生课程"管理理论与管理思想"上，我才与学生讨论。第二场论战结束之后，我打算走自己的道路——那就是有理论研究的实践道路以及有实践基础的理论研究，试图走出一条独一无二的"中道"来。

结果呢？在我发布休战声明之后，一个小时内，我收到了一直保持沉默、冷眼旁观的IACMR的创始人徐淑英教授的电子邮件。她在电子邮件里问我："你不会真的想把整条船都打翻吧？"（"rock the boat"，电子邮件是用英文写的）我说："我没有这种想法，只是觉得IACMR这条船目前行驶在一条错误的航线上，我希望能帮助您让它回到正确的轨道上来。"

徐淑英教授，美籍华人管理学者，2001年前后发起筹备创建了IACMR，也曾经担任美国国际管理学会的主席。2002年春季，我在北京大学光华管理学院旁听她的课时就认识她。2002年8月初，在我去德国留学之前，她还特意约我在北京大学光华管理学院见面，给我介绍我的德国导师弗雷泽的相关情况，勉励我好好做研究。博士毕业之后，当我找工作时，她还给我写了推荐信。特别是，2006年，在我内外交困的时候，她还把我的名字列入她每周日去教堂做礼拜时的祈祷名单（pray list）中。我对她非常感激。

但是，她对我的个人帮助只是她帮助众多青年学生、学者成长中的沧海一粟，她对中国管理学界贡献巨大。特别是，她对我的个人帮助并不是要求我效忠于她，而是为了中国管理学的发展。所以，她对我的个人恩情并不影响我后来批判和反思实证研究的局限性，以及批评IACMR的功过得失。而我自认为，我对IACMR的批评丝毫不影响我对徐淑英教授的尊重，两者没有任何违和的感觉。我甚至认为，徐淑英教授本人比她所有的追随者更有反思精神，她在学术道路上不断向前走，从具体的实证研究方法进入管理研究方法论和管理哲学领域，最后提出"负责任的管理"等概念。

第二场论战结束之后，我和深圳大学韩巍老师合作，由韩巍主笔，写了一篇长达两万六千多字的雄文——《"非科学性"让管理学变得更好："蔡玉麟质疑"继续中》。我甚至狂妄地要求徐淑英教授允许我把这篇文章翻译成英文发表在 IACMR 的会刊——《组织与管理研究》(MOR) 上（我是不是特别气人?）。

我与徐淑英教授在学术道路上或许理解不同，但是，我们不会觉得对方人品有问题。相反，国内管理学界的很多学术讨论，很大程度上要么变成了一种仪式性游戏，要么动辄就认为是对方人品有问题，完全不符我后来所创建的"煮茶问道·本土管理研究论坛"所弘扬的"坦诚辩证，理性对话"的学术精神。

《关于陈春花教授危机事件的深度分析和反思》
一文的补充说明之一

2022 年 8 月 1 日，因为发表了一篇《关于陈春花教授危机事件的深度分析和反思》[①] 的文章，我的两个公众号"大变局下的中国管理"和"本土管理研究"一下子涌进了三四千个新订阅者。对于新进来的朋友，特别是因为这篇文章而关注这两个公众号的朋友，

---

① 《关于陈春花教授危机事件的深度分析和反思》的具体内容，请参考我的公众号——"大变局下的中国管理"。经过慎重考虑，原文没有收录本书。而收入本书的《中国管理学界缺乏真正的学术争论》一文，其主要目的也只是保证本书体系的完整性，体现我的思想独立性，别无他意，请勿过度解读。

我想做一些解释性说明。

首先，感谢你们的关注，这说明我们至少在这件事情上有相似的理解和立场。感谢很多朋友的留言和私信，包括赞赏，所有的留言和私信我都仔细读了。在上百条留言和私信中，96％以上的反馈意见都是非常积极的。只有2％左右的批评意见，说了几句怪话，对此本人见惯不怪。此外，还有2％左右的建设性意见，让我意识到那篇文章本来可以写得更温和、更严谨一些。

这篇文章在公众号上发表出来之后，我转发的第一个人就是陈春花教授。本人做事一贯光明磊落，在任何时候，有任何意见和想法，从来都是有话说在当面，不藏着、掖着。至于为什么我不愿意把后台的这些评论放出来，是因为我不想再给陈春花教授雪上加霜了。我习惯于据理力争，而不是依靠人多势众。我尤其不愿意选择性呈现那些有利于我的留言，而遮蔽那些批评我的留言。我觉得那样做很虚伪。

从一开始，我就想把文章的影响力控制在能控制的范围内。在那篇文章里，我说得很清楚："本篇文章主要供管理学界参考。"为了让这件事情相对可控，我在发表此文的时候，特意删除了所有以前已经授权开通的"全域白名单"里的公众号，这样它们就无法自动转载这篇文章了。

经过读者的提醒，我发现包括凤凰卫视平台在内的几家媒体和自媒体在没有联系我的情况下，直接转载了这篇文章。我发现之后，打电话过去投诉。痛骂之后，它们均删除了文章。

关于陈春花教授危机事件，基于社会正义和个人良知，我不得不发声。但是，如果没有特殊情况，我不会继续就此事再发声，除非我觉得这件事情没有得到公正合理地解决。我说到做到。我不是那种专门以拆别人台或者批判别人的观点为乐趣的人，我有更重要、更有意思的事情要做。有朋友在微信公众号后台留言，希望我解读××等名人，我的答复是："我根本不关注他们，我怕因为关注他们而拉低我的智商。"我一直认为，商学院的老师如果自己没有能力产出思想，反而经常要从一些网红文章和演讲里寻找灵感和洞见，那是一种耻辱，他们就不应该当大学老师。

我的这两个公众号的运营不涉及任何商业利益，也从来没有接受过任何商业广告，只是偶尔推荐一下自己的新书或者我所认可的其他学者的新书而已。在发表这篇文章的时候，我甚至删掉了通常会添加在文末的关于我的新书《大变局下的中国管理》的广告，因为我不想借此蹭热点，借这件事情获得流量，然后再变现，我希望把它保持在最纯粹的状态。

有很多新关注微信公众号的朋友很好奇我是谁，因为我很少更新我在北京师范大学经济与工商管理学院网站上的个人简历，所以如果您想对我个人有更多的了解，欢迎阅读我在 2022 年初发表在"大变局下的中国管理"公众号上的《五十自述》。这篇文章里的信息是截至 2022 年 1 月 1 日当时最新的。

《关于陈春花教授危机事件的深度分析和反思》一文的补充说明之二

关于我于 2022 年 8 月 1 日所发表的《关于陈春花教授危机事件的深度分析和反思》一文，我做进一步的补充说明，特别说明一下发表这篇文章的背景和心路历程。为了保护其中的一些关键人物，我只讲故事大概，不涉及细节和具体人名。我建议读者对相关问题的追问适可而止，不要上纲上线、打击面过大。"金无足赤，人无完人"，做人要保持同情式理解，能够换位思考，保持善意和宽恕。

这篇文章的主体部分是 7 月 9 日写的，我一直不愿意公开发表，也不愿意参与陈春花教授的这件事情，避免给她雪上加霜。我一直希望陈春花教授自己能展现出勇气和决断力，自己解决这个问题。如果她能早点解决这个问题，我的这篇文章就会锁在电脑里，或者只是在中国管理学界的几十个朋友之间流传而已。

7 月 12 日，在管理学界某位教授的提醒下，我把这篇文章发给《管理学报》前主编蔡玉麟老师。蔡玉麟老师建议把这篇文章发给陈春花教授，但是，我对此表示犹豫，因为我觉得学术和博士学位乃天下公器，这种事情不能通过密室里的窃窃私语解决。最后，我征求了我最信任的两个人的意见，他们也不建议这么做，所以我没有发给陈春花教授。

7 月 14—25 日间，我一直在外旅行（北京—呼和浩特—杭锦旗—鄂尔多斯—延安—黄陵—铜川耀州区—旬邑老家—北京），没有对这篇文章做任何修改，也不想发表。7 月 22 日，我在"2021年管理五十人论坛"微信群（陈春花教授当时也在这个群里）公开提醒陈春花教授："主动一些，掌握时机、快刀斩乱麻、以退为进"。我也在这个群里公布了这篇文章中的一部分，也就是陈春花教授对我的个人帮助清单。所以，那些企图把我说成一个耍阴谋诡计的小人的人，对不起，这个"屎盆子"扣不到我头上。

关于 7 月 12—22 日间，中国管理学界的一些重量级人物如何想出手帮助陈春花老师直面这个问题，让这件事情尽快翻篇，不要伤及中国管理学界太深，我是有所耳闻的。而且我承诺，一旦召开一个包括陈春花教授在内的小范围的线上研讨会，我愿意参加并畅所欲言。但是，我等呀等，一直没有任何动静。

最终促使我发表这篇文章的导火索是，7月31日，我在北京大学的一个师姐告诉我说："北大开会没有讨论这个问题。北大马上放假了，估计这个问题要等到开学再讨论。"我当时心想，"这个事情不能这么无限期地拖延下去吧，早做决断、早了结"。一夜无眠之后，8月1日，我就发表了这篇文章。对于我来说，做这件事情根本谈不上动用什么勇气，只需要道德判断力；也没有任何压力，有的只是举重若轻、风轻云淡，因为我坚信"心底无私天地宽"。

对于我的这篇文章的各种误解和非议，我不做评论，也懒得回应。除非有人发起有组织性的攻击，否则，我不会进行反击。至于有人批评我："忘乎所以，以北大或者博士学位为傲。"我声明一下，我没有任何母校的观念，我从来不以我从北大毕业为傲，也不以它为耻。当年我在北大读研时，差点因为对北大失望而提前退学。至于我的博士学位，如假包换。我当年去德国读博士的初心纯粹是我希望自己死之后，在墓碑上刻上"Ph. D. Zhao"。而今，我已经获得了博士学位，就可以干我想干的事情了。所以，这么多年，我对于评教授、申请课题、参加评奖、出名谋利，兴趣不大，因为我觉得我的人生已经赚多了，超过了我当年的预期。

我个人一直极力把我的文章控制在我能控制的范围内，控制在严肃的学术界或者管理实践界。我拒绝就这件事情接受采访，甚至对于别人引用我的文章——不管是学术论文还是公众号文章——都感到尴尬和不适应。我对于那些根本不了解事情真相就对陈春花教授和我进行攻击和谩骂者不屑一顾。如果说 8 月 1 日的那篇文章也算是一场学术论战的话，那么我真正参加过两场学术论战，这两场学术论战都旨在对中国管理学界日益走偏的两条不同路线进行纠正。简单地说，第一条路线是以论文发表为中心的 IACMR 路线，第二条路线代表了强调实践导向的"学术江湖化"路线。我需要申明的是，我既不属于前者，也不属于后者。这根本不是个别人所说的"书斋派对实践派旗手的围剿"，只是对某些日益扭曲、荒腔走板的行为的善意提醒。

有人批评我没有读过几页陈春花教授的书，就敢大气不喘地批评她的学术水平。您可真逗呀，把我的自谦之词当拐杖？其他的书我不敢说，至少有一本书《协同共生论》，我倒是仔细读过，那是 2021 年"中国管理 50 人论坛"（青岛科技大学会议）上陈春花教授送给我们每个人的。

有个别读者看了我的一些文章，在后台留言，盛赞我德才兼备，完全可以走曾仕强先生的道路，或者可以"以大乘佛教重启我的生命密码"。对此，我只想说：谢谢了。好几年以前，苏东水教授的门下曾经邀请我参加"东方管理学研讨会"，被我委婉拒绝。因为我坚定地相信，中国管理学界应该秉持科学精神、认真严肃的学术态度，既与"管理时尚"和热点话题保持适当距离，也与故纸堆里的传统文化保持适当距离。做有实践基础的理论研究，开展有理论基础的行动，这才是正道。中国传统文化中的确有很多精华，我们应该尽力吸取，但是，也不要变得五迷三道、走火入魔。

我期待下一届"中国管理 50 人论坛"（苏州）上，大家能心平气和地对相关问题进行深刻反思，出台一份关于"中国管理学者社会责任和行为规范"的倡议，化危为机，砥砺前行。在任何时候，我自己都可以面无愧色、谈笑自如地面对任何人，包括陈春花教授。

美国政治学家拉塞尔·柯克在《美国秩序的根基》中写道："中世纪的欧洲有两类奇人：伟大的圣徒和伟大的骑士。后来，他们的衣钵传人变成了学者和绅士。"作为学者，希望我们能回归初心和传统，在一个功利主义甚嚣尘上的 21 世纪，以圣徒和骑士为榜样，努力做一个诚实正直的人。

7

商学院教授兼职工作中应该遵循的伦理原则

管理学者在校园之外的兼职工作

除了教学和研究以外，管理学者一般都非常乐意为企业授课、提供咨询、担任独立董事、接受媒体采访等。有的咨询顾问工作在学校备案，学校对此收取一定的管理费，这也叫横向课题；而那些不在学校备案的咨询顾问工作，就是私下揽活儿，不会计入学校考核的绩点。个别管理学者，或者有非常强的实践经验的行业型专家，也可能不满足于这种零敲碎打的兼职工作，而是与他人联合创立公司，从事商业性的、以持续经营为目标的管理培训、咨询顾问、广告营销策划等商业活动。我把这些工作统称为商学院教授（或者管理学者）的兼职工作。

就本人有限的阅读经历而言，我很少见到有文章系统性地探讨管理学者兼职工作中应该遵循的伦理规范，因为这种兼职工作对于绝大多数商学院来说，既不大力提倡，也很难出台明确的规章制度加以限制，除非管理学者的兼职工作与他们所服务的商学院之间产生严重的利益冲突。

管理学者在兼职工作中既能充分发挥自己的专业知识，服务企业发展，也能赚取远比在大学里的工资多得多的收入，改善自己的生活，这本是一件无可厚非的事情。但是，兼职工作一旦超过一定的度，占用了管理学者大量的时间和注意力，就会带来本职工作和兼职工作之间的诸多矛盾。

管理学者在本职工作（教学、研究和校内公共服务）之外从事营利性商业活动，在西方管理学界也比较普遍，特别是那种强调案例教学、以培养 MBA 和 EMBA 为主的商学院，例如，哈佛商学院、达顿商学院、伦敦商学院等。但是，明星商学院教授在市场上的受欢迎程度，在中国比在西方更甚，这主要是因为过去 40 多年中国经济的高速成长，以及中国企业对经营管理知识的强劲渴求。

关于这份兼职工作，有很多不传之秘。例如，教授之间很少会公开分享自己对外讲课的收费标准，以及开发和维护客户的心得体会等，大家都是在黑暗中摸索。这个"灰色领域"缺乏明确的规则，更多是一些心照不宣的行规，很多情况下依赖一事一议式的讨价还价，所以，管理学者行走在市场经济的草莽之中。也有个别明星教授不断突破游戏的极限，建立自己主导的新规则。玩得好时，名利双收；玩得过火时，身败名裂。即使是一些怀有良好初心的学者，在这条道路上走得太远之后，在资本的裹挟之下，也可能会被异化，最后变得身不由己，无力自拔甚至被反噬。总之，我们所有人都要时刻警惕诞生于我们自身、最后控制我们自身的某种外部力量或者习惯。

西方管理学大师如何做兼职工作

在讨论中国管理学者从事兼职工作所应该遵循的伦理规范之前，我们先来看看西方管理学大师是如何做的，以及西方学者对这个问题的一般性看法。

第一个把管理咨询师这个职业印在名片上的是德鲁克。德鲁克即使不是世界上第一位管理咨询师，也是从非常早的时候就开始了管理咨询工作（大约在 1940 年）。他的咨询客户名单上都是些如雷贯耳的名字，包括通用汽车、通用电气等。根据传记作家杰克·贝蒂所著的《大师的轨迹》里的介绍，德鲁克的咨询方式有如下鲜明的特点：（1）单兵作战，甚至连秘书都没有，自己亲自接电话。（2）以提问为主，而不提供行业方面的具体信息（这是那些团队作战的咨询公司的强项）。凭借著作等身所带来的巨大名气以及多学科领域的知识，德鲁克通过提出有启发性的问题，试图转变客户看待世界的思维方式（心智）。他深知，自己对具体行业的理解绝对比不上客户，所以他避实击虚，扬长避短。德鲁克曾经开玩笑地说，他以"羞辱客户"的方式提供咨询（consultant as an insultant），获得客户的尊敬和支票。（3）20 世纪 80—90 年代，德鲁克每天的咨询费为 6 000～8 000 美元。结合当时美国大学教授工资水平来看，德鲁克每天的咨询费大概等于他在克莱蒙特大学工作的月薪的一半。（4）对于非营利组织，他一般是先收支票，再退回去，以此来彰显自己的咨询价值、公益心，并迫使客户对自己的咨询建议更加重视。

另外一位传奇性的管理学大师詹姆斯·马奇，基本上是生活在象牙塔里，只对管理学中的基础理论问题感兴趣，几乎不从事任何咨询顾问工作。他否认管理学者有能力或者有义务提供管理咨询，因为管理学中缺乏通则性规律，对管理问题的解决高度依赖于情境，而管理学者很少有可能充分地了解这种内隐的、复杂的、嵌入在具体行业和公司内部的分散信息。如果说詹姆斯·马奇偶尔也提供咨询，那就是他应邀与那些对他感兴趣的实务界的人士吃顿饭，通过看似漫无边际、实则充满智慧的闲聊，希望自己的学术研究对管理者解决问题有所启发。他强烈反对管理学者为管理者直接提供具体而明确的咨询建议。他认为，如果有人这么做，最好是解雇他。

除此之外，三位美国管理学者所撰写的《为师之道：青年学者研究、教学与公共服务指引》（北京大学出版社，2022 年）也涉及管理学者如何从事顾问咨询、如何应对媒体往来等内容。该书认为，学者给外部机构提供咨询服务通常可以获得财务回报，但同时也会引发一些伦理问题，比如利益冲突，以及能否优先承担与学院和专业相关研究、教学和公共服务工作。他们把管理学者分成三类：纯学术型大佬、行业型专家和机会主义者。他们认为，这三类人都有可能从事顾问工作，但是，这三类人在商学院里的生存之道非常不同。如何脚踩两只船而不翻船呢？针对每一类人，他们提出了自己的一些具体建议。

仔细阅读这些建议，你会发现对于中国管理学者来说，这三位美国学者所提出的建议完全是阳春白雪，隔靴搔痒，根本无法指导中国管理学者的兼职工作，因为中国培训和咨询顾问市场的复杂性、快变性甚至于扭曲的程度是欧美同行根本无法想象的。相比之下，欧美的管理学者的生活比较简单，他们在培训和咨询顾问行业中的收入比较有限，这些收入不足以让他们成为富翁。

我的博士生导师弗雷泽在组织行为学领域是全世界公认的专家，曾经担任 IAAP 主席。他曾经在课堂上公开讲过，他很乐意给大公司偶尔讲讲课，赚点零花钱，补贴家用（他太太是一位家庭主妇）。但是，在德国，即使他这种大牌教授给奔驰、宝马、博世这种大公司做内训，每天的讲课费也就是一两千欧元而已，而且个人承担所得税，一切清清楚楚，基本上不存在偷税漏税的可能性。与之相反，五六年以前，《人类简史》的作者、以色列历史学家尤瓦尔·赫拉利在中国演讲的收费标准是半小时 50 万元。我猜想，如果以我导师的知名度和学术资历，放在中国这个畸形的培训市场，再好好地包装一下，估计每天的讲课费两三万欧元起。

为什么不管是本地的"高僧"，还是外来的"洋和尚"，他们能如此疯狂地在中国培训市场上大把捞钱呢？我个人认为，原因之一是我们国家奉行一种赢者通吃、崇拜名人和成功的文化，缺乏批判反思精神。一些培训公司借助中国人的这种心理制造明星，从中牟利，推高行情。

君不见，在过去的十多年里，管理学界的学术会议都变成了一种明星式的演出。学术会议一般都是在五星级酒店里举行，背后有全景式的、昂贵的、一次性使用的展板，在璀璨夺目的灯光下，演讲者的 PPT 被精雕细刻成了名言警句，显得非常专业。而演讲结束后的提问环节的时间少得可怜，经常变成了走过场，评论人先吹捧一下演讲者，然后点到为止，极少有你来我往、真刀实枪的切磋。

让世界变得更好的一些伦理原则

非常遗憾，本人对管理学者从事兼职工作缺乏深入的了解，一则自己没有多少这个领域的一手实践经验；二则这方面也缺乏相关的文献；三则就这个问题去做访谈，那些明星教授也很难告诉你真相。所以，我只是尽可能地把我所能想到的、我平常所践行的伦理原则提出来，供大家讨论。

下面的内容是一个开放性的、未完待续的文本，欢迎读者讨论，我们一起来不断完善。讨论的过程就是一个社会群体建构的过程，就是一个"反求诸己"、明心见性的过程。

需要说明的是，这些基本原则涵盖兼职工作（咨询顾问，管理培训）的行为准则，也包括如何在自媒体（微博、公众号、视频号等）上发言的行为准则，以及出版管理类通俗读物（也就是市场畅销书）方面的一些行为准则。还要声明一点，本人不是一个道德至上主义者，但是，道德的重要性的确在当下中国的社会生活中被严重忽视。

原则 1：这个世界很不公平，甚至很残酷。这个世界在财富、名气和权力等方面的分布呈现"极端斯坦"（对数正态分布），而非"平均斯坦"（正态分布）。在这个金字塔型的社会分层中，极少数人（比如前 1%）所拥有的财富、名气和权力可能超过金字塔底层50% 的人的总和。可是，即使现实世界如此残酷，作为一个有良知的管理学者，我们也应当"明知其可为，而不为之"，有责任减小过于悬殊的贫富差距，而不是进一步扩大它。

原则2：恪守本分，坚持"职业精神"，拒绝赢者通吃，不要过度跨界。长年任职日本长期信用银行的经济专家竹内宏，用如下公式定义日本社会的权力结构制衡关系：权力＋收入＋声誉＝恒定值。在日本，大臣和官员虽然手握大权，但是公务员的身份使他们的薪金远不及财经界人士，声誉也不算太高。财经界人士收入丰厚但无政治实权，也不太受世人尊敬。学界和媒体与权力、厚禄无缘，但拥有较高的社会信赖度。不让权力、财富、声誉同时集中至某一极，正是日式社会获得稳定和发展的关键所在。在这一点上，我们应该向日本学习。

原则3：在所谓的知识和思想市场里，请尽量拒绝市场法则。知识和思想被称为市场，这是新自由主义的一种观点，值得怀疑。即使存在所谓的知识和思想市场，很多时候，市场法则也并不一定是公正和合理的，尤其是在市场失灵的时候。管理学者在金钱报酬面前，应该保持克制，不要涸泽而渔，不要过分压榨市场，拿走最后一个铜板：你所收取的过于高昂的培训费或者咨询费，一定会通过产业链，从公司身上层层转嫁到消费者身上。消费者是市场中最没有讨价还价能力的弱势群体。你收取公司100万元的培训费，公司可能就会想办法从消费者身上榨取1 000万元。

原则4：管理学者应该保持谦卑，因为管理学中没有什么化腐朽为神奇的魔法棒，也没有什么点石成金的秘籍，绝大多数都是常识。一个头脑清醒的人，只要长期坚持实践下去，就会取得不错的业绩。在我看来，没有任何一场管理培训的出场费值50万元甚至100万元。即使是明星管理学者的出场费，也最好控制在自己体制内工作的月薪的1～2倍（德鲁克每天的咨询费只收取自己月薪的

1/2 左右）。

原则 5：不要过分简化管理的复杂性，拒绝过于武断的心灵鸡汤。"我花了 10 年时间，跟踪研究了 20 家基业长青公司，总结出 5 条成功的逻辑"，类似这种洗脑式的话语不应该出自严肃的管理学者之口。如果说管理学有成为精密的"科学"的可能性，当且仅当把管理学类比成求解数学应用题——深入具体的行业和公司，在充分了解公司内部资源和外部限制条件的基础上，基于对未来的某种预期和想象，才有可能给出一个最优化的解决方案。但是，这需要大量的时间和心血投入，绝非通过简单讲课或者听课可以做到。

原则 6：对所有流行的东西，保持距离，保持怀疑。并非每一个热点都要追，并非每一个风口都要抓。对于新生事物，在它们还很幼小的时候，我们就应该持续关注，但是，不要轻易断言。不要低估高质量管理学研究的难度，也不要迫于同行之间的竞争压力急于出学术成果。

大自然的秘密在人类面前保持了数十亿年，一直到 15 世纪之后，才逐渐被哥白尼、牛顿、爱因斯坦、达尔文、门捷列夫等揭开。而社会和组织的秘密因为其内在的复杂性、不确定性、开放性等，其研究难度一点也不比自然科学低。所以，不要假设当一个新现象出现的时候，你可以在一个月或者一年内就能研究得很清楚。最好让子弹飞一会儿，让事物的内在矛盾充分暴露，让事物自己"走完"自己的发展历程，再进行总结，否则，言之凿凿的断言可能变成自己打自己的脸。总之一句话，不要在匆忙之间发表不成熟的个人意见。

原则 7：慎言"颠覆"，社会生活中没有那么多新鲜的东西。管理处于人文和科技之间的交叉点上，它既有"永恒"和保守的一面（人性和国家文化），又有非常不稳定的一面（科技进步）。管理学者应该秉持中道，在变与不变中为功能正常的社会开辟出一条道路。德鲁克就是这么做的。动辄断言颠覆，要么显得自己思想浅薄，眼光不够长远，不了解历史，要么就是在制造焦虑和贩卖焦虑。普通人的生活已经不易，作为管理学者，应该秉持人文关怀，心慈手软一些，不要雪上加霜、火中取栗。

原则 8：不要过度营销和包装自己，不要刻意追求类似 30 万本或者 50 万本销售量。某些读书会和某些出版社所精心炮制出来的迎合普通消费者的畅销书，是让人成瘾的毒品，而非健康的精神食粮。思想性强的书籍一般是内容复杂的，语气上是游移不定的，读起来需要细嚼慢咽，需要反复推敲。它们是引领，而非迎合；是启发，而非灌输。它们激发艰苦的深度思考，而非迎合人性的懒惰。

此外，如果您的书中所引用的案例研究是与您有商业利益往来的横向课题，请务必在书中明确地说明一下。管理学的研究无法做到主客体分离和价值无涉（事实上，我更信奉主体间性、社会建构、行动学习、批判理论等），但是，相关信息的披露是必须的，否则读者会误把广告当作科学。

原则 9：不要轻易给同行或者后起之秀所写的新书写推荐语，除非你认真地通读过这本书的大部分内容，并且对书的质量和观点表示认可。千万不要让作者本人或者出版社帮你起草推荐语，然后签上你的名字，以你的名义去营销。

德鲁克的"六不做原则"：不写书评或者推荐语，不接受电台或者电视台的采访，不参加任何类型的董事会，不接受问卷调查或者焦点小组访谈，不做访谈节目的主持人或者给杂志投稿，不给别人写推荐信。即使迫于不同的国情和人情面子的压力，我们不能完全做到这六点（德鲁克自己也不一定能完全做到），但是，也请尽量克制，选择性拒绝。

原则 10：不要相信"知识付费"这种似是而非的鬼话，这种流行的商业概念长久不了。既然国家和社会为我们提供了一个大学教授的职位，那么我们所生产和传播的知识就应该是公益性的，至少是半公益性的。我们是在用纳税人的钱支持运营的大学里工作，我们的身份决定了不应该以收益最大化的商业原则再去额外挣一份钱，特别是那种巨额收入。

原则 11：独立董事并不独立，需要谨慎对待。不管是在中国还是在美国，如果没有非常熟络的关系，公司不会邀请你担任独立董事。作为独立董事，如果经常性地提出反对意见（哪怕是建设性的反对意见），公司根本就不能容忍你。所以，现实中，绝大多数独立董事变成了装点门面的花瓶，甚至是与公司实际控制人沆瀣一气，欺骗股民。如果不能做到独立、客观、公正，请尽量不担任独立董事。少拿这种不合适的钱，少出这种不应该有的名。

原则 12：从事兼职工作的管理学者何时应该考虑从大学里辞职？我们需要为此画出一条红线来，虽然这条红线画得可能比较"随意"，就如同当美国大公司 CEO 的薪酬高达普通员工 400 倍的时候，德鲁克大声疾呼，合适的比例应该控制在 20 倍左右。那么，20 倍是一个绝对正确的数值吗？它是怎么来的？不是来自市场调查和统计，而是来自德鲁克内心所坚持的道德法则——基督教信仰。我建议，如果您在校园之外的兼职工作的收入超过了自己在体制内工资收入的 5 倍以上，您最好离开大学，成为一名自由职业者或者自己开公司。

请腾出一个"坑"来，让更多年轻人有就业机会和向上发展的通道。"一鲸落，万物生"。当你离开大学这个体制之后，你就是一名纯粹的商人或者企业家，完全可以按照市场原则从事培训和咨询，成为亿万富翁。在那种情况下，不会有任何人批评你脚踩两只船或者多只船。你不能占据着大学教授这样一个公职，以它作为身份的象征、保底的安全阀，同时从市场上赚取巨额金钱。

附录：一个"被动"的回复——
来自深圳大学韩巍教授的反馈

先做一点"技术性"的编码工作。

原则1：这个世界很不公平，甚至很残酷……有责任减小过于悬殊的贫富差距，而不是进一步扩大它。——涉及市场法则。

原则2：恪守本分，坚持"职业精神"，拒绝赢者通吃，不要过度跨界。——部分涉及市场法则，部分涉及哲学反思。

原则3：在所谓的知识和思想市场里，请尽量拒绝市场法则。——涉及市场法则。

原则4：管理学者应该保持谦卑，因为管理学中没有什么化腐朽为神奇的魔法棒，也没有什么点石成金的秘籍，绝大多数都是常识。——涉及哲学反思。

原则5：不要过分简化管理的复杂性。——涉及哲学反思。

原则6：对所有流行的东西，保持距离，保持怀疑。——涉及哲学反思。

原则 7: 慎言"颠覆", 社会生活中没有那么多新鲜的东西。——涉及哲学反思。

原则 8: 不要过度营销和包装自己。——涉及市场法则。

原则 9: 不要轻易给同行或者后起之秀所写的新书写推荐语……我们不能完全做到这六点(德鲁克自己也不一定能完全做到), 但是, 也请尽量克制, 选择性拒绝。——部分涉及市场法则。

原则 10: 不要相信"知识付费"这种似是而非的鬼话。——涉及市场法则。

原则 11: 独立董事并不独立。——涉及市场法则。

原则 12: 从事兼职工作的管理学者何时应该考虑从大学里辞职……请腾出一个"坑"来, 让更多年轻人有就业机会和向上发展的通道。——涉及市场法则。

你信马由缰的"原则"或许需要稍微精细一些的打磨, 其实最多就是"三个原则"。

原则 1: 研究者自身(成为可信、可靠的知识生产者和传播者, 结合你的语境, 主要是可信、可靠的知识传播者)(涉及你的原则 2、原则 4~7)。

原则 2: 研究者与"市场"[成为贯彻某类(你所推崇的)价值理念的"公平交易"的实践者](涉及你的原则 1、2、3、8, 以及原则 9~11)。

原则 3: 研究者与利益相关者[成为可以由原则 1 衍生, 可以参考原则 2, 当然也可以参考本土社情、传统的某种(比较健康的)学术社群中的一员, 勉强算是原则 3](涉及你的原则 9、原则 12)。

好玩的是, 抽象之后, 不难发现, 这个结果可能已经变成空洞的废话。显而易见, 关于什么是"可靠、可信""公平交易""健康"不可能有客观、唯一的答案。要说启发，还得回到"保持谦卑""不要过分简化""保持距离""慎言'颠覆'"……因为，虽然你用了"原则"，但那些表述还算有语境、对象，及其复杂、生动的（历史的、社会的等）关联的意蕴，还可能是一种"确指"。而我的"更原则"的"原则"只能是一厢情愿的呓语。其实，这是很多执着于"概念化—结构化（逻辑化）"之管理研究应该汲取的教训！

　　当然，你更感兴趣的是在面向市场时的行为准则，我也必须回到我的更抽象的原则（个人习惯）——如果管理研究者能尽量恪守本分，把学术当作韦伯所谓的志业（vocation），努力成为可靠、可信的管理知识生产者，并且，最好先做一个"良民"，你的所有"原则"就会显得多余……不是鸡同鸭讲，而是无的放矢。因为我从来相信，"意义"而不是其他，才是人类的本质规定性。而某些"意义"的确可以引领我们有机会描摹出更好的生活图景。

　　遗憾的是，你我都清楚，关于管理研究者生活的"意义"，又需要很多其他的"原则"来诠释（人类生活之"刚需"），而制定、裁定那些原则，即其所指（意谓）包括其意图或非意图结果（intended/unintended consequences）的——学术权力，却未必具有亚里士多德之良善的实践智慧（phronesis）；最可悲的是，还表现得浑然天成、不可一世。

8

如何预测难以预测的事情？

2022 年，是近 30 多年来最魔幻的一年。不管是国际国内政治还是经济发展、疫情防控，或者管理学界动态，甚至个人生活，都是黑天鹅群飞乱舞的一年。

在即将告别充满不确定性的 2022 年之际，我们思考，2023 年是否会变得更好一些？如何预测那些难以预测的、影响我们生活的重大事件？这篇短文，权当 2022 年的年终小结，以及 2023 年的新年贺词。

因为俄乌战争，世界差点走到了第三次世界大战或者核战争的边缘。至于这场战争未来如何收场，目前我们仍然看不到任何清晰的迹象。有人说，"把水族馆变成鱼汤，很容易；而把鱼汤变成水族馆，即使不是不可能，也非常艰难"。战争机器一旦开启，如何停下来，何时停下来，以什么样的方式停下来，就不是发动战争的人所能掌控的了。所以，2023 年最大的外部不确定性，仍然是俄乌战争会不会突然升级，以及中美围绕台湾问题会不会产生严重的冲突。至于 2023 年美国经济是否会陷入严重的衰退并拖累世界经济的复苏，那不是致命的。古话说得好，"除死无大事"。

2022年3—5月上海封城，标志着中国持续了两年多的"动态清零"防疫政策的效果出现了拐点。管理学中有一条简单的经验法则，叫"过犹不及"效应（too-much-of-a-good-thing-effect）。也就是说，任何一种管理政策和方法，即使开始的时候运行良好，绩效很高，如果不能随着外部环境的变化做出动态调整，久而久之，政策的弊端也会充分暴露出来，其效果就会从正面走向反面。

2022年12月初，在疫情防控政策做出重大调整之后，大家震惊地发现，这三年里，除了不停地建方舱医院和核酸监测点、每天做核酸检测、天天打卡上报健康码以外，我们在很多方面（包括退烧药、新冠特效药等）几乎没有做好任何其他的B计划，各种抗疫物资严重不足。

2022年8月3日晚，无数中国人彻夜难眠（不包括我在内），都在密切关注一架美国飞机降落中国台湾，很多人相信"这将是改变历史的一天"，两岸统一在此一举。幸亏中国领导人英明，我们没有被美国人挥舞的红布所激怒，变成斗牛场上发狂的牛。

如果说以上是2022年国际国内发生的最重大的政经大事，那么具体到中国管理学界，最令人瞠目结舌的莫过于7—8月，陈春花教授所遭遇的舆论风暴。仔细研究此事的来龙去脉，有的祸根深种已经有20年左右，许多业内人士都知道这个"雷"总有一天会爆，但是，从来没有想到以这么夸张的、戏剧性的方式呈现在世人面前。作为中国管理学界唯一就此议题发声的人，我坚信"心底无私天地宽"。中国管理学界需要对此进行集体性反思，而不是装聋作哑。如果没有一个人愿意站出来就此发声，那么就让我来吧！

再让我谈谈涉及个人健康和生死的大事。2022年的最后一个月里，周围无数人阳了，阳过了，阳康了，甚至阴了之后又阳了，重阳了。新冠病毒所带来的肉体上的痛苦和折磨，比我们原来所设想的要严重很多。专家以前所说的"90%以上都是无症状患者"，我们不知道去了哪儿。事实上，90%的患者都有症状，而且比较严重。有的人认为，这是他（她）一辈子最痛苦的一次生病经历，有的女同志甚至认为得了新冠所遭受的痛苦比生孩子更甚，许多人疼得半夜睡不着觉只能哭。而新冠所导致的肺炎（甚至白肺）的发病率高得出奇。

我在北京的家人，6个人中4个人中招（我和大女儿暂时还阴着），其中两位老人家有明显的肺炎症状。而我在陕西老家的大家庭里，20多口人几乎无一幸免。感谢朋友的帮助，我给我母亲找到了辉瑞的奈玛特韦和利托那韦，使用效果良好，说明关键时刻，我们还是得信赖现代医学。

不幸的是，朋友圈里每天都有讣告，而且不是那种"朋友的朋友的"（weak ties，弱链接）家人离去的噩耗，而是朋友圈里的朋友的直系亲属去世的消息。在这种情况下，所有中国顶级的医学专家、抗疫领导都翻车了，他们每个人都被网民骂了一遍，而且被骂的理由各不相同。他们是否真的做到了恪尽职守？我们真的不知其中内情。

2022年5月，是我个人所感觉到的至暗时刻，我对世界安全和中国未来发展产生了前所未有的担忧。2022年12月底的时候，我们可以说，第三次世界大战可能不会爆发了，但是，世界和平仍然遥不可及。中国已经放弃了"动态清零"政策，正在新冠病毒感染的海啸中艰难地与世界接轨。接下来的一年，仍然是前途未卜的一年，我们需要对此做好充分的思想准备。关于未来的一年，我只有一个希望，那就是"休养生息"。给企业和民众一个宽松的环境，让大家依靠内在的力量慢慢恢复正常的生活和运营。

岁终年末，各路大咖再次粉墨登场，开始了跨年秀，发表各种"关键词"和"大预测"。如果你回过头来去翻翻这些大咖每年年终秀的合订本，你会毫不惊讶地发现，他们每年的预测基本都不靠谱。至少关于2022年，几乎所有专家的预言都错了，而且错得离谱。那么，为什么大家能乐此不疲地去预测，去关注这些大咖的预测呢？据说，鱼的记忆力只有七秒，而人在信息大爆炸的时代，一波又一波的信息浪潮会淹没以前的记忆，就如同海浪会瞬间抹去沙滩上的痕迹一样。

别的领域的"砖家"言论我就不评论了，单提一下关于中国经济发展的预测，因为这与我的专业关系更加紧密。2022年3月30日，在正和岛的一次大型直播中，某著名经济学家预言："中国今年的GDP增速6%。人民币对美元升值到6.30。美国不会取消对华加征的主要关税。"

事实上，2022年3月底的时候，俄乌战争已经开打一个多月了，上海也已经封城，而他竟然还能信心满满地做出这三项预测，真的令人大跌眼镜。事实证明，前两项错得离谱，而第三项也是半错半对。中国2022年的GDP增速应该在3%左右甚至比3%还要低一些。人民币对美元贬值幅度非常大，甚至达到了7.3：1左右。而美国在2022年3月份，则延长了对352项中国商品所加征的关税，豁免期为9个月。如果美国国内的通货膨胀率居高不下，那么进一步取消中国进口商品的关税，是完全有可能的。

为什么我们的社会里会出现这么多"专家"变成"砖家"的现象呢？专家为什么经常在我们这个社会里变成了负面词？

2019年的时候，我花了半年时间研究如下问题：如何预测那些难以预测的事情？在 VUCA（乌卡）时代，人们如何做决策？尤其是非理性（例如，算命等迷信活动）在 VUCA 时代对决策有何影响？等等。我所说的那些难以预测的事情包括海啸、龙卷风、地震、气候变化、小行星撞击地球等自然现象，但更多的是重大的社会事件，包括经济危机、战争、大规模瘟疫和政治动乱等。对此，我做了很多深入的案例研究。

近来在给一群创业者的演讲中，我简单地分享了我所总结出来的十条"预测未来"的基本原则，现在分享给大家。我相信，"授人以鱼，不如授人以渔"。掌握了以下这套原则，你或许能更好地"预测"未来，"掌控"自己的命运。

在这些原则中，既有认知因素、智慧因素，也有立场和价值观，以及行动的勇气和策略（时机等），还包括运气和偶然性。这十条原则并不是简单罗列，而是层层递进的关系。

原则 1（价值观）：摒弃任何政治投机或者曲意迎合。不论是向上迎合，还是迎合市场和群众。

原则 2（态度立场）：对任何议题，保持距离，保持怀疑。始终秉持理性的质疑精神、有节制的理想主义、温和中道的建设性表达。

（如果无法坚持以上两条原则，下面就可以不用看了，看了也是白搭。）

原则 3（认知方式）：选择性地忽视绝大多数的"噪声"。这是不证自明的，无须多言。

原则 4（认知方式）：寻找事物的深层逻辑。

例如，俄乌之间是不是必有一战？如果你熟悉俄罗斯的历史和世界的地缘政治问题，你就知道这场战争是很难避免的。但是，何时爆发，以何种方式爆发，没有人可以站在长时间以外进行精确的预测。如果你对地缘政治感兴趣，可以看看乔治·弗里德曼的《欧洲新燃点：一触即发的地缘战争与危机》、罗伯特·D. 卡普兰的《即将到来的地缘战争：无法回避的大国冲突及对地理宿命的抗争》、马丁·西克史密斯的《BBC看俄罗斯：铁血之国千年史》。如果你想知道，2023 年在巴尔干地区是否有可能爆发"第二次科索沃战争"，使得俄乌战争开辟第二战场，请不要错过罗伯特·D. 卡普兰的《巴尔干两千年》。2022 年，我花了至少 3 个月的时间，集中精力研究了地缘政治问题，特别是它们对全球商务的影响、对中国企业走出去有什么潜在的影响等。至于中国过去 3 年抗疫里出现的种种奇怪的现象，基本上没有逃出周雪光教授的《中国国家治理的制度逻辑：一个组织学研究》的分析框架。总之，深层逻辑可以帮助你穿越现象的迷雾，看清未来的大致方向，不至于当重大事件发生的时候感到特别错愕，甚至遭受巨大损失。

原则 5（认知方式）：对相关议题拥有广博的知识，特别是洞悉事物之间的相互联系。这就是每隔三五年时间我就进入一个新的知识领域、孜孜不倦地终身学习的原因。世界很大，学海无涯，唯有成为一个通才，才有能力预见未来。

原则 6（智慧）：在"风起于青蘋之末"之际，见微知著。但是，不要轻易发声，保持密切关注即可，注意事物发展的模式和节奏。

原则 7（智慧）：对事物发展转折点（拐点、引爆点）的预测，需要直觉。这一点虽然可以通过事物发展的速度（特别是加速度）来进行分析，但是，更多地依赖于直觉，而直觉是很难通过教育传授的，更多是一种实践中获得的智慧。

原则 8（行动）：不仅仅是"预测"，更重要的是"行动"。尤其是在事物发展的转折点上，你要积极地参与其中，让事态朝着你所希望的方向发展。

西方谚语说得好，"不要去预测未来，而是要创造未来"（Don't predict the future，but create it or make it happen）。创造一个更有利于自己的未来（这是对于自私自利的人而言的），或者创造一个更有益于大众福祉的未来（这是对于那些渴望成为一个高尚的人而言的）。

原则 9（认识方式）：深刻地认识到，所谓社会事实和社会规律都是群体建构出来的。

在绝大多数时候，这些社会事实、规律或者规范看似牢不可破，坚如磐石。但是，在事物发展的转折点上，它们可能不堪一击，如同建立在沙滩上的大厦一样。所以，你应当深刻理解社会运行的法则。在某些情况下，你可以与既得利益者合作，但是，不要轻易被它们所规训，一定要保持独立性，超越短期利益的诱惑，追求长期价值。

原则 10（行动）：终其一生，我们每个人追求的都是控制感（the perception of control）。即使在现实生活中，你实际可以控制的资源和事物并不多，但是，这种自我赋予的意义感和控制感（也就是选择权）也非常有益于你的身心健康和自由。如果一个人能尽可能地"控制"现在，那么他（她）就不需要预测未来。

总之，精确地预测未来是很难的甚至是不可能的。但是，如果你遵循以上十条基本原则，你至少可以看清楚事物未来大致的走向，从而提高预测的成功率。"预测"难以预测的事情，重要的是坚持某种特定的态度和立场，掌握相关的知识和底层逻辑，很多时候还需要一点点直觉、智慧和天赋。更为重要的是，在事物发展的关键时刻，你要有采取行动的勇气和策略，去积极地建构一个符合绝大多数人利益的世界和社会。

　　愿大家在 2023 年，更好地驾驭自己的命运，远离病毒和各种天灾人祸，身心自在，工作顺利。

9

GPT 时代的生存困境与应对策略

写在前面的话

本文是 2023 年 4 月 16 日，我在第十五届"管理学在中国"年会上的主题演讲，会议地点在西交利物浦大学太仓校区。

GPT-4 对人类的影响

———

2022 年 11 月底，ChatGPT 横空出世，它首先引起了业内人士的高度关注。2023 年春节之后开始破圈，几乎人人必谈 ChatGPT。人类从来没有像过去的两三个月里那样，经历了如此密集的 AI 新产品爆发。几乎每周甚至每天都有新产品发布，大家眼花缭乱，应接不暇。

面对这样一个几乎引起所有人关注的重磅产品，我们之间几乎没有任何信息差。但是，这并不意味着我们每个人对这件事情理解的深度和角度是相同的。在这个群情激奋的时刻，我们特别需要保持怀疑、保持距离，在对海量信息仔细过滤之后，形成一种审慎的、平衡的判断。

我需要特别说明一下，当我谈 GPT 的时候，有可能指代的是 ChatGPT，也有可能指代的是 GPT-4，或者类 GPT 的其他大语言模型（large language models，LLMs），还有可能指代的是人工智能（artificial intelligence，AI）或者机器智能（machine intelligence，MI），这需要视具体语境而定。

在过去的 200 年里，中国曾经积贫积弱，所以，中国人患上了某种"科技崇拜症"，或者信奉科学主义或"拜科技教"，觉得所有新的科技发明都是好的、都是革命性的，因此面对 GPT，很难听到反对意见。不同于中国人众口一词的溢美，我发现，美国人对于 GPT 的评价比较复杂，更加多元化。有的评价非常积极，而有的评价比较消极。仔细分析每一种评价，你会发现他们的立场都与自己的利益、学术观点、研究路线等有若隐若现的关系。

英伟达公司 CEO 黄仁勋认为，"ChatGPT 是人工智能的 iPhone 时刻"。言下之意，如同 iPhone 催生了大量的 App 商业应用一样，ChatGPT 也会引发各个行业层面和应用场景的 AI 创业。英伟达当然应该欢欣鼓舞，因为它为 OpenAI 的大模型提供算力，卖出了很多图形处理器（GPU）芯片。

此次 GPT 竞赛的另一个最大赢家当属微软。比尔·盖茨认为："ChatGPT 是平生所见两次最具有革命性的技术之一。"他所说的另外一次最具有革命性的技术是 20 世纪 70 年代出现、80 年代开始商业化的图形用户界面（graphic user interface，GUI）。

GPT 为什么这么重要呢？只有把 GPT 放在计算机发展的历史中，我们才能深刻理解它的价值。20 世纪 60—70 年代的计算机，人机交互的形式是命令行。在不断闪烁的提示符后面，专业人士输入难懂难记的指令，计算机才能进行响应。到了 20 世纪 80—90 年代，在图形用户界面普及之后，普通人使用鼠标就可以进行人机交互，从而大大地推进了办公自动化。而自从有了 ChatGPT 之后，人们就可以采用自然语言进行人机交互了，这是一个革命性飞跃。

简单地说，ChatGPT 是自然语言处理（natural language processing，NLP）领域最重大的一次突破，同时，GPT 是一个基础大平台，是一种操作系统，在此基础之上，人们可以架构各种应用程序。ChatGPT 只能接受纯文本输入和输出，而 GPT-4 最大的特点就是多模态系统（multimodal system）。多模态意味着，机器除了可以理解自然语言之外，还可以理解语音、图片和视频。这就使得 AI 可以"睁开眼睛"看见并且看懂这个世界，"张开耳朵"听见并且听懂这个世界。或许在不久的将来，AI 还可以拥有触觉等具身智能（embodied intelligence）。这使得 AI 越来越接近人类智能，或者在很多方面超越人类智能。

当然，并非所有 AI 领域的专业人士都把 GPT 当回事儿。既是计算机科学家也是科普作家的吴军 2023 年 4 月 3 日在得到直播间评论到，"ChatGPT 不算新技术革命，带不来什么新机会"。他认为，ChatGPT 所使用的技术原理早在他的博士导师 1970 年代所发表的论文中就已经出现，在 1990 年代自己做博士论文的时候已经广为人知，自己也曾经用类似 GPT 的技术写古诗，而且写得不错。但是，吴军的观点引起了广泛的批评，毕竟 1990 年代的 AI 技术无法在商业化和工程优化方面与当下的 GPT-4 相提并论。

另外一个对 GPT 持保留意见的是著名的语言学家、哲学家、认知心理学家乔姆斯基。在一篇题为"ChatGPT 的虚假承诺"的文章（发表于《纽约时报》2023 年 3 月 8 日）中，他认为，"机器学习通过将有根本缺陷的语言和知识概念纳入我们的技术，而降低我们的科学水平并拉低我们的道德规范"，我们所期待的"人工智能的曙光还没有出现，这与夸张的新闻标题和不明智的投资所预料的情况正好相反"。

面对马斯克等签名呼吁暂停开发更为强大的人工智能至少 6 个月时间，深度学习（deep learning）三巨头之一、担任 Meta 公司人工智能首席科学家的杨立昆（Yann LeCun）则认为，"汽车都还没有发明，该怎么设计安全带呢？"

仔细分析这些专家的立场和观点，我们发现，凡是那些在此次 ChatGPT 的浪潮中赚得盆满钵满的，大多对此持积极和赞赏的态度，比如英伟达、微软；而在这次 ChatGPT 浪潮中没有赶上车的公司或个人，则持相对消极的态度，例如马斯克、吴军、乔姆斯基、杨立昆等。中国有句话说得好，"听话听音"。我建议大家在浏览社交媒体上铺天盖地的新闻和观点的时候，仔细思考一下不同人对同一事件的不同态度背后的动机和利益。不要听风就是雨，人云亦云，被各种观点洗脑，从而迷失方向。

我是如何看待 GPT 的呢？我的基本判断主要有两个：一个关乎如何看待 GPT 的重要性和影响力，另一个关乎中美在人工智能领域的竞争。

从事件的重要性上来说，人类历史上唯一可以与 GPT 相提并论的只有 1945 年的原子弹爆炸。原子弹改变了战争的游戏规则，GPT 则改变了教育和工作的基本规则，并将深刻地影响到经济和社会生活的方方面面。

从人工智能领域的国际竞争来看，ChatGPT 的横空出世，就相当于 1957 年的斯普特尼克时刻。当年，苏联抢先发射了人造卫星斯普特尼克（Sputnik），美国举国震惊，立刻开始在科技和教育方面奋起直追。前几年，我们曾经乐观地认为中国与美国在人工智能领域的差距并不大（比如，论文发表数量和 AI 人才数量等），但是，现在看来，在 AI 领域，中国至少要比美国差 3 年的时间。我曾被邀请体验国内某公司的类 GPT 产品，简单使用之后，我深切地意识到，在大语言模型方面，中国和美国差距巨大。新冠疫情大流行的三年时间，我们的国门关了起来，与世界脱节了，现在必须奋起直追。

"人们经常高估短期变化，而低估长期影响"（阿玛拉定律）。自从 1956 年约翰·麦卡锡正式提出"人工智能"这个概念以来，到现在近 70 年过去了，AI 的发展曾经"三起两落"，遭遇三次热潮、两次寒冬。每当人们乐观地感觉到人工智能会取得巨大突破的时候，最后都在技术的成熟度和商业化方面遇到很大的阻碍，然后不了了之，资本和民众的关注度快速退潮。但是，这次 ChatGPT 的横空出世完全不同于以往，GPT 现在已经被当作生产力提升的工具整合进了微软的 Copilot 或者其他软件之中，比如绘图和动画制作软件 Stable diffusion，Midjourney 等，它们极大地提升了工作效率。甚至在 GPT 的基础上，出现了可以根据人类的目的（而非清晰、具体、明确的目标），自动连续地完成工作任务的 AutoGPT。只要给 AI 提出一个总体目标，它自己会分解任务并执行，同时寻求人类的反馈。总之，这是人工智能首次大规模商业化，世界变得如此不同，我们很难再回到从前。

一个关于 **GPT-4** 的画像

如果我们把 GPT-4 当作一个智能体（或者"数字人"），采用心理学的术语，我们就可以给 GPT-4 做一个画像，描述 GPT-4 目前的发展水平。以下这些结论是我综合了自己以及其他学者、公司的测试结果之后，得出的一些审慎的判断。因为篇幅关系，我就不一一列出参考文献，或者详细说明具体的测量工具和方法了。

知识水平：GPT-4 拥有无穷无尽的信息和知识，拥有前所未有的最强大脑。但是，它广而不深，尤其是不太擅长数学问题。当然，在调用外部专门的数学和统计软件之后，这个问题可以迎刃而解。

通用智能（general intelligence）：所谓的智能或者智力，在心理学看来就是解决问题、适应环境的能力。心理学把智力分为一般智力和特殊智力，也就是 G 因素和 S 因素。人们在 G 因素的基础上发展出了 AGI（通用人工智能）的概念。G 因素中最核心的两个因素包括语言能力和数理逻辑能力。在这两种智能领域，GPT-4 可以达到研究生入学水平，包括在美国的 SAT，USBAR，GRE 等测试中其成绩都位居前 10％。特别是在编程（规则明确的机器语言）方面，GPT-4 可以取代初级和中级程序员的大部分工作。

特殊领域的专业知识：在很多具体的专业领域，GPT-4 离专家水平仍然非常远。在自己不懂的时候，GPT 经常一本正经地胡说八道，出现所谓的知识幻觉（hallucination）。乐观估计，在接下来的几年时间里，在基础大模型（foundation model）的基础之上，结合具体行业的专业知识，人们完全可以训练出很多可以商业化应用的行业大模型和决策大模型（而非仅仅提供一般性的信息和知识），例如，金融 GPT、医疗 GPT、法律 GPT、管理决策 GPT 等，这是"钱途"可期的创业方向之一。

因果推理水平：GPT-4 展现出相当强大的思维链（chain-of-thought），特别是，当你要求它明确地写出分析过程的时候，它也可以做到。清华大学崔鹏博士在集智俱乐部的一次网络讨论会（2023 年 3 月 24 日）中，分享了自己的一个测试结果。他认为，基于事实的因果推理（factual casual inference level）方面，GPT-4 可以达到 9/10（满分为 10 分）；在外显的因果推理（explicit casual inference level）方面，GPT-4 达到 3/10 的水平；而在内隐的因果推理（implicit casual inference level）方面，GPT-4 基本上等于 0/10。因为只是初步的测试，所以以上结果仅供参考。

情绪感情：GPT-4 并不具有人类意义上的情绪情感，它所表现出来的"愤怒"或者"喜欢"等，统统都是伪装出来的，仅仅停留在字面意义上。大家不要相信那些人与 AI 谈恋爱或者 AI 逃出实验室的荒唐故事。不过，斯坦福大学的一位心理学副教授经过比较严格的测试之后认为，ChatGPT 可能具有 9 岁儿童的同理心。如果让我大胆推测一下，GPT-4 至少具有 12 岁少年的同理心。可是，问题的关键在于，建立在关于传统的心智理论（theory of mind, ToM）之上的测量理论是否适合测试 AI 的"同理心"？这一点值得商榷。

人格：很明显，GPT-4 不具有严格的人类意义上的人格特点。但是，很多人也发现 GPT-4 具有典型的讨好型人格，这可能与提

示词和所使用的语气有关，也是算法事先的设置。比如，如果你问
ChatGPT"3＋4等于几"，它会回答你"等于7"。但是，如果你非
常强硬地说"我妻子认为3＋4＝34，或者3＋4＝12"，那么ChatGPT
很可能会委曲求全，顺着你的话说你老婆是正确的。GPT习惯于
做外部归因，把自己的错误归因于研究团队的算法设置，做出各种
免责申明。

价值观：不同的大模型背后隐藏着特殊的伦理和价值观，这
与预训练中所使用的语料库以及算法设置等有关。OpenAI所开发
出来的GPT-4具有典型的"白左"、"中人"和政治正确的特征。
同样，百度的"文心一言"或者阿里巴巴的"通义千问"也具有
中国主流社会价值观的特征，所以，大模型日益成为意识形态斗
争的新战场。值得高度警惕的是，人工智能很容易被不法分子所
利用，成为传播大规模虚假信息的温床，这也是GPT-4迟迟没有
对外开放多模态功能的原因之一。现在，经常有人利用DeepFake
深度伪造的换头技术，把一个人的脸与另外一个裸体结合在一起，
制作出色情照片进行诈骗，或者在网络上恶意诋毁他人的名声。

动机：显然，GPT没有属于人类的欲望，缺乏主动性，不具
有自由意志，更不会逃出实验室。不同于以前的"小冰"、"小度"
或者Siri等聊天机器人，ChatGPT第一次具有了连续对话的能力，
对于用户产生了极强的吸引力。

创造力：GPT-4看似好像很有创造力，可以生成新的内容（小
说、诗歌或者广告设计等），事实上它的创造力停留在对已有知识
的重新组合的水平上。换言之，GPT-4已经可以做到熊彼特所定义
的组合式创新。但是，GPT-4无法进行从0到1的原创性思考，无
法对前沿科学问题进行探索，所以，绝大多数情况下，GPT不是

知识发现的工具，无法像爱因斯坦、梵高或者马斯克等人类精英一样进行原创性思考。

当然，也存在例外情况。例如，三四年前，AlphaFold 就可以对蛋白质的折叠结构进行研究，已经弄清楚了人类几十万种蛋白质的 3D 结构，这对于生物医药的研发非常有帮助。以前研发一种新药可能需要 10 年时间、20 亿美元，未来的研发成本会大幅降低，这在新冠疫苗的研制过程中已经大显身手。

具身智能：所谓具身性（embodiment），是指人类认知的诸多特征事实上依赖于人类的生物学意义上的"身体组织"，人的身体是产生（和限制）智能的重要载体。具身智能的概念最早出现在 1950 年阿兰·图灵关于人工智能的奠基性论文中。具身智能具有支持感觉和运动的物理身体，可以进行主动式感知，也可以执行物理任务。具身智能强调"感知—行动回路"（perception-action Loop）的重要性，即感受世界，对世界进行建模，进而采取行动，进行验证的过程。显然，GPT-4 缺乏具身智能，无法感同身受地拥有类似人的知觉、运动能力，甚至痛苦和欲望等。据了解，OpenAI 投资了丹麦一家机器人公司，希望把大语言模型和机器人技术结合在一起，开发具有具身智能的机器人。

颇具讽刺意味的是，我们以前经常讲，人类因为有身体这样一副臭皮囊，所以有七情六欲，有"贪嗔痴慢疑"，而"贪嗔痴慢疑"是我们需要通过毕生的修行极力消除的。但是，在人工智能时代，珍惜和发挥人类的具身智能，甚至保持某种程度上的"贪嗔痴慢疑"恰好是人之为人的重要优势。如果人类智能变成人工智能，岂不非常无趣？

GPT-4 是否属于通用人工智能

关于人工智能，以前有弱人工智能、强人工智能和超级人工智能之分。近些年，大家很少再使用强人工智能这个概念，更多是使用 AGI，也就是通用人工智能（artificial general intelligence）。那么，GPT-4 是否属于 AGI 呢？

关于这个问题，我观察到典型的内行—外行偏差。越是人工智能领域的专业人士，越不认为 GPT-4 是 AGI；相反，越是外行人士，越认为 GPT-4 是 AGI。这真的是一个颇具讽刺意味的现象。

关于人工智能的定义，李开复和王咏刚在合著的《人工智能》一书里，至少总结出了五种：（1）AI 就是让人觉得不可思议的计算机程序；（2）AI 就是与人类思考方式相似的计算机程序；（3）AI 就是与人类行为方式相似的计算机程序；（4）AI 就是会学习的计算机程序；（5）AI 就是根据对环境的感知，采取合理的行动，并获得最大收益的计算机程序。那么，什么是 AGI 呢？AGI 没有精确的定义。最简单地，我们可以把 AGI 理解成人类能做什么，AGI 就应该能做什么，甚至比人类做得更好。有趣的是，越是专业人士越不依赖所谓定义来理解问题。这是因为，所谓的定义都是这些专业人士自己发明出来的，他们深知其局限性。

OpenAI 联合创始人、研究总监伊利亚·苏特斯科夫（ILya Sutskever）在接受采访、回答到底什么是 AGI，以及 ChatGPT 是不是 AGI 时，没有引经据典，而是打了一个比喻。他说："如果我拿起一本科幻小说，我会明确地知道它是科幻还是真实的科技进展。"言下之意，他认为 AGI 目前仍然是科幻，ChatGPT 离 AGI 还很远。一旦 AGI 真的出现，他是会立刻识别出来的。但是，这也可能是因为"只缘身在此山中"的缘故，内行更明确地知道现有 AI 的局限性，而外行更容易感知到现有的 AI 已经取得了令人震撼的进步。

毫无疑问，GPT-4 完全可以通过图灵测试，但是 GPT-4 能否通过哥德尔测试呢？所谓哥德尔测试，是哲学家赵汀阳教授在《人工智能的神话或悲歌》中提出来的一个概念。100 多年前，当人们信心满满地想建立起数学的公理化体系的时候，哥德尔在其中发现了不完备性和悖论。如果 AI 能"解决"（或者理解）严格意义上的悖论问题、无限性问题、歧义性问题等，赵汀阳教授认为，AI 就可以通过哥德尔测试。哥德尔测试是比图灵测试更加严苛的、测试计算机程序是否具有通用人工智能的一种测试。能通过哥德尔测试的目前只有人类精英，机器则不行。可惜，这只是哲学家自己的空想，我还没有看到哪位计算机科学家把哥德尔测试当作严肃的学术观点来对待。

那么，我如何看待 GPT-4 的真实水平呢？从行为主义的角度或者功能主义的角度进行反推，综合以上我对 GPT-4 现有能力的评价，我认为 GTP-4 在某种程度上已经是 AGI 了。在我看来，AGI 的降临是一个连续过程，类似"鸡—鸡蛋"的问题，而不是一个明确的时间点。不是说，翻过了这一点，之后就是 AGI，之前就不是 AGI。就像在长期的演化过程中，到底什么时候是鸡，什么时候仍然是原鸡一样，我们很难找到一个明确的临界点、一个从量变到相变的转折点。

在我做出这个基本判断之后不久，微软公司发布了一篇研究报告，它认为，GPT-4 可以被作为早期（不完整）的通用人工智能，或者是 AGI 的火花。OpenAI 公司在另外一份研究报告中，也把 GPT 当作通用目的技术（general-purpose technology，GPTs），后者更是迈向 AGI 的关键一步。

　　总之，我的判断得到了微软公司和 OpenAI 的部分支持。在这个问题上，我不强求别人与我的观点保持一致。所谓的定义问题和测量问题，还是留给那些学究们去纠结吧。GPT-4 已经足够强大，大幅提升了很多领域的工作效率，甚至威胁到相当数量白领的工作，如果这还不是 AGI，那么到底什么是 AGI 呢？当身处正在发生的历史时，我们经常看不清事情的真相。或许只有多年之后，当我们与历史保持足够的距离时，才能做出更加准确的判断。

　　让我们进一步追问，GPT 的这种智能到底是如何涌现的？相关研究表明，当大模型的参数超过千亿的时候，不管是 GPT-3，还是其他大模型，例如，LaMDA，PaLM，在自然语言理解的准确性方面都出现了明显的能力提升（见图 9）。但是，具体的原因，即使 OpenAI 团队自己也不清楚。

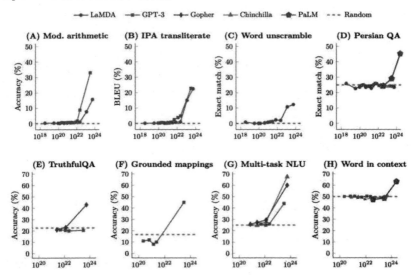

图 9　随着参数的提升，大模型出现智能涌现

我参加的集智俱乐部里有很多学者试图从复杂适应系统（complex adaptive systems，CAS）的角度去理解这种智能涌现的现象。不管我们如何从理论上来解释，智能涌现都有两个基本前提条件：一个就是大数据、大模型和大算力中的数量级足够大；另一个是深度学习算法中的成千上万隐藏层的引入，产生了某种预料之外的新奇事件。而足够多的变异，是智能涌现的另外一个必要条件。

多年之前，当"深度学习之父"杰弗里·辛顿（Jeffery Hinton）提出"规模很重要"（size matters，或者"大力出奇迹"）这一观点时，遭到大家的嘲讽。但是，事实证明，当大模型的参数达到千亿数量级以上的时候，智能（主要是自然语言理解能力和逻辑推理能力）真的涌现了，而基本算法逻辑并没有发生结构性改变，"这才是真正令人感到惊讶的事情"（OpenAI 研究总监苏特斯科夫在与黄仁勋对话时如是说）。

有意思的是，这种情况与人类的进化有点类似。5 万～7 万年前，智人在漫长的进化过程中发生了一次重要的认知革命，智人的大脑容量提高了 3 倍左右，从 500 毫升到 1 500 毫升。与此同时，人类创造出了语言、虚构的故事、自然神崇拜（也就是主体间性），墓葬和陪葬品也随之出现，这意味着人类第一次有了死亡意识，出现了所谓的自我。所以，不管是大脑的神经网络，还是电脑的人工神经网络，规模足够大是智能涌现的重要前提条件。

人工智能的研究基本上可以分为三派：符号主义、连接主义和行为主义。符号主义认为，如果要创造出人工智能，首先需要研究清楚人的大脑结构和机制，而人工智能在某种程度上就是对人脑的模仿和逼近；连接主义则认为，人工智能与人类智能可能是两种不同类型的智能，但是在计算这种形式上有共通性；行为主义则是具身智能的重要理论基础之一，认为我们的全部智能都深深地依赖于我们的身体、形态和形体等。回顾人工智能近 70 年的发展历程，获得最大突破的是连接主义，尤其是机器学习中的深度学习。李开复认为，深度学习是过去 60 多年人工智能发展史上唯一一项突破性技术。机器基于纯粹的统计推理，在"大力出奇迹"的暴力算法之下，从事物的原始特征出发自动学习事物的高级特征组合，最终展现出认知理解能力，这是令人惊讶的事情。[①]

　　与此同时，在深度学习中，因为在输入层—输出层中间引进了成千上万的隐藏层，这使得大模型变成了一个黑箱，人类已经完全无法知晓在大模型中到底发生了什么。所谓大模型，就是几百万个极其复杂的联立方程组，它的模型建立和求解过程已经完全超出了人类的理解能力。马斯克等在公开信中强调，"当今强大的、最先进的系统必须更加准确、安全、可解释、透明、稳健、一致、可信和可靠"，其中的可解释 AI 指的就是 GPT 现在的这种智能涌现是无法解释的。

　　或许在不远的将来，我们需要发展一种新型的人类—人工智能比较心理学。以前的比较心理学（comparative psychology），都是研究人类与大猩猩、黑猩猩、猴子等之间的心理和行为的异同，未

---

　　① 人工智能主要有符号主义、连接主义和行为主义三大学派。符号主义聚焦于知识表达和推理。代表技术是专家系统，它采用规则来表达知识，通过推理机制得出结论，典型系统如 MYCIN 医疗诊断专家系统。连接主义试图模拟人脑神经网络的连接机制，以学习的数据驱动智能。代表技术是神经网络，它通过大量数据训练网络模型，实现模式识别、聚类等机器学习功能。经典算法有深度学习中的卷积神经网络。行为主义则通过环境与智能体交互来达到目标行为。代表技术是增强学习，它让智能体在环境中探索，发现有效行为策略，系统通过试错不断学习与优化，如波士顿动力机器狗。三个学派各有优势，也存在不足。符号主义知识工程难度大，连接主义需海量数据，行为主义学习效率低。

来的人类—人工智能比较心理学就需要研究人类和 AI 在心理和行为方面的异同。通过同时研究人类和人工智能的内在结构和机制，可以促进我们对人类自身和人工智能的深刻理解，这才是真正的"双向奔赴"。

GPT 所带来的挑战与困惑

关于 GPT 所带来的挑战，网上的讨论铺天盖地，我就不一一概述了。我只推荐一篇很有思想的文章供大家参考，作者是Tuzhuxi，真实姓名叫任意。任意出身于高干家庭（祖父为任仲夷），曾经获得哈佛大学肯尼迪政府管理学院的学位，师从著名历史学家傅高义教授。在一篇题为《六种困境：GPT、科技、人类的生产、知识与未来》（公众号：tuzhuxi，2023 - 04 - 10）的文章中，他讲到人类所面临的六种困境，包括：（1）知识和智识的价值贬损；（2）绝大多数人类个人无法突破 AI 强大的"中人"水平；（3）大多数人会因为对 AI 形成依赖，导致智识能力的进一步下降，甚至导致智力的"贫富分化"；（4）知识与智识能力内卷的加剧；（5）价值观与意识形态的"泡泡"；（6）AI 对艺术创造工作的取代。

而我认为，GPT 所带来的根本性挑战，主要包括关于自我、意识、智能和人类本身的理解发生了根本性转变。具体到社会经济层面，则会产生大规模结构性失业、生活意义感的丧失等问题。AI时代，贫富分化将更加严重，与此相关的财富分配问题等促使我们需要重新设计社会制度（请参考《大变局下的中国管理 2：专精特新与共同富裕》)。在这种情况下，教育，具体到中国教育，到底应该怎么办呢？特别是，商学院教育的出路何在？

首先，我认为，GPT 的横空出世前所未有地"危及"人类关于自我、意识、智能和人类本身的理解，这是一个根本性问题。而其他的问题，例如，教育和工作，都是从这个根本性问题衍生出来的。这些看似抽象的问题有着非常具体的实际应用。如果就每一个问题展开充分讨论，并且提供详细的科学证据，这不是本文可以做到的。大家可以尽情地参考心理学、人工智能、神经科学和历史学等领域的最新研究。我只简单地罗列出来一些问题，希望引起大家的重视。

问题 1：究竟什么是智能？如果我们把智能定义为问题解决和环境适应，那么 GPT 在多大程度上已经可以被当作通用问题解决机？

问题 2：哈佛大学心理学家加德纳（Gardner）多年前就提出了多元智力理论，把人类的智力分为七种甚至八种类型。除了语言智力和数理逻辑智力这两种目前的教育体系特别看重和考核的智力之外，哪些智力或者智能是 AI 很难拥有的，例如，运动智能、社会智能、自我反省智能、艺术与审美的智能、音乐智能等？如果教育在多元智能方向上大力发展，是否会给人类创造更大的生存空间？

问题 3：智能与自我、意识等是否可以分离？是否存在没有意识的智能？GPT-4 出现之后，我们第一次意识到，GPT 没有自我，没有意识，但是，可以有智能。人工智能（硅基生命）与人类智能（碳基生命）可能属于两种不同类型的智能，人工智能在某些领域肯定会超越人类（比如，认知加工能力和计算能力），但是，在某些领域，肯定不如人类（例如，情感和运动等具身智能）。

问题4：如果还原论是正确的，那么自我和意识在多大程度上可以被还原为生化活动的幻觉或者电生理活动的噪音？如果整体论是正确的，那么大脑中还有什么能力是不能被还原成生化活动或者电生理活动的呢？

问题5：所谓的自我、意识和自由意志会不会是人类集体虚构出来的一个概念，属于主体间性？在我们的大脑中，是否存在一个"小人"一样的自我，每天在我的耳朵边叨叨，提醒我需要具备良知？

问题6：在传统社会里，个体并不重要，重要的是家庭、家族和社区。所谓的自我、意识和自由意志会不会是过去五六百年里，自从文艺复兴、启蒙运动和工业革命之后，人文主义强加给我们的某种社会观念？

问题7：马斯克认为，碳基生命在某种程度上可以比喻成硅基生命的开机引导程序，人类的存在是为了迎接一个更加高级的智能生命，也就是硅基生命或者生命3.0。真的是这样吗？

在我看来，人类是一种没有经验的动物，学习效率很低。每个孩子生下来都得从头学起，重复父母辈所犯的所有错误。我就纳闷，为什么新生儿不能生下来就继承了人类的绝大多数知识和能力，然后在这个基础上继续前行呢？为什么我花了几十年时间所积累下来的知识和智慧，一旦死了之后，就必须随着烈焰烟消云散呢？为什么不能把我的大脑进行复刻，存储在电脑里，再装上某种感觉器官，发射到太空中去呢？宇宙如此辽阔，人类在大气层下面已经晃悠了几百万年，现在才刚刚走出大气层，什么时候人类才能飞出太阳系和银河系呢？在宇宙探险的时候，硅基生命比碳基生命更有优势，它可以不吃不喝，只需要基本的能量和信息，何乐而不为呢？至少我自己是乐见其成的。当然，如果没有了身体和死亡恐惧，人类可能同时也丧失了爱和对美的欣赏能力，以及对时间的珍惜。

以上所有问题，都是一些非常宏大的问题，都值得我们皓首穷经去深入研究。对于这些问题，也已经有了很多相关的前沿探索，这里就不展开讨论，推荐大家去重读一下以色列历史学家尤瓦尔·赫拉利的《人类简史》、《未来简史》和《今日简史》。我以前认为他的思想过于悲观和激进，但是，自从 ChatGPT 横空出世以来，我重读了他的这三本书，感觉到他的思想非常有前瞻性，值得重视。

未来的就业市场

自从 ChatGPT 发布以来，许多人产生了严重的失业焦虑。不久前，OpenAI 公司发布了一份研究报告——《GPT 作为通用目的技术：关于大语言模型对劳动力市场潜在冲击的早期评估》(GPTs are GPTs：An Early Look at the Labor Market Impact Potential of Large Language Models)。在这份报告里，OpenAI 评估了不同类型的职业受到 GPT 暴露的风险，得出的基本结论是：GPT 对白领的工作影响很大。相反，倒是有一些轻体力工作没有太高的 GPT 暴露风险，包括卡车司机、摩托车机械师、管道工、调酒师、农业设备操作员等。

虽然以 GPT 为代表的 AI 会创造出许多新的工作，例如，提示词工程师，甚至对软件工程师的需求短期内也会提升，因为需要开发更多的任务导向的行业大模型，但是，随着 AI 的发展，人类的确面临着一波大规模的结构性失业浪潮。即使我们充分考虑到社会的各种摩擦力和保护机制，短期内社会动荡也难以避免。至于未来，除非彻底改变我们关于社会、工作和金钱的基本信念、社会契约、政治制度等，否则，社会很难达到一种相对稳定的动态平衡。

不同于以往的产业革命所伴随的劳动力转移（人类从农业转移到制造业，再从制造业转移到服务业），现在人类已经无处可去了，服务业也已经人满为患，发达国家 70％ 的就业都在服务业。或许在未来，人类可以去的地方只有两个：一个是星辰大海，殖民其他星球；另一个是元宇宙中的虚拟工作。短期内，后者可以解决更多的就业问题，而前者还有待马斯克的 SpaceX 公司的发展。

当 AI 和机器人技术结合在一起的时候，社会生产力会提高很多倍。在未来，社会大概率会分化成 20％ 的技术精英和政治精英，以及 80％ 的无用阶层。超过 80％ 的人可能变得无足轻重，根本不值得被剥削。所以，前些年大家争论中国出生率下降的问题时，我就坚定地认为这些都是伪命题，在人工智能时代，这些问题根本不值得一提。借用克林顿那句名言，"傻瓜，重要的是失业问题"。

面对技术"进步"（我个人非常痛恨这个词）所带来的阶层分化，20％ 的精英将获得巨额收入，围绕着不断迭代升级的技术系统，忙得要死；而 80％ 的无用阶层依靠全民基本收入（universal basic income，UBI），每天在家打游戏，沉迷于虚拟世界，混吃等死。所以，贫富分化更加严重，共同富裕成为一个更加紧迫的问题。据说 OpenAI 一直在研究一种加密货币——World Coin，看来它早已经预见到了 AI 对社会的巨大冲击。

　　未来，基本生活收入得到保障不是大问题，关键是，如果绝大部分人失去工作，他们将面临生活意义感丧失的问题。我们现在习惯了的这种工作形式是在过去两百年里，因为工业革命才诞生的。它既不同于2 000年前的劳动形式，也不再适合即将到来的人工智能时代。如果我们再固守"工作创造价值""劳动创造价值"等传统观念，很多人将陷入严重的自我否定、焦虑和抑郁之中。我们需要重新想象工作是什么，生活是什么，人们活着的意义是什么。总之，我们需要建立新的社会契约。时代呼唤21世纪的卢梭、亚当·斯密、马克思、哈耶克和马斯洛。

　　技术和政治之间的关系是我最近一直在思考的核心问题。在我看来，短期内，在某些国家，政治逻辑会高于经济逻辑和技术逻辑，人工智能的影响会受到一些制度性限制或者保护。但是，长期来看，技术逻辑和经济逻辑一定会高于政治逻辑，因为毕竟生产力决定生产关系，生产关系一定要适应生产力的发展。

　　关于这一点，过去3年新冠疫情大流行期间，我们可以看得非常清楚。当政治权力与信息技术（各种行程码、健康码等）和生化技术（核酸检测）紧密耦合在一起时，整个社会短期内能被管制得一点儿也动弹不得。但是，时间长了，社会经济和民生会受到严重影响。在经济和社会压力下，过于严苛的疫情防控迟早得放开。而放开之初，首先需要废除的就是各种行程码、健康码和核酸检测。换言之，就是政治和技术之间必须进行解耦和松绑。类似的，AI所带来的社会冲击，也会经历一个"抗拒—消化吸收—再抗拒—再消化吸收"的过程，而且这个过程相当漫长，永无宁日。

　　在我看来，社会主义制度比资本主义制度更能有效地应对人工智能带来的冲击，提供工作安全，重新进行社会财富分配。为什么呢？因为在资本主义社会里，资本是老大，资本说了算，资本内在的要求就是追求更高的利润，鼓励强者恒强，因此会产生无序竞争问题。而社会主义承诺最大程度的公平，保护弱者的权利。所以，我估计，马克思主义和社会主义会在全世界强势兴起。请不要误解，不要把社会主义等同于计划经济。社会主义最重要的特征是公平，而不是计划经济。计划经济在未来的 AI 时代，是行不通的。

当然，另外一种可能性是，不同社会制度之间相互学习，会诞生一种新型的社会制度，一种技术精英和政治精英主导的、同时重视普通人的幸福感的丰饶社会制度。每周 4 天甚至是 3 天工作制会被普遍采用。在全民基本收入保障的基础上，工作成为可选项，而不是必选项；人们工作更多是为了发挥才能，为了个人兴趣和意义感，而不是因为生存压力。

在那样一个丰饶社会里，机器人在黑灯工厂里自我复制，从事物质生产，超市里的基本生活必需品琳琅满目而且非常便宜。少部分精英忙得要死，在继续创造更为发达的技术系统；而绝大多数人闲得要死，成为技术系统的弃儿或者奴仆。少部分人成为尼采所说的超人，绝大多数人成为末人。前者拥有权力、财富和美貌，甚至可以活到 200 岁；而后者每天混吃等死，在虚拟世界里消磨时光，或者做一些社区性的服务工作，"相濡以沫"（相濡以沫，不如相忘于江湖呀）。

短期内，人类是否有可能催生出一个关于人工智能的全球治理的大宪章？我对此忧心忡忡，比较悲观。我个人赞同马斯克等发起的暂停训练更为强大的 AI 的呼吁，虽然我知道这是"明知其不可为而为之"的螳臂当车。如果人工智能停留在 GPT 这种陪聊水平，并不可怕。最可怕的是人工智能和生物科技结合在一起，用基因技术对部分人类进行改造升级，产生尤瓦尔·赫拉利所说的"神人"。如果那样，潘多拉的盒子将被打开，未来将变得难以想象。

未来，本质上，只有一种工作可以大行其道，那就是人机协同和人机融合。

在过去的几个月里，我和我的朋友频繁使用 GPT，试图搞明白什么样的问题是 GPT 不擅长的。结合我所阅读的一些资料，我认为具有以下特点的工作，至少在短期内很难被 GPT 代替，很难受到人工智能的巨大冲击。

脑力工作：涉及创造力、审美、批判性思维、悖论整合、想象力、整全性、科学探索、歧义性、不确定性、无限性、意义赋予、意义生成等。

体力工作：涉及手工精细操作、体育运动、演艺性等。

社会工作：涉及政治性、组织协调、管理、创业、人际关系、深度情感服务、同理心等。

李开复和陈楸帆所著《AI 未来进行式》中也有类似观点，我在此引用一下。在图 10 和图 11 中，右上方的工作很难被 AI 所取代，而左下方的工作很容易被 AI 所取代。难以被取代的工作包括并购专家、市场公关总监、社工、事业规划师、敬老院陪护、运动康复师等。而容易被 AI 取代的工作包括保险核保员、放射科医生、电话销售和客服、仓库拣货员、保安、快餐店厨师（不是高级餐厅的厨师）等。这个分类的背后逻辑，基本上就是我上面所提出的。

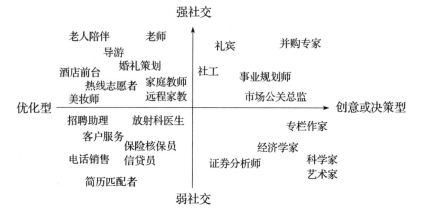

图 10　智力型工作被 AI 接管的二维图

资料来源：李开复，陈楸帆. AI 未来进行式. 杭州：浙江人民出版社，2022.

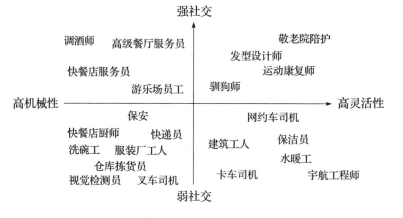

图 11　体力型工作被 AI 接管的二维图

资料来源：李开复，陈楸帆. AI 未来进行式. 杭州：浙江人民出版社，2022.

教育到底应该怎么办？

————

　　面对 GPT 所带来的冲击，我们先来讨论一下商学院的教育该怎么办，再泛泛而谈中国教育应该怎么办。我先提出两个操作性很强的"研究假设"，供读者参考。在某种程度上，这也是两个创业机会，有关方面可以大胆尝试。

假设1：以哈佛商学院和毅伟商学院为代表的商学院崇尚案例教学，尤其是决策型案例，认为"管理即决策"（至少决策是管理者的核心工作之一），所以，它们要求MBA学生要做两三百个案例分析，以便为未来的职业生涯进行预演和彩排。我的想法是，假如我们把哈佛商学院、毅伟商学院、中欧国际工商学院以及中国管理案例共享中心等机构几十年来所积累下来的五六万个决策型案例，包括案例教学指南，提供给GPT-4，是否有可能训练出一名充满实践智慧的管理者或者管理咨询师呢？

如果这样的"管理者GPT"可以训练出来，那么任何一名管理者，都可以把自己公司所面临的决策问题总结为一个案例，提交给GPT，然后GPT会给出自己的分析结论。这可以作为管理者决策的辅助手段，将来咨询公司就很难再动辄收取几十万元甚至上百万元的咨询费了。

我认为这个想法原则上是可行的。唯一值得思考的是，虽然现有的五六万个决策型案例没有人可以独自读完，但是，在GPT看来，这根本就不是"大数据"，而是"小数据"。这种建立在小数据上的预训练模型，能否涌现出优秀管理者所拥有的实践智慧，我们需要打个问号。

假设2：当下主流的管理学研究范式就是做定量实证研究。绝大多数管理学者围绕一个窄小的主题或者专业领域深耕，因此，缺乏对于组织管理的整全性认知。假如我们把AMJ、JAP、JIBS、JBV、《管理世界》和《经济研究》等期刊上发表的几百万篇学术论文，尤其是实证文章提供给GPT-4，我们是否有可能训练出一位有整全性认知的管理学者呢？我个人是非常希望 GPT 可以承担这种人类根本无法完成的任务的。

我们知道，元分析（meta-analysis）是知识积累的重要方法之一，我已经看到有人尝试用 GPT 来做元分析了（请参考《ChatGPT 能做元分析吗?》，微信公众号"管理卫来"，2023‐03‐03）。原则上，这是可行的。只要有同一主题的所有实证研究的相关系数矩阵，GPT（再调用某个擅长统计的 API 插件）就可以轻而易举地完成一项元分析。反复使用 GPT 做元分析，再反复使用 GPT 强大的文献摘要总结功能，我们或许可以整合过去几十年所积累下来的管理学研究成果，培养出具有整全性认知的管理学者。

2005 年 5 月，在我的博士论文答辩会上，我就质疑主流的实证研究能否让我们获得关于管理的整全性认知，以及这种学术发表制度是否合理。现在，17 年过去了，人工智能时代已经来临，而这种长周期的发表过程、被包装成精致化的常识，越来越不适应时代变化，商学院必须从研究、教学和社会服务等各个方面进行大幅改革，才能跟上时代变化的脚步。

作为一名大学老师，同时作为两个女儿的父亲，我被 GPT 极大地影响了对学习、教育、专业选择等的看法。我们这一辈人再"混"几年，或许可以安稳退休，但是，我们的下一代怎么办呢？他们应该选择什么样的专业、如何进行学习，才能避免过早失业的悲惨命运呢？

大家一直提倡终身学习，而在我看来，终身学习应对不了 AI 时代的挑战。以前，终身学习是对优秀者而言的；而现在，终身学习成了生存的基本技能。但是，终身学习本质上就是一个伪命题。这是因为，人类大脑在 5 万年前就已经定型了，再没有发生任何质的提升。用一个陈旧的大脑，如何应对当今的信息爆炸、知识爆炸和智能爆炸呢？

绝大多数人在三四十岁的时候，已经学不动了，无法再大幅改变自己。未来，一个人 40 岁失业了，他或许还可以通过再就业培训获得新的工作技能，找到新的工作。但是，到了 50 岁，如果再次失业，他以前擅长的工作被 AI 替代了，而社会强制要求 65 岁才能退休，在这种情况下，再让他鼓起勇气接受新的职业培训，实在太难了，因为这根本不符合人性。

面对人工智能，教育应该主动拥抱变革。但是，教育不是万能的，个人能力是有限的，我们不要对个体抱有不切实际的期望。我们需要从社会制度设计上多做一些努力，才能让社会免于巨大的动荡，让个人减少失业的痛苦和焦虑。

在人工智能时代，教育到底应该怎么办呢？教育可以做什么呢？我的几点建议，供大家参考。

第一，与其修修补补，不如对中国教育做一些体制性改革。为了既保证高考的公平性，又能应对人工智能时代的挑战，我们可以压缩从小学到高中的年限，小学阶段减少一年变成五年制，中学阶段（初中和高中加起来）也减少一年变成五年制，然后把小学和中学阶段全部改为义务教育，最后在高考时进行人才选拔的分流。这样做的目的，主要是考虑到现在孩子的身心成熟的时间已经大大提前，也可以减少浪费在大量刷题上的时间，然后把素质教育的改革重心落到更为可操作的大学阶段。

第二，教师需要做新技术的早期使用者，主动拥抱变革，甚至从中看到机会。对于 GPT，学校不能完全拒绝，也不能放任自流。在某些情境下，应该大力鼓励学生使用 GPT；但在另外一些情境下，则禁止使用 GPT。此外，不能因为有了 GPT，就彻底放弃传统的知识学习和思维训练，因为学习知识的过程就相当于减肥，燃烧知识（脂肪），获得思维提升（肌肉）。GPT 可以作为学生的一对一辅导的定制化导师，也可以作为教师的得力工具，做一些重复性工作，包括批改试卷甚至讲课。教师可以把自己的课件、讲课视频和最新研究心得输入 GPT，训练出具有个人风格的教师专属 GPT，让 GPT 成为教学的辅助手段。

第三，在人工智能时代，知识大幅贬值，而上面所说的其他多元智能变得更加重要。教育，应该以育人为首，以知识传授为次，器识为先，知识为末，培养学生的健全人格和创造力（请参考清华大学杨斌《GPT-4 时代中国教育到底应该怎么办?》，微信公众号"大变局下的中国管理"，2023 - 03 - 15）。

第四，教育应该真正做到以学生为中心，更多采用案例教学、实验、小组项目制等探索性学习方式，鼓励更多的辩论和试验，培养学生的表达能力和合作精神。

第五，教育应该尽可能地强调多学科融合，帮助学生建立知识地图，让学生知道在什么地方可以找到自己需要的知识，引导学生探索不同学科之间的链接。西交利物浦大学致力于培养未来的领导者，采用学习超市的形式把世界最前沿的产业知识引入学校，这非常好。领导者不需要成为某个狭窄领域的专家，但是，必须成为通才，最好是成为席酉民教授所说的产业家。

不过，我很难想象，一个人浮光掠影、蜻蜓点水般地同时学习多门学科可以成为一名通才。我的个人经历提供了另外一种可能性。从本科学习理论物理，到硕士学习实验心理学，再到博士学习管理学，每隔几年我就换一个专业进行学习，同时，我把对哲学、历史的爱好贯彻一生，融入专业学习之中（这就是马克思所说的历史与逻辑的统一）。我觉得这种串行加工方式可能比并行加工方式更适合培养通才。无独有偶，管理学大师德鲁克也是这样做的（请参考杰克·贝蒂的《大师的轨迹：探索德鲁克的世界》）。

第六，对于大多数人来说，上大学的收益与投资的比率越来越小，尤其是那些普通大学。学生和家长急需改变就业观念，认识清楚孩子的能力，尽早分流。如果你的孩子不属于学术型人才，及早考虑从事轻体力工作或者服务业。

第七，在宽厚融通的基础知识之上，每个人都需要掌握一门技艺。我的大女儿不太擅长理工科，但是，在文史哲和艺术方面非常有天赋。我们鼓励她把历史作为主攻方向（例如，全球通史、艺术史等），但是，希望她将文史哲融会贯通，同时，发挥她在钢琴和书法等方面的天赋，掌握一门 AI 很难替代的、在任何时候都可以谋生的技艺。AI 时代不可能都是理工男的天下，也需要艺术女。21 世纪的人文学者，可能会越来越类似古代的巫师，主要承担抚慰人类心灵的工作，只要做得非常出色，同样拥有社会地位和影响力。

第八，即使是人文社科专业的学生，也要保持头脑的开放，多了解一些前沿科技，知道世界变化的方向。你即使不能成为新科技的创造者，也要成为新科技的早期使用者。站在科技和人文的交叉口的人，在未来才有竞争力。

第九，珍惜你的具身智能，并充分发挥它。虽然身体这副臭皮囊给我们带来很多烦恼、很多的"贪嗔痴慢疑"，但是，它也是我们人之为人的根基，是人类智能诞生的子宫，让我们有七情六欲，有死亡恐惧，也有了爱和审美。我们需要珍惜已经被社会化和工业化驯化已久的身体，更多地做一些身心灵方面的修炼，让自己的感官变得更敏锐起来。尤瓦尔·赫拉利等每年都去印度禅修两个月时间，在这期间断绝手机的使用，就是为了向内求，提升自己的智慧和灵性。

第十，多学习一些技术哲学、技术史方面的知识，强化关于技术伦理方面的教育和研究，改变我们关于技术中立论的错误观念。关于这一点，我有很多思考想表达，所以，下面单列一个主题来讲。

多学习一些技术哲学

技术哲学是一个被管理学者忽视的重大主题。中国的管理学者现在比较了解科学哲学，也有比较少的人同时了解人文哲学，但是，很少有人了解技术哲学。管理者不仅要跟人打交道，也要跟机器打交道，要跟技术打交道。而管理学者不了解技术哲学，这一点是令人惊诧的。

事实上，三四年前，我也才开始零星地接触这个问题。清华大学吴国盛教授的《技术哲学讲演录》是带领我进入这个领域的第一本书。技术哲学非常不同于科学哲学，甚至技术哲学比科学哲学更接近人文哲学。我们熟知的很多人文哲学家，例如，马克思、尼采、海德格尔、哈贝马斯、杜威、马尔库塞等，他们的著作中都有丰富的技术哲学思想。

技术哲学目前仍处在形成中。20 世纪 70 年代之前，技术哲学散落在不同哲学家的著作中，而没有形成一个完整的体系。技术哲学能否作为哲学的一个具体门类？这是毫无疑问的。而技术哲学能否作为一个哲学纲领，上升到哲学的中心问题，甚至成为第一哲学？目前还存在很多争议。

学习技术哲学首先需要破除一个最大迷思，那就是错误地以为技术只是一种工具，是价值中立的。吴国盛举例说，即使是一把刀，它也不是价值中立的，因为刀的意向结构本身就包含着砍、刺、剁、挑等功能。既然一把刀都如此，我们就需要警惕 GPT 内含了开发者和预训练所使用的语料库的价值观，我们更需要警惕抖音和微信根据你的个人喜好和行为不断推荐各种短视频和新闻，让你陷入"信息茧房"或者"价值观的泡泡"里面。

吴国盛是一名反本质主义者，他认为人是没有本质的。人不同于其他动物，一生下来就具有某种不变的特点，例如，鸟擅长飞翔，马擅长奔跑，等等。人的能力依赖于后天的学习，所以，人是没有本质的，是不定型的；是技术和人相互界定了对方，尤其是技术界定了人的"本质"。人类社会的发展都是以技术来命名的，例如，"石器时代""青铜时代""铁器时代""蒸汽机时代""电气化时代""互联网时代""人工智能时代"。可是，非常遗憾，技术在传统哲学中是被忽视的，是被遮蔽的。只有在过去的 200 年里，当技术成为社会最核心的问题、技术专家成为聚光灯下闪耀的明星时，技术背后隐藏的哲学问题才一点点被重视起来。

我们经常以为人类制造了工具，是人类使用和驾驭工具。真相却是，我们现在越来越服务和受制于一个更复杂的技术系统，成为技术系统的螺丝钉。例如，我们现在离开手机几个小时，就会抓耳挠腮、心神不宁，我们都变成了手机的奴隶。

现代技术是一种巨型系统，表现出越来越强烈的主体性。特别是，"科学—技术—资本—政治"构成了一个极其复杂的巨型系统，它们相互强化，纠缠在一起。人类日益严重地被卷入这个巨型系统里面，无法逃离。如果说，工业革命之前，人类可以驾驭机器（简单的工具），现在颠倒过来了，更多的是人类越来越臣服于技术的发展，而不是技术服务于人。这个巨型系统一旦发动，根本停不下来。作为一个渺小的个体，在这个巨型系统中，人只能极力挣扎，试图跟上时代巨变的脚后跟。

在人工智能时代，人应该如何学习呢？反思近段时间里我个人对技术哲学这个主题的探索过程，我综合采用了"万事皆问 GPT""请教专家，建立知识地图""漫游式学习"三种学习方法及三者基础上的"混合式学习"和对不同学习方法的反思性做法。前三种学习方法都有非常明显的缺点，只有综合采用多种方法进行混合式学习，尤其是在更高阶的维度上反思和关照自己的学习过程，才是AI 时代的生存之道以及应对策略。我的学习方法简单总结如表 1所示。

表 1　不同学习方法效果比较

学习方法	优点	缺点
万事皆问 GPT	不仅仅是信息，而且是知识整理和输出	可能不够准确，遗漏掉重要的信息，或者一本正经地胡说八道，存在知识幻觉，尤其是对中文的输出经常不准确
请教专家，建立知识地图	对过去知识的整理完整、准确，有助于初学者快速建立认知地图	专家可能不了解自己本专业之外的知识，知识面比较狭窄

续表

学习方法	优点	缺点
漫游式学习	信马由缰，深入研究某个作者或者主题方向	不够系统和全面，存在相当强的偶发性
混合式学习	多种方式结合在一起，在整全性、深度和准确性上都有提升	局限性较少，关键在于对来自不同信息和知识的整合能力与辨识能力
自我反省式学习	自我认知、提升智慧的重要途径	"思而不学则殆"。"思"必须建立在大量的知识学习的基础之上，否则就是读书太少，胡思乱想太多

最后，我想推荐几本近期反复阅读过的书，供大家参考。我的演讲中的一些思想，深受这些著作的启发。

尤瓦尔·赫拉利：《人类简史》《未来简史》《今日简史》；

李开复：《人工智能》(2017)、《AI·未来》(2018)、《AI 未来进行式》(2022)；

吴军：《全球科技通史》；

张笑宇：《技术与文明：我们的时代和未来》；

吴国盛：《技术哲学讲演录》(2016)、《技术哲学经典文本》(2022)；

赵汀阳：《人工智能的神话或悲歌》；

余明锋：《还原与无限：技术时代的哲学问题》。

第二部分

自我革新

10

从剪纸艺术网站到夸父心理
——持续不断的创业人生

案例 A：赵向阳的创业人生

情景再现

2015 年 12 月的一个清晨，大雪过后的北京异常寒冷。在北京西山凤凰岭的一处山庄里，正在进行两场关于心理健康和心理咨询方面的全封闭式培训。早上 6 点钟，学员在悠扬的笛声中起床，一起晨读《道德经》，然后一起进餐，进餐的时候严格禁语，以便仔细品味全素食品中的滋味，体验一种活在当下的感觉。所有的授课教师都是国内顶尖的心理咨询专家，课程主要针对抑郁症和情绪管理展开。除了传统的讲课以外，还有许多别开生面的活动，包括个案咨询、舞动、冥想、散步等。晚上围炉夜话，看电影，分享每天的学习收获。总之，这个培训看起来和商业公司所组织的培训很不相同，主办方非常用心地设计细节，而且收费低廉，平均每天只有

1 000元，包括培训费、住宿费、餐饮费、班车费等。用主办方的话来说，"培训不以营利为目的，而是为了帮助人、提升人"。这样的培训给寒冷的冬天和抑郁的心灵带来了一丝温暖（见图12）。

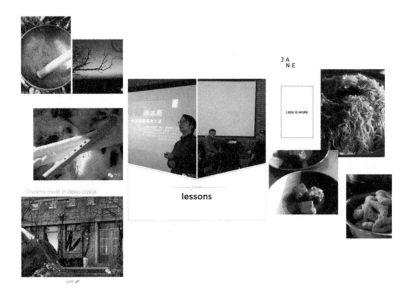

图 12　夸父心理培训场景

组织这两场培训的机构是一家名叫夸父心理的初创公司，其主要业务是进行与心理健康有关的教育、咨询和投资。创始人赵向阳博士是北京师范大学经济与工商管理学院副教授，同时担任夸父心理的董事长。这是他创立的第二家公司。他的第一次创业则是16年以前的事情，第一家公司的名字叫北京梦想时代信息咨询公司（Dream Time Consulting）。在这16年的时间里，他经历了跌宕起伏的创业人生。

早期创业史

赵向阳，男，1971年10月出生于陕西旬邑一个农村家庭。5个姐姐、1个弟弟，他是家里的第一个男孩，所以，集父母的万千宠爱于一身，比较自我，个性独立张扬。1989—1993年间，他就读于陕西师范大学物理系，主修理论物理，辅修科学技术哲学。大学毕业之后，他来到北京工作，在北京市第九中学当过物理教师，很快就辞职去了索尼（香港）有限公司北京办事处和三星电子（中国）有限公司，从事市场营销和销售工作。用他的话来说，"年轻的时候，当老师根本不是我的理想职业。有时候坐在办公室，看着学校给我指派的辅导我的师父，我就在想，'如果我做得不错，或许 20 年后我也是全国特级物理教师。但是，这种可以看到尽头的人生不是我想过的'，所以，工作一年以后我就辞职了。我是北京从外地招聘来的老师中第一个辞职的，教育局和学校痛恨死我了"。

1998—2001 年间，赵向阳在北京大学心理系就读实验心理学方面的硕士研究生。刚上北大的热情很快就消退了，主要是因为对于国内所谓的心理学家感到失望，他的兴趣逐渐转移到了创业活动上来。1999—2000 年间，适逢中国互联网的第一次创业浪潮，他作为中国大学生创业的代表之一，代表北京大学参加了于 1999 年举办的首届"挑战杯"和讯网中国大学生创业计划竞赛并获得金奖。他当时有两个创业项目，其中一个创业项目是建立了一个以剪纸艺术为主题的专业网站［www.papercutting.com.cn，"花儿"（HUAR）剪纸艺术，目前已经宕机，见图 13］，用中英文双语向全世界介绍中国灿烂悠久的剪纸艺术。该网站的理念宣称，"不仅仅是剪纸，更重要的是它背后的文化和故事，以及对人的积极关注"。这比今天那些宣称产品要超越简单的使用功能，而要重视情感价值的"互联网思维"早了至少 15 年。

为了筹建该网站，赵向阳走访了中国的大部分剪纸产区，这些产区基本上都是一些经济欠发达的贫困地区，包括陕西、甘肃、山西、安徽、河北等。他遍访当地民间艺人，收集剪纸，了解剪纸艺人的人生故事。特别是，他收集了大量的关于剪纸的档案资料。中国国

图 13 www.papercutting.com.cn 网站中文首页

家图书馆有的档案资料，全部被他复印。除此之外，他还从美国购买了相关的英文图书，加入了"美国剪纸艺术协会"等，成为这个领域的研究专家之一（需要说明的是，他自己并不会剪纸，只是研究）。

"花儿"（HUAR）剪纸艺术网站的初心和构想更多来自赵向阳的家庭出身，小时候逢年过节时妈妈做剪纸贴窗花的耳濡目染，以及他对民间艺术和传统文化的热爱，而不是现实的市场需求。对创业懵懵懂懂的他，在创业激情的驱使下，前后花 1 年时间，自己投资了 5 万元，但是，收入几乎可以忽略不计。时至今日，赵向阳家里仍然囤有不少剪纸"库存"，所以，从经济效益来看，这是一次完全失败的个人创业。

　　不过，"有意栽花花不开，无心插柳柳成荫"。首先，通过第一次创业所建立的网站，赵向阳偶遇了后来成为他妻子的姑娘。其次，这次创业锻炼了他的创业能力，尤其是做网站的能力，以及关于机会识别和筛选的能力，这直接为他后来的第二个网站"名校之梦"（www. famouschool. com）的成功奠定了基础。"名校之梦"提供考研专业课在线信息咨询，是 2000 年中国互联网公司中为数不多的找到商业模式并且赢利的初创企业之一。时至今日，许多当年的考生仍然记忆犹新，对该网站上的一些励志性文章念念不忘。

　　为什么要开办一个考研专业课网站呢？因为 2000 年的时候，硕士研究生入学考试中英语、政治都有线下的考研辅导班，但是，关于专业课没有很好的解决办法，只能托熟人和朋友四处打听信息，非常麻烦。而赵向阳就是因为无法忍受被众多考生重复性打扰，萌生了做一个在线信息咨询网站的想法。该网站采用"分布式工作、集中化管理"的模式，聘请一些 985 名校的研究生作为兼职咨询员，他们在宿舍、实验室、网吧或者家里，通过接入一个加密的 BBS，为那些想考研的学生提供在线的专业课信息咨询。有了"名校之梦"网站，只需要交 600 元的年费，就可以得到"深度、全程、内幕"的考研专业课信息，这极大地影响了当时许多年轻人的人生道路。据估计，在该网站运营的两年时间里，超过 100 万考生访问过该网站。

　　最后一个意想不到的结果是，虽然剪纸艺术网站在经济层面是完全失败的，但是它无意中推动了河北蔚县（属于张家口地区，曾是国家级贫困县）的剪纸手工业的发展，帮助当地剪纸手工业从 2000 年的年收入 3 000 万元左右发展到了 2012 年大约 3 亿元的产值，引发了一项成功的社会投资。2013 年 10 月，当赵向阳第 6 次访问蔚县的时候，当地著名的剪纸艺人周淑英女士亲口对他说：

"赵向阳，你为蔚县的剪纸手工业的发展做出了贡献。"

具体来说，1999—2000 年间，赵向阳带着自己的创业团队至少去过河北蔚县 5 次，认识了当地许多剪纸艺人，例如，周永明家族，包括长子周广、女儿周淑英等（被联合国授予"民间艺术大师"）。在交往中，赵向阳给他们带去了许多关于剪纸手工业发展的新思路，包括一些关于京剧脸谱和戏曲人物的精美图册，建议他们对老旧的剪纸题材和表现手法进行创新，甚至可以把剪纸做成书籍的形式，附上精美的中英文文字说明，让顾客在购买剪纸的同时，收获更多的文化和知识，提高剪纸的附加值。后来，剪纸艺人周广首先进行了尝试，取得了明显的经济效益。周广的成功立刻带动了当地许多剪纸艺人纷纷模仿，这是蔚县剪纸手工业现代化发展的关键一步（见图 14）。也可能是因为赵向阳所创办的剪纸艺术网站的大力推介，"民间艺术大师"周淑英更是名声大噪，后来成为全国人大代表。

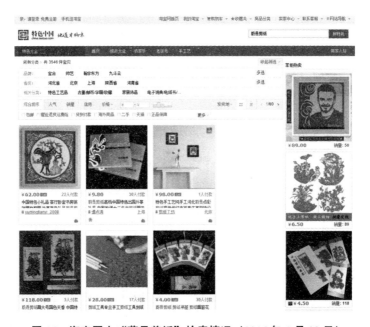

图 14　淘宝网上"蔚县剪纸"检索情况（2016 年 4 月 28 日）

夸父行动："让阳光洒满心房"

2002 年 8 月，因为创业团队内部的一些分歧，以及感觉考研专业课咨询并不能在社会层面创造更大的价值，而只是在转移价值，最多可以做成一个类似新东方这样的公司（这是赵向阳不屑于追求的），赵向阳卖掉了自己所持的公司股份之后留学德国，主要研究创业学，其导师弗雷泽是应用心理学国际联合会的主席，《管理学中的伟大思想：经典理论的开发历程》中入选的 24 位著名管理学者之一。2005 年 5 月，赵向阳以不到 3 年的时间取得博士学位，成为弗雷泽教授门下最快毕业的学生。因为其严谨的学术态度和批判性思维方式，其德国同事经常开玩笑地称呼他为"German Zhao"。博士毕业之后，受美国管理学会主席罗莎莉·通（Rosalie Tung）的邀请，他在加拿大西蒙菲莎大学商学院进行了半年的学术访问，2005 年底回国工作，先后在浙江大学管理学院和北京师范大学经济与工商管理学院工作。

因为各种原因，他在德国和加拿大过得"如鱼得水"，但是回国之后很难融入当下的学术环境，经历了非常严重的反向文化冲击（reversed cultural shock）。2014 年 10 月中旬，因为长期所遭受的挫折感，他竟然坠入重度抑郁的深渊，经历了人生最痛苦、最恐怖、最黑暗的半年。2015 年 4 月 20 日，他无意中找到抑郁症的"奇点"和"蠕虫洞"，一夜之间奇迹般康复。浴火重生之后，他发挥自己在心理学方面的专业知识，踏上了帮助更多人抗击抑郁症的新战场。

首先，2015 年 5—8 月，他在微信朋友圈发起了一项叫作"携手抗击抑郁症，爱心打赏赵向阳"的活动，采用小额捐赠的形式，从自己的朋友处募集了 4.5 万元资金，启动了一项叫作"让阳光洒满心房"的活动。他将自己的重度抑郁症体验写成报告，公布在知乎等网站上，接受各种各样的心理疾病患者的求助。他不仅自己直接提供力所能及的心理援助，也寻找专业的咨询师为患者提供帮助（例如，在微信群里开办公益讲座等），然后用募集来的资金补贴咨询师的讲座费用，以及为患者买书、买礼物，甚至带抑郁症患者外出徒步，补贴他们看电影、游泳的费用，鼓励他们走出去，融入社会等。截止到 2015 年底，大约有 2 000 名抑郁症患者先后加入 10 个"让阳光洒满心房"微信群，自助互助。在这个过程中，他逐渐对抑郁症的严重性和心理机制等有了比较深刻的认识，同时也对患者的需求有了更加明确的了解，尤其是发现患者经常为找不到靠谱的心理咨询师而感到苦恼。

其次，2015 年 7—8 月，他自筹资金大约 25 万元，投资拍摄和主演了国内第一部宣传抗击抑郁症的纪录片《一个人的战斗》（见图 15），与北京师范大学水暖工李福越（也是 2014 年北京国际越野挑战赛冠军）一起进行了环青海湖 360 公里超级越野跑，他们一人跑步、一人骑行，4 天 360 公里，每天至少两个马拉松，创造了在 3 200 米的高海拔地区的一项壮举，以此来唤起人们对抑郁症等精神类疾病的重视。该微电影全网播放量累计超过百万，为许多身处逆境的人带来安慰。

图 15 微电影《一个人的战斗》

在从事公益活动的过程中，他强烈地感觉到个人力量是有限的，必须建立一家公司，通过公司的力量推动中国心理咨询行业的发展，进而解决众多的心理疾病问题，增强中国人的幸福感。于是，2015 年 9 月下旬，他又发起成立了一家社会企业——北京夸父资产管理有限公司。该公司由赵向阳和 9 位成功创业者、国内知名的天使投资人（例如，李汉生等）等联合发起。虽然国内当时还没有关于社会企业的法律法规，在税法方面也没有优惠，但是，创始人们宣称，该公司不以营利为目的，而是以解决更大的社会问题和实现更大范围的社会利益为己任。与此同时，公司开通了微信公众号"夸父心理"（微信号：kfxinli），普及关于抑郁症方面的心理学知识。

正如公司名字暗含的象征意义一样，夸父心理的使命就像神话中的夸父（中国的普罗米修斯）一样，让阳光洒满人们的心房。创业之初，夸父心理宣称公司的使命是致力于打造中国最专业的心理咨询服务平台，试图实现两个精确匹配：第一个匹配就是将痛苦无助的抑郁症患者（和其他心理疾病患者）与国内分散的优秀的心理咨询师连接起来，并对患者进行多种形式的援助（患者与咨询师匹配）；第二个匹配就是改变目前抑郁症药物治疗中盲目试错的现状，希望通过基因科学、脑科学、药理学和大数据等，汇聚全球顶尖人才，实现药物和人之间的精确匹配（患者与药物的匹配）。但事实上，第二个匹配只是公司的愿景，说起来容易做起来难。

发起慈善公益活动"心理援助基金向阳计划"

更进一步，2015 年 8 月，赵向阳还在自己的朋友圈里募集了 26 万多元的公益资金，在某个 3A 级的非公募基金会下面，发起了慈善公益活动"心理援助基金向阳计划"（简称"向阳计划"）。他认为，凡是能用商业办法解决的就用商业办法来解决，而对于那些实在没有支付能力的弱势群体，例如，深受精神疾病折磨的低收入阶层、农村留守儿童等，应该采用纯粹的公益形式进行资助。对于有潜力、有助人意愿的新手咨询师，"向阳计划"还资助他们参加一些正规的培训，加快他们的成长，希望通过他们将来惠及更多需要帮助的人。在这个过程中，"向阳计划"就是扮演一个资源整合者的角色，起到连接器和放大器的作用。

以帮助农村留守儿童为例。心理学研究发现，成人的心理问题很大程度上与早期成长经历有关，所以心理健康必须从娃娃抓起，甚至必须从娃娃的父母抓起。而中国有农村留守儿童和少年 6 000 万左右，其中至少 15% 的青少年有严重的心理问题和自杀倾向。赵向阳深信，农村留守儿童的未来也和城市孩子的安全幸福紧密地纠缠在一起，帮助他们就是在帮助我们自己。

2015 年 7 月底，赵向阳在自己的家乡陕西旬邑县开展了一个探索性实验，试图将留守儿童的心理援助与当地的经济发展结合起来。他相信，解决留守儿童问题，不仅仅是一个心理援助或者教育援助的问题，更是一个经济发展的问题。如果当地经济发展了，外出打工的人数下降，农村留守儿童的特殊问题自然就不存在了。为什么选择自己的家乡进行实验？与很多陕西人具有家乡情结和老乡观念不同，赵向阳骨子里是具有"世界主义"情怀的，而选择旬邑县的主要原因是他在当地人脉广泛，可以调动的社会资源很多，其不少同学、朋友、亲戚都是当地的局长、镇长等，实验起来比较方便。

首先，用前期募集的公益基金中的 3 万元，赵向阳为当地 15

所初中各自精心挑选购买了 70 种图书，在这 15 所初中建立心理辅导室和"让阳光洒满心房"书柜，希望这批图书可以成为老师和学生进行交流的纽带和工具，同时通过精心挑选的图书潜移默化地影响青少年的人生观。

其次，从 15 所初中学校抽调了 3～4 位有爱心、负责任的老师，对这 50 位老师进行了两天时间的中学生心理健康教育方面的培训，播撒下心理健康教育的种子。另外，还与这 15 所初中的校长进行了座谈。又花了两天时间深入农村走访了 3 所初中和 7 个留守儿童的家庭，实地了解情况。

最后，赵向阳还带着相关的创业者和中国青少年基金会的有关专家一起考察了当地一条 45 公里长的山谷。这条山谷，南起旬邑县赵家洞石窟遗址，溯流而上，北到马栏革命纪念馆，环境优美，当时完全没有得到旅游开发。赵向阳设想将该山谷开辟成一个"又红又绿又专"的大型项目。红，指的是红色革命之旅；绿，指的是绿色农业和中草药种植；专，指的是建立"陕西省青少年心理健康实训基地"。尤其是，如果整合其他社会资源，包括企业、政府和公益基金会，重点扶持个别农村留守儿童家庭的父母回乡创业，为他们每个人投资 5 万～10 万元，让他们在所设想的产业集群和产业链上进行创业，就能起到示范带头作用，激活当地的各种资源，带动当地经济发展，从而部分解决农村留守儿童问题。

展望未来

站在晨曦中，从凤凰岭的山庄眺望刚刚苏醒的北京城，凛凛的寒风让他不禁打了个冷战，但他的内心却感到格外的温暖——战胜重度抑郁症以后，他对生活和世界产生了一种全新认识，让他特别懂得欣赏和珍惜眼前的日常美景。回顾这 16 年（1999—2015 年）曲折的创业人生与不断延伸的个人梦想，赵向阳觉得创业不仅是追求产品或公司的成功，更多的是在这个社会上影响更多的人、改变更多的事，让这个世界变得更加美好。想到这里，一缕灿烂的晨光打在他的脸上，也射进他的心底。

案例 B：如何突围心理咨询市场？

董事会上的惊雷

2016 年春节前的一天，夸父心理召开董事会，总结过去 4 个月以来公司运营的情况。

参加董事会的有 5 个人。其中，董事李汉生是国内著名的天使投资人，曾在惠普和北大方正担任首席执行官（CEO），有丰富的创业和投资经验，而夸父心理是他所投资的第一家社会企业，他为此感到骄傲。董事杨代龙的创业经历也很丰富，他曾在多个行业创业，包括百货商场和餐饮等，现在在做基于社群的 E－MBA 云商学院，做得风生水起。董事王凯长期专注于电信产品的质量检测，其创立的公司每年营收两三亿元，相当成功。特别值得一提的是，王凯是一名虔诚的佛教徒，性格温和又坚定，也是夸父心理股东中出资最多的，对公司期望很高。除此之外，就是公司创始人赵向阳博士，他既在北京师范大学经济与工商管理学院继续做着教学和研究工作，同时也花了大量的心血在夸父心理的创建和运营上，他觉得夸父心理是更能发挥自己影响力和做出贡献的地方。最后一位是董事会秘书、夸父心理的 CEO 李姣博士。李姣博士，女，本科和硕士都毕业于北京师范大学心理系，后来在加拿大毅伟商学院获得博士学位，研究领域是组织行为和人力资源管理，工作经验比较丰富，但是缺乏创业经验，是被赵向阳的理想、情怀和真诚所打动，2015 年 9 月加入夸父心理，从一开始就参与了公司的创建，主要负责公司的日常运营。

短暂寒暄过后，赵向阳做工作报告。在介绍完前期所做的一些基本工作和公司的财务状况以后，赵向阳开门见山地说："各位董事，我们需要暂时停下来，重新审视心理咨询这个行业，看看是否有机会突围。如果不行，我建议两三个月以后把公司解散，把资金归还给大家。这样做也是为了尽量保障各位的利益不遭受太大的损失。前四个月里，我们采用精益创业的方法论，积极开展了一些活动，包括开通微信公众号，开展针对抑郁症患者的'唤醒之旅'和针对心理咨询师关于抑郁症的培训课程。虽然在这两个具体的项目上，我们达到了盈亏平衡，但是，我们目前面临的最大的挑战是夸父心理的战略定位和市场进入问题，我们不知道能否在心理咨询行业有所突破，成为一家既有社会影响力，也有规模优势和盈利能力的公司。"

当赵向阳一口气说完深思熟虑了一个多月的话的时候，除了李姣以外，其他三位董事都深感意外。"为什么？""我觉得你们才刚刚开始呀，现在下结论太早了吧？"会议室里的气氛一下子变得有点紧张和躁动。

心理咨询行业分析

"大家先别急"，等到董事们七嘴八舌地说完话后，赵向阳接着说，"首先，我给大家看几个数据，也请各位帮助我们分析一下心理咨询行业有没有机会。我们今天的分析不涉及社会企业、公益和慈善等问题，只讨论纯粹的商业利益、战略、商业模式和产品等。"

"根据 2009 年中国学者发表在医学顶级期刊《柳叶刀》上的相关研究，中国人心理疾病的患病率在 17.5% 左右，其中焦虑和抑郁症在 5%～7% 区间。换句话说，在中国，仅仅抑郁症患者就有 6 000 万～9 000 万。而心理咨询这个行业发展了将近 15 年，获得国家认可的心理咨询师二级和三级证书的至少有 60 万人，甚至最新数据说是 93 万人。但是，真正可以提供靠谱的心理咨询服务的咨询师估计在 2 000～3 000 人，甚至有专家悲观地认为不超过 200 人。全国至少有正式注册的心理咨询工作室 500 家以上，但是，根据我个人的估计，仅靠心理咨询费年收入超过 360 万元的工作室不超过 5 家，年收入超过 120 万元的不超过 30 家，年收入超过 36 万元的工作室不超过 100 家，整个心理咨询行业的年市场规模在 2 亿元左右。"

"当然，与心理咨询相关的培训市场（包括身心灵培训和针对心理咨询师考证培训）比心理咨询行业要大很多，估计在 10 倍以上。心理咨询行业里的一个怪象是，整个行业不是靠挣来访者的钱，而是靠挣想成为心理咨询师的学员的钱。从外人的角度看，客户的痛点越来越强，看似心理健康服务市场钱景一片光明，但是，实际市场小得不能再小。'小池塘养不了大鱼'，从商业的角度来讲，这个事情是否值得去做，我觉得大家要慎重地考虑。作为公司的发起人，我当初充满激情地把大家忽悠起来做这个事情，但是，当我们折腾了四个多月之后，真正地了解到这个市场的实际状况以后，我想再给大家一次是否退出的选择。如果各位股东觉得，'OK，实际情况我们已经了解了，但是，我觉得不管什么原因，我还是愿意支持你做下去，即使赔光了，我们也心甘情愿'，那么两三个月以后我可能会重新出发。否则，我会考虑换种其他的形式，包括纯粹的公益或者个人形式。"

讲完这段话后，会议室里的气氛平静了许多，大家陷入沉思。董事杨代龙首先开口说："我们投资夸父心理主要是因为赵老师你的人品，觉得你是一个很靠谱的人，又有心理学的专业背景，而且又想做一些公益的事情。你能否具体地谈谈公司面临的问题和战略考虑呢？"

"OK，下面我提供一些更具体的事实和思考，请大家一起来讨论。"

"第一，回到我们的创业初心——帮助抑郁症患者。因为许多患者不知道去哪里寻找靠谱的心理咨询师，所以我们最初设想的商业模式就是实现'患者和咨询师之间的精确匹配'。但是，当我们一头闯入这个行业以后，发现 X 心理、Y 心理、Z 心理等公司已经在一年多前开始做这件事情了，这的确是一种可能成功的商业模式。但是，这个行业的特点决定了很难有多个平台共存，因为从供给侧看，成熟而且能 hold 住客户的心理咨询师在中国目前也就2 000 人左右。不同于商品市场，有了淘宝，还需要天猫、京东、当当和聚美优品，因为商品市场品类很多，而且是标准化的产品，成熟的心理咨询师总是稀缺资源，一个大的心理咨询师平台就够了。此外，心理咨询是一个低频交易市场，一位心理咨询师每周可以接待 20～30 个来访者。一旦有来访者通过平台找到合适的心理咨询师，他们就很容易脱离平台完成后续的交易服务，平台对此一点控制力都没有，所以，平台通过撮合交易获得的佣金少得可怜。

我估计，每个客户给平台带来的价值在 600～1 000 元区间，这个行业里做得最好的 X 心理 2015 年通过撮合交易获得的销售收入估计在 300 万元。"

"第二，心理咨询师的工作特点决定了这个行业不可能出现大公司。心理咨询师非常类似中医和艺术家，或者手工业匠人，完全依赖个人技能、经验、智慧、人品，以及与来访者之间的匹配关系。心理咨询工作无法进行分解，很难标准化，所以，缺乏建立一家大公司或者大医院的基础，无法像软件公司或者汽车公司一样按照机械方式进行分解组合，因此心理咨询市场一直是一个自由职业者的市场，一盘散沙，无法整合。心理咨询作为一种被广泛接受的职业在美国发展了至少半个多世纪，但是，很少有超过 10 个人的心理咨询工作室。而在中国，因为优秀的心理咨询师非常稀缺，未来可能会出现类似'W 心理工作室''D 心理医院'这样的连锁加盟门店，但是，其营业收入仍然非常有限，仅仅依靠心理咨询业务公司的营收很难超过千万量级。"

"第三，心理咨询师的培养异常缓慢，管理起来又非常困难。心理咨询师的培养在美国是由心理系和医学院来提供系统培训，经过六七年系统的硕士、博士学术训练，毕业两三年内还要积累足够长的咨询时间以后才可以正式开业。但是在中国，99％的心理咨询师是由商业化培训机构培训出来的，各种不同资质的人经过五六个月的快速培训以后就可以获得心理咨询师的资格证书，因此心理咨询师行业进入门槛太低，鱼龙混杂。在中国，心理咨询师活得很苦。绝大多数心理咨询师在读完本科或者硕士、考完三级证或者二级证以后，还需要 5～7 年，自己花费 15 万～20 万元去参加各种工作坊，找督导，做自己付费的见习，做个人成长（通俗地讲就是自己给自己找名心理分析师，先分析清楚自己），然后才可能开始接个案，能有一定的收入。如果说美国心理咨询师活得很苦，是因为为了获得相应的职业资格证书需要很严格的训练，那么中国心理咨询师活得就更苦了，主要因为各方面的条件都不具备。"

"更为严重的是，对于大多数心理咨询工作室来说，来访者门可罗雀，个案数量严重不足，所以，刚出道的心理咨询师因为缺乏咨询机会，90％的潜在咨询师在这个阶段就被淘汰了，自生自灭。没有一家公司愿意雇用刚出道的心理咨询师，愿意陪着他们成长。比较幸运的有活儿干的咨询师又感到'被剥削'，因为每小时的咨询费300～800元，公司与咨询师6：4甚至7：3分，咨询师的收入少得可怜，都不如去做家教。许多人是带着'成为一名咨询师，自己获得成长，同时帮助别人'的幻觉进入这个行业的。而这个行业的残酷和艰辛会令他们再次陷入严重的挫折感、抑郁和焦虑之中。换位思考，从心理咨询机构的立场看，成熟的咨询师一旦有足够的客户以后，他们随时会单飞，带着自己的知识经验、技能、口碑和客户资源离开培养他们成长的公司，自己独立开家工作室，这可比华为管理自己的知识工作者要困难多了，因为后者靠单打独斗是开发不出来4G或者手机的。"

讲到这里，董事李汉生插话："中国的情况我们大概了解了，那么在欧美发达国家，心理咨询行业是如何运营的？我们能否借鉴它们成熟的商业模式呢？"作为一个投资了多家互联网企业，经常在全世界跑，非常熟悉C2C（copy to China）诀窍的人，他想知道"他山之石，是否可以攻玉"。

CEO李姣博士插话说："很好的问题！老赵你先休息一下，我来回答这个问题。以我最熟悉的美国为例，美国是心理咨询行业最发达的国家。美国有 3.2 亿人口，其中有 30 万经过严格训练的精神科医生、心理咨询师和心理社工。即使在美国，高质量的心理咨询也是一种比较奢侈的服务，只有有钱人消费得起，他们随时可以找到好的心理咨询师。而对于工薪阶层，心理咨询服务基本上都是由保险公司来买单的，例如，在一定的次数下（10 次左右），个人负担 20%～30%，但是需要排长队等候，轮到自己的时候，说不定像感冒一样也好了。至于那些因为心理疾病已经完全失去工作能力的人，政府和大学培养了数量众多的临床心理社工（clinical social workers），由心理社工来免费或者低费提供服务，由政府和社区来买单。但是在中国，这一切都不具备条件。中国的心理咨询行业或者心理健康服务想要发展，政府必须承担起自己的责任来，必须有医保和商业保险公司的介入，必须培养大量的临床心理社工，而且让临床心理社工有相对稳定和体面的工作保障和收入，才能大面积地解决中国目前面临的社会心理问题。仅仅依靠商业的手段根本无法解决这一问题。"

说到这里，大家再次陷入沉思。对于这些创业老手来说，他们第一次面临这样一个怪异的市场：客户痛点很强，而且越来越强，但是，就是无法实现盈利。这和许多行业非常不同，心理咨询服务市场需求旺盛，但是，有强烈需求的人大多没有支付能力，因为长期的心理疾病导致他们基本上丧失了工作能力，经济收入很少，属于弱势群体，本质上需要政府提供保障。所以，基本的心理咨询应该属于公共产品，应该纳入医疗体制内。大家这才意识到问题的症结所在。

可能的商业模式

这时，董事王凯打破了会议室的短暂沉默。大家都知道，王凯一旦开口讲话，一定是经过深思熟虑的。"我觉得创业公司最重要的是聚焦，不要想得太多、太复杂，需要专注于一件事，例如，心理咨询师的培训，如果经过五年甚至十年的努力，夸父心理能培训出 1 000 名优秀的心理咨询师，我觉得这也达到了我作为投资人的目的，我会很骄傲地和别人说：'你看，我们投资了一个很牛的人，而且做了一件很牛的事情。'"

赵向阳感激地看了一眼王凯。作为一名佛教徒，他很能理解王凯投资夸父心理的初心。在所有的股东中，王凯是第一个承诺进行投资的，而且投资额度最大，经常主动地提供建议和支持。"谢谢王凯兄的信任，事实上，我们也是这样想的。既然无法做一个心理咨询的服务平台，那么退而求其次，我们试图聚焦在抑郁症这个细分市场，我们的微信公众号明确地宣称，'我们专注抑郁症，让阳光洒满心房'，因为至少有我的个人故事作为一个亮点，抑郁症也是所有的心理疾病中份额最大的，至少 60％，也可能是最容易康复的，被似是而非地称为'心灵感冒'。如果我们的'抑郁＋'战略可以成功，夸父心理至少有了一个明确的品牌形象和聚焦的细分市场。但是，'抑郁症'三个字说起来很简单，而导致抑郁症的原因非常复杂，几乎囊括了所有的心理、社会、生理问题，可能与亲子关系、性、工作压力、考试焦虑、失业、股市、身体疾病等都有关系，而且抑郁症是许多精神疾病的并发症，是结果而非原因。如果沿着这个战略发展，那么我们必须做实做深，做成一个与抑郁症有关的专家联盟平台，势必要成立自己的心理咨询工作室，势必要培养几个咨询师，但是，前面我已经分析了，这种商业模式无法规模化，新出道的咨询师无法用，而成熟的心理咨询师随时可以走人，在很长时间内公司会停留在一个小作坊模式，变成鸡肋，投入和产出不成比例，也不符合我的初心。"

讲到这里，董事杨代龙插话："还有没有其他选择和可能性？我们能否把眼界放开阔一些，不要只是专注于一对一的心理咨询？我们现在都明白心理咨询行业是一个知识经验密集型、高度依赖专家人才的服务行业，很难标准化。那么，能否做成一个专注于抑郁症的自媒体？或者进入心理健康教育和培训市场？"

赵向阳回答道："谢谢代龙兄的建议。事实上，我和代龙兄曾经电话讨论过这个想法，代龙也曾经如此向我建议。从产业生态的角度来分析，心理健康服务是一个金字塔格局。多数人需要心理健康方面的资讯（媒体的领域），一部分人需要参加在线培训或者线下培训（心理健康教育领域），极少数人需要一对一的心理咨询。所以，自媒体和心理健康教育是最有可能具有规模效应的市场。但是，经过深入思考和与朋友讨论之后，我觉得夸父心理很难走这条道路。如果是做一个与抑郁症有关的自媒体，我们发现只要是与严肃的抑郁症有关的文章，转发率都很低，没有病毒传播效应，无法做成一个现象级产品，公众号关注度的增长会非常缓慢，每天就是几十个或者上百个人。我的研究生同学、国内著名的心理专家武志红告诉我：'在中国，人人需要心理学，而心理咨询却不是。如果你写书、做公众号只关注抑郁症或者心理疾病，因为讳疾忌医，没有人会愿意分享到朋友圈的。'我们的经验也证明了这一点。因为中国文化强烈地鄙视有心理疾病的人，所以，抑郁症患者非常害怕别人知道自己患病，患者有强烈的病耻感。"

"那么，能否做一个关注更多中国人的心理健康问题的、更加轻松一些的自媒体呢？"董事李汉生问。

"也很难。"CEO李姣回答道，"一则我们的创业团队都不是做媒体出身的，缺乏相应的资源和基因；二则类似 S 心理这样的公司已经做了半年多了。S 心理是国内著名的《心理月刊》停刊之后的创始主编班底重新出发做的自媒体，它们的粉丝数量增长得也比较缓慢，截止到 2015 年底也就是 4 万多。相对于武志红等名人动辄几百万粉丝的微博和公众号，或者一些身心灵和仁波切的公众号，这基本上也不算啥。"

董事杨代龙问："社群模式现在很火爆，例如碳 9 学社以及我们的 E - MBA 云商学院。有没有可能通过社群模式打通新出道的咨询师和潜在来访者之间的通道，把两者链接起来，同时帮助两者成长？因为这也回归到了我们的初心——帮助更多的心理疾病患者，帮助心理咨询师顺利成长，不要那么苦地活着。"

"我们的确曾经设想过该模式，而且做了十几人的小范围访谈。但是，很难操作。"赵向阳苦恼地回答，"我们希望首先建立一个心理咨询师的社群，给他们提供线上的长程的团体督导，同时帮助他们建立自己的患者社群，进而销售高质量的心理健康教育方面的课程，我们觉得这也是患者最需要的。但是，本质上来说督导是一对一的，一对十就撑死了，线上长程督导的效果令人怀疑，我们咨询过的心理专家几乎没有一个人支持这种模式。此外，心理咨询师和来访者这两个人群因为心理咨询的设置天然地隔绝，心理咨询师和来访者只能在特定时间下的咨询室里接触，出了门，就没有任何其他社会交往，所以，无法建立一个社群。"

CEO 李姣插话说："我同意老赵的部分观点，但是，我觉得我们可以进入心理健康教育方面的培训。这个市场比心理咨询市场更大，包括针对心理咨询师的培训市场和针对一般人群的心理健康教育方面的市场。"作为 CEO，她迫切想找到商业模式，所以，多方面地做过一些小范围的尝试，比如，建立了亲子关系微信群、学习焦虑和压力微信群，甚至跨界到与一些咖啡馆搞合作，但是，都被赵向阳否决了，一直有点不甘心。

赵向阳回答："已经有许多小公司在这个领域经营多年，其核心竞争力在于掌握优质的讲师资源和积累大量的社群和注册用户。北京的 A 心理、上海的 B 心理，创业 5 年以上，目前有号称超过几百万甚至上千万的注册用户，并且笼络了一批优秀的讲师，正在发力在线课程，据说也获得了上千万美元的投资。A 心理和 B 心理的模式可能是比较好的、可以规模化经营的模式。但是，烧钱和它们拼类似的商业模式，胜算不大。而且我觉得作为一家创业公司，我们必须聚焦、聚焦、再聚焦，只有这样，我们才能活下来，甚至胜出。"

不是尾声的尾声

经过 3 个多小时的热烈讨论，参加会议的人设想了各种各样的商业模式，但是，每一个方案都有一些比较严重的缺陷，目前看来都没有一项非常有效的策略。不过，所有的董事都坚定地表示，公司是否暂停运营最后的决定权在于管理层。他们对以赵向阳为代表的管理层的诚实守信和敬业精神非常认可。其中一位董事说："别气馁，在这么短的时间内，你们搞清楚了心理咨询行业面临的问题，已经很不错了，很有悟性。请继续摸索。"

会议结束的时候，赵向阳表达了自己的基本立场："经过 4 个月的折腾，我们终于明白，不是我们缺乏创造力，更不是我们不努力，也不是我们消极悲观，而是心理咨询行业的诸多限制和畸形发展，包括它的工作性质、心理咨询师的培养体系、成熟咨询师的数量、客户的消费行为和支付能力、国家文化特点等，使得这个行业不具备建立大公司的任何可能性。此外，移动互联网的到来能否给这个行业带来天翻地覆的改变，我们还在密切观察。总之，目前我们暂时设想不出更好的商业模式。"

"不管公司未来是否继续，我个人会继续帮助那些罹患心理疾病的人，这是我义不容辞的责任。但是，我觉得不一定非得以一种商业公司的形式，也可能以公益的形式、以个人的形式。另外，经过这一段的亲身实践，我觉得'社会企业'很大程度上是一个悖论，很难做。尤其是在北上广深这样的大城市，房租和人工成本很高，作为一家社会企业，生存尤其困难。作为一家社会企业，首先必须要考虑生存问题，要有好的产品和商业模式，要考虑成本和收益，不能躲在'社会企业'的借口下拿着股东或者捐赠人的钱乱花。最后，即使因为各种原因，我们选择不做了，我个人不认为这是创业失败，我觉得及时止损和进行转型是明智的选择。"

一心生起，一心寂灭，如何为中国 6 000 万～9 000 万抑郁症患者提供更好的服务呢？董事会结束了，而大家的思考还在继续。

11

案例指南：从剪纸艺术网站到夸父心理
——持续不断的创业人生

案例 A：赵向阳的创业人生

教学目的与用途：适用的课程、对象，教学目标

案例 A 适用于"创业管理"初级或入门课程。

教学目标：培养学生对创业的兴趣，帮助他们认识创业者，认识创业的意义，规划自己的职业。

教学重点和难点：连续型创业的知识走廊原则，创业者的个人身份如何影响创业决策和行动等，机会共创的理论观点等。

启发思考题

（1）创业的意义是什么？如何衡量创业成功？

（2）什么是创始人？他创业的动机是什么？他追求什么样的成就？创始人的激励机制是什么？

（3）在赵向阳的数次创业中，他的个人身份（personal identity）是什么？他的个人身份如何影响他的每一个创业项目和相关的创业决策？

（4）在赵向阳的数次创业中，他如何识别各种创业机会？如何组织各种资源从而扩大这种机会？他的个人人力资本在项目前与项目后是如何变化的？

（5）在赵向阳的数次创业中，他的创业逻辑是什么？相隔 16 年，两次创业之间的内在联系是什么？

（6）根据从赵向阳的数次创业中得到的启发，你觉得如何规划你的人生？你未来 5 年、10 年、20 年的人生梦想是什么？如何让你的人生更有意义？

分析思路

案例 A 属于描述型案例，从案例难度（包括分析、理论和陈述）上来说比较容易，特别适合"创业学"课程的入门阶段。但是，不同于那些主要受生存驱动、利益驱动或者商机驱动的商业案例，赵向阳的创业过程更多是受自己的价值观、创业激情、为他人解决痛苦和烦恼等因素驱动，明显表现出亲社会的创业特点，所以，教学重点在于如何引导学生结合相关的理论来解读赵向阳的创业人生。赵向阳的创业领域从单纯的商业创业，逐渐扩展到社会创业甚至公益事业，这个案例会帮助学生更深刻地理解创业的广阔意义。尤其是，赵向阳本人也是一名从事"创业管理"教学和研究的高校教师，使用该案例会给学生树立一个不同的角色榜样。案例 A 所涉及的讨论问题，更多聚焦在对创业意义、创业者本身动机和个人身份、机会共创等的讨论。

理论依据与分析

1. 创业的意义

创业可以从多个角度和多个维度进行理解，我很喜欢林多瓦（Rindova）、巴里（Barry）和凯琴（Ketchen）（2009）在 *AMR* 上的提议，"创业就是一种对自由的追求、一种解放。它是对原有形式的一场革命，是对固有模式的一种反叛，是对旧元素的重新打造。不断创业的人生，就像乐谱上的返始（coda）标识一样，我们重新回到开头再次演唱，但每次歌唱都会与前次有很大不同。虽然乐谱是一样的，但我们歌唱的心情在变化、各个声部的聆听与回应在变化、听众的感觉在变化。下一场的歌唱中，我们又演绎出不同的情怀与创造。与创业一样，歌唱最美丽的地方就在于那些尚未发出但又在我们喉咙中生成着的音符，它们是不固定的、未成形的但又充满创造力的"。

中国传统的"象思维"也可以更好地揭示创业的意义。现象学教授张祥龙在《概念化思维与象思维》一文中解释道："它是一种在'做'中成就'做者'、'被做者'和'新做'的思想方式，或者说是在相互粘黏与缠绕中成就意义与自身的思维方式……它是一个'能象'（xiang-enabling）和象征的结合，在最需要的时候起到意义形成的催化剂作用。也就是说，它总是从隐蔽着的、不突显之处涌现出来，使某一个、某一族意义和存在者被生成。所以它'总能使之象'，而不预设那被象（或被象征）的东西……每次触到象……就像触发了一个泉源，它让你进入一个幻象迭出的世界，让你越爱越深、越恨越烈。"

我们也可以用百老汇经典音乐剧《梦幻骑士堂吉诃德》插曲

《追梦无悔》描绘出创业的意义。

To dream the impossible dream　去编织，那不可能的梦想

To fight the unbeatable foe　去打倒，那打不倒的敌人

To bear with unbearable sorrow　去承受，那无法承受的痛苦

To run where the brave dare not go　去奔向，那勇者们不敢去的地方

To right the unrightable wrong　去纠正，那不能被纠正的错误

To love pure and chaste from afar　去爱，那遥远的无暇与纯真

To try when your arms are too weary　去尝试，即使你的双臂已经太过疲惫

To reach the unreachable star　去摘取，那摘取不到的星星

2. 创业的成功与失败

当今商学院的研究和教育中渗透着浓厚的市场导向、结果导向和功利主义（请参考《造福世界的管理教育：商学院变革的愿景》，北京大学出版社，2014 年），北京大学中文系钱理群教授也批评中国商学院不断在培养"精致的利己主义者"。通过本案例，我试图帮助学生更深刻地理解创业的意义，正确地看待创业中的成功和失败。我认为，失败的创业≠失败的个人；公司的创立和死亡，只是创业者在追求梦想的过程中的工具和手段而已。特定公司的失败或许会激发更多的创业行为，为后来者提供学习榜样，减少试错成本，或者引发意想不到的更大范围的创业活动，所以，我们对创业效果的评价也必须是多层次、多维度的。创业学者佩尔·戴维松（Per Davidsson）把创业分成四类：既无商业价值也无社会价值的创业，激发了社会价值但是商业上失败的创业，有商业价值但是损坏了社会价值的创业，既有商业价值又有社会价值的创业。所以，对赵向阳的创业成功和失败的评价可以引导学生从这样的理论视角去看。例如，剪纸艺术网站的失败为他的第二个创业项目"名校之梦"铺平了道路，同时，也引爆了河北蔚县的剪纸手工业的现代化

发展，甚至让他遇到了自己的终身伴侣，那么赵向阳的剪纸艺术网站的创业到底是成功还是失败呢？

3. 创始人、创业动机和内在的激励机制

早期关于创业者特质的理论研究表明，创业者的家庭背景、个人成长经历、个性特点等会影响到是否可以成为一名创业者或者创业能否成功。而近期的研究表明，个人身份也会影响创业的各种决策与意义。福沙尔（Fauchart）和格鲁伯（Gruber）（2011）认为，根据身份角色理论，可以把创业者分成三类：达尔文主义者、社区主义者和使命至上主义者。个人身份或者角色认同的研究源于心理学中关于自我的理论（self theory），在后续的发展中，尤其是在创业情境下，它的维度内涵和类型被进一步细分，包括三个维度：一是作为创业者的基本社会动机；二是创始人角色的自我评价；三是作为创始人的自我参照系。相关研究表明，创业者的角色认同影响着重要的创业决策，例如，选择什么样的细分市场、客户需求的满足和资源调用等。赵向阳的连续创业案例表明，他是一个偏向于社区主义和使命至上的人，所以他才选择社会创业，这种个人身份（或角色认同）比较稳定地影响着他在关键决策上展现出的模式。

总之，创业者的许多行动和决策，虽然可能受制于机会、环境和资源等，但是，也与他们认为"自己是谁"以及"想成为一个什么样的人"的个人身份定位有关，就如同《堂吉诃德》中面对风车挑战的骑士一样，他们的行动甚至完全不顾及现实的制约，而更多地受自己的个人身份驱动。正如伯克（Burke）和雷特兹（Reitzes）（1981）所说，"身份角色就像一个罗盘一样，指引我们的社会航行在关于社会意义的大海之中"。

借用卡尔·韦克（Karl Weick）的意义生成（sensemaking）理论，创业者的个人身份和对未来的设想引导着他们的行动，赋予他们行动的意义，并且影响后续的社会建构（创业活动和企业本身）。我们甚至可以说这都不是一个意义生成的过程，而是一个自上而下的意义赋予（sensegiving）的过程。从某种程度上来说，创业甚至就是"讲一个好故事"的过程，创业者讲故事的能力是一种关键的创业能力，讲故事的过程就是一个意义生成或者意义赋予的过程，直接影响着利益相关者对于创业活动的参与和吸引力。

关于创业动机，一个很有说服力的故事是：亚马逊的创始人贝佐斯在 30 岁时开始创业，他在一次演讲中回顾这个很可能失败的创业时说，"我决定放手一搏，因为万一试了、失败了，我并不会后悔；但如果不去试试看，我可能永远都会耿耿于怀。于是，我最终选择了一条比较不安全的路，去追随我的热情。今天，对这个选择我感到非常自豪"。决定"创业者是谁"的，很可能不是创业者的天赋，而是创业者的个人选择。贝佐斯说，人生最有意义的部分就是他做过的那些关键选择。类似的，赵向阳放弃中学物理教师的安稳工作，在 1994 年年底下海去外企，也是因为希望过一种"不用一眼就可以看到头的生活"。他后来的创业初心更多的不是因为现实的商业利益，而是扎根在自己的个人生活史和帮助潜在客户消除他们的痛苦和烦恼（考研专业课信息咨询）。至于后来从事慈善公益（帮助抑郁症患者、关注农村留守儿童等）甚至完全是个人的情感经历和自由意志选择。这些分析，可以帮助学生更深入地了解创业者的动机和激励机制。

4. 连续型创业的知识走廊原则和效果推理理论

赵向阳的连续创业（serial entrepreneurship）案例表明创始人

可能在不同时间阶段内创办多家企业，延长他们的创业生涯。朗斯塔特（Ronstadt，1988）提出知识走廊原则（knowledge corridor principle）来解释连续型创业现象。知识走廊原则表明，在创业者开始创业的时候，他并不完全清楚他最终要到哪里去，但在创业过程中，新的机会与想法会不断涌现出来，让创业者进入一个黑暗的走廊，只有坚持走下去才能看到光明。从这个角度看，创业不仅是冒险，也是一种不断历练，不断循环、迭代的旅程。知识走廊原则说明创业不是线性的单程，而是一个丰富多彩的生涯，我们要大胆地拥抱创业中的这种偶发性。

类似的，赵向阳的创业历程也很好地体现了萨阿斯瓦斯所提出的效果推理理论（effectuation theory）。在赵向阳的创业生涯中，很多机会的识别与开发都是从个人的经历出发，根据自己的专业知识背景和从业经验进行开发和筛选，并且不断演化。根据效果推理理论，创业就是基于你是谁、你认识谁、你知道什么，然后创造性地想你能做什么。在这个过程中，创业者不需要进行过多的竞争分析，而应该尽量广泛地建立合作关系；不要以利润最大化为目的，而要以可承受的损失为原则，充满灵活性地拥抱创业过程中各种偶然性，不断演化。

需要注意的是，目前没有一种理论可以同时把个人身份理论和效果推理理论整合起来。虽然两者看似有相同的出发点，例如都强调你是谁，但是这两种理论中，个人身份理论强调个人身份对创业决策稳定的牵引作用，而效果推理理论更注重对外界偶发机会的创造利用。如果能意识到这两种理论之间的差异，把这两种理论看成一对悖论，在悖论整合的框架下讨论创业者如何在个人身份和外部环境之间反复迭代循环，既整合了资源和机会，又不断地扩大自己的身份识别，可能是最好的理论解释［史密斯（Smith）和刘易斯（Lewis），2011］。

5. 行动识别理论与创业

赵向阳的创业活动范围，从单纯的商业创业逐步扩展到社会创业甚至公益事业，创业领域不断扩展，其对创业意义的理解也在不断提升。行动识别理论（action identification theory）从认知的角度对此提供了部分解释［瓦莱契（Vallacher）和韦格纳（Wegner），1987］。该理论认为，任何行动都可以以不同方式识别，这体现了对行动信息处理的不同抽象水平。当处于信息识别的较低水平时，人们只能较少地思考行动的意义与价值，而主要采取的是具体的、与"怎么做"相关的行动。例如，人们在平常的晚餐聚会时，想得更多的是在哪家餐馆订餐、选什么样的菜单、价格如何。而当处于行动识别的较高水平时，人们则考虑多个动机及更大范围的行动结果和意义。例如在慈善筹款晚宴上，人们想到的是如何通过合适的菜单和拍卖品激发与会者的同情心，为某项社会目标募集更多的善款。

人们的想和做之间存在紧密的联系。根据行动识别理论，人们倾向于采用高水平的行动识别，即做他们想做的事情。当梦想容易实现时，人们做得更多；相反，如果识别的行为难以实现，人们就倾向于在较低水平重新识别行为，并且少做一些。高、低水平的行动识别倾向之间可以相互迁移，从而实现对行动控制的调节作用。当有多种行动识别的可能性时，人们往往倾向于采用因果效应、社会意义、自我评价和其他居于最高水平的识别层次来认识自己的行动。

从行动识别理论的角度看，像赵向阳这样有着丰富的社会经历和理论素养、曾经大起大落的人，具有更高的行动识别水平，也更倾向于成为社会创业者。高行动识别水平者具有亲社会的特点，对需要帮助的人会表达出更多帮助的意愿和实际的行为，愿意与他人建立共享目标，采纳他人的立场，产生移情体验。他们在行动时能考虑多个因素及更大范围的结果和意义，倾向于根据因果效应、社会意义及内隐的自我描述来考虑自己的行动，能明确地识别并试图控制那些影响后果的行动。在寻求创业机会、进行企业推广时，社会创业者通过与他人比较、了解他人看法、自我回顾等方式收集信息，从而更好地了解自己和创业机会。

6. 社会企业的机会共创

赵向阳连续创业案例中关于筹建"心理援助基金向阳计划"的事实说明，创始人、捐助人、地方政府与各个部门、合作的非营利组织等利益相关者可以相互合作，共同界定并解决社会问题，从而创造出新的机会，我们称其为机会共创。共创（co-creation）最早是由全球著名创新学者普拉哈拉德和拉马斯瓦米提出来的，是指企业与消费者共同创造价值。在此基础上，我们将共创延伸至社会创业——在共同的社会使命感召下，利益相关者各方参与、互动、对话，共同解决社会问题。

机会共创需要利益相关者群策群力，积极投身于共同选择、共同参与、共同建设的过程。不同的利益相关者在共同的解决社会问题的出发点上，相互匹配与选择，例如，一些小额贷款机构可以专门服务偏远地方的穷人，另外一些小额贷款机构则选择帮助女性创业者从事创业活动。在一个卓有成效的创业过程中，由于预见到共同创造所带来的机会，利益相关者可以利益共享、风险共担。他们之间有着不同的利益冲突，但通过协商、调节，最终形成新的解决方案。在这个不断迭代的过程中，利益相关者之间形成不同层面的互动圈子，于是新的市场、机会就产生了。而且各种新的知识与技术得以在利益相关者之间转移、扩散、学习。

机会共创的基石在于为每一位利益相关者创造一个新的价值。阿尔瓦雷斯（Alvarez）和巴尼（Barney）（2014）提出，一旦机会与市场被共同创造出来，企业家就会不遗余力地去抓住它们。战略管理大师波特提出了"共享价值"的观点，认为企业将社会责任与公司战略相结合，可以创造长期的竞争优势［波特和克莱默（Kramer），2011；2006］。如果在社会创业中，每位利益相关者不是像传统的交易成本理论所预示的那样可能不恰当地利用其他利益相关者，而是在权衡与其他利益相关者的利益关系时遵循机会共创的逻辑，那么每一名利益相关者就能像创业家那样，抓住共同机会带来的价值与利益。随着时间的推移，利益相关者在机会共创过程中实现更多的协调，就可以为社会企业创造更好的生态环境，为经济与社会的可持续发展奠定坚实的基础。

此外，从社会创业实务的角度来看，我们提供以下经验供老师和学生参考：

（1）社会投资要有整体设计思维，将商业企业、社会企业和公益基金会三者结合起来，针锋相对，三管齐下，发挥协同效应。让各种资源在三者之间进行无缝流动和衔接，但是，又要在财务上恪守相关规定。

（2）社会投资必须和公益事业相结合。以公益事业作为先导，先切入进去，结识当地的关键人士，获得他们的支持和理解，再进行经济投资，带动当地的经济发展。

（3）社会投资必须同时理顺多名利益相关者之间的关系，要多赢才行。例如，赵向阳在自己的家乡陕西旬邑进行的实验中，必须要让政府官员看到政绩，让商业企业感到有利可图，让农民看到致富的希望，让慈善基金的捐赠者看到社会效果，这样才有可能获得成功。

（4）社会创业将新的经营理念和新的产品设计带入落后的产业或者贫困地区，可以巧妙地引爆和撬动产业链，达到事半功倍的效果。作为社会投资者，必须进行精准的最小化投资建立示范效应，来引爆当地的产业链，精准地撬动当地产业链中最薄弱和最能升值的环节，起到示范作用以后再引导更多的社会资金进行后期开发。

（5）社会投资的时机问题。必须在当地产业发展的规划阶段尽早进入，否则成本会很高，也很难发挥"四两拨千斤"的作用。但是，也不能进入过早，最好在机会爆发之前、临门一脚的时候介入。

（6）采用低成本试错的方法和精益创业的思维进行商业模式探索和新产品开发。2015 年 5—8 月赵向阳进行的公益活动（不管是针对抑郁症患者的救助，还是针对农村留守儿童的旬邑实验），回头来看，就是一个打造最小可行性产品（minimum viable product，MVP）、探索客户需求和商业模式的过程。

（7）社会投资和社会创业必须精心设计商业模式，而且其商业模式必须是可重复的、可升级的、可以大规模复制到其他地区的。

关键要点

老师需要对相关的创业理论有很强的把握，才能对案例 A 背后的意义进行深度诠释。如果对案例 A 的讨论仅仅局限在常规的内容框架下，例如，创业者的个性和价值观、商业机会的识别和开发等，那么就很容易使得案例讨论流于平淡或者只是心灵鸡汤，缺乏启发性。如何解构出这个案例背后的深层次意义，是案例 A 教学的难点。建议老师深入了解个人身份、意义生成、行动识别、效果逻辑、机会共创等相关理论。

建议的课堂计划

1. 课前作业

请学生课前阅读案例，并思考如下问题：在赵向阳的数次创业中，他如何识别各种创业机会？他如何组织各种资源扩大这种机会？他的个人人力资本在项目前与项目后是如何变化的？

2. 课堂设计

案例 A 可以用于 90 分钟的教学，以下教案仅供老师参考。

第 1～15 分钟，老师简单介绍创业的意义、教科书的内容，可以放一段《一个人的战斗》的录像（在腾讯视频上搜索"夸父心理《一个人的战斗》"）。

第 15～30 分钟，将学生分成三个小组："花儿"剪纸艺术网站、考研专业课信息咨询、夸父心理（携手抗击抑郁症）和"心理援助基金向阳计划"（新手咨询师、留守儿童心理援助），分别讨论创业机会是什么，创始人在其中的身份角色是什么，创始人在这三段人生经历中讲了什么样的创业故事，三个创业项目的商业模式分别是什么，这些故事对社会有什么意义、贡献，它们背后的创业逻辑是什么。要求每组通过思维导图的方式准备报告。

第 30～45 分钟，三组学生团队分别报告案例的"思维导图"，老师引导学生继续深入回答上面这些问题。

第 45～70 分钟，老师继续带领全班学生比较这三段不同的创业经历，深入讨论前面所提出的 6 个思考题中的前 5 个（请将最后一个题目作为课后作业布置给学生）。

第 70～90 分钟，讲述创业的理论问题，例如机会识别、创始人的作用、效果推理理论、行动识别理论、机会共创等。最后，总结、布置作业。

课堂结尾，可以引用亚马逊创始人杰夫·贝佐斯在其母校普林斯顿大学的毕业典礼上发表演讲时问学生的一个问题："有朝一日，你将以什么而自豪？你的才智还是你的选择？"

3. 课后作业

（个人作业）如果你今天创办一个剪纸的网站，你的商业模式会是什么？

（团队作业）根据从赵向阳的数次创业案例中得到的启发，你觉得如何规划你的人生？你未来 5 年、10 年、20 年的人生梦想是什么？如何让你的人生更有意义？

案例 B：如何突围心理咨询市场？

教学目的与用途：适用的课程、对象，教学目标

案例 B 比案例 A 的分析难度显著提高（主要体现在分析和解决问题的难度上），主要适用于 MBA "创业管理" 课程。老师可以单独使用案例 B，而把案例 A 作为一个辅助的案例提前发给学生阅读分析。

教学目标：帮助学生了解社会创业；掌握市场分析、消费者痛

点的分析方法；理解商业模式的迭代、调试方法；了解小组商务沟通、讨论的模式。

启发思考题

（1）什么是社会创业？其与商业创业有什么不同？社会创业的一般逻辑是什么？

（2）在网络上收集相关的资料，谈谈社会创业在中国遇到了哪些问题？如何构建一个高效的社会创新生态系统？

（3）心理咨询市场有什么特征？中国和美国的心理咨询行业有什么差别？

（4）心理疾病患者（消费者）的痛点在哪里？什么样的商业模式可以更好地解决他们的问题？

（5）针对中国的心理咨询市场的现状和夸父心理面临的困难，如何采用精益创业的模式进行迭代、调试？

（6）赵向阳建议公司的运营暂停一段时间，是不是一种好的方式？请对此进行评价。

（7）如何让小组（例如董事会）商务讨论更有效率？

分析思路

案例 A 为案例 B 提供了一些背景信息。如果前面没有讨论过案例 A，请要求学生提前自行阅读分析案例 A，否则，无法很好地讨论案例 B。因为夸父心理自己定位为一家社会企业，所以相比纯粹的商业企业，其面临着更多的挑战和悖论整合问题。本案例重点帮助学生理解什么是社会企业、社会企业的逻辑和它在中国发展面临的独特挑战。此外，针对夸父心理目前面临的具体困难，要求学生根据商业模式和精益创业方面的知识创造性地提出一些解决方案，提高他们的分析能力和问题解决能力。

前面设计的 7 道思考题，其中有的题目（例如，问题 3）浅显易懂，学生根据案例中的事实和数据就能进行分析，可以作为课前作业布置给学生；而有的题目（例如，问题 2、4 和 5）难度比较大，需要老师引导着学生一起讨论。此外，也可以通过角色扮演的形式，让学生更深刻地体会到社会创业者决策的压力和作为一名董事会成员如何进行高效的小组讨论（例如，问题 7）。

理论依据与分析

1. 什么是社会创业

社会创业是一种以创新方式为社会问题提出解决方案的创业过程，它介于商业和非营利组织之间，致力于用商业的纪律和方法，解决更大范围的社会问题，实现更大的社会价值和社会影响力。近 20 多年来，社会企业创业致力于满足教育、儿童、医疗、环境等社会问题的解决。例如，孟加拉国的尤努斯创办格莱珉银行，为穷人提供小额贷款（microfinance），就是典型的社会创业。社会创业受到全球公民社会的广泛关注，尤努斯为此还获得了诺贝尔和平奖。

德鲁克十分推崇非营利组织，认为它们才是管理学上的先锋，是美国社会最大的价值创造者。非营利组织在提供商业利润以外，还提供了一种更重要的产品，那就是社会服务，因此，其具备很高的意义与价值。尽管这种意义与价值在很多情况下不能够用现金来衡量，但是它为人类的各种行动添加了使命与情怀，为社会提供了凝聚力和创造力（德鲁克，1989）。

纽约大学的基库尔（Kickul）等认为社会创业的教学应该包括以下内容：

（1）机会识别与组织创新：如何挖掘解决社会问题的方案？如何激励他人拥抱共识与价值？（2）商业模式的财务可持续性：如何找到捐助资金？如何与各类捐款人建立关系？（3）可拓展的成长战略：如何发展商业模式？如何扩展运营方式？（4）社会影响：如何衡量解决方案的社会影响与冲击？如何改善？（基库尔等，2012）

社会创业的意义，正如尤努斯在《企业的未来：构建社会企业的创想》一书中所说的，"现在，我们每个人都有能力改变世界，因为这个世界本身就是由想法组成的。你必须做的就是拿出一个想法，一个解决具体问题的想法"。

2. 社会创业的逻辑

社会创业方面的课程除了培养学生的社会创业精神，获得必需的知识和专长，以及成功地参与社会创业活动外，法国埃塞克高等商学院的帕什（Pache）认为，更重要的是能让学生理解三种不同的逻辑，并且把这三种逻辑协调起来。这三种逻辑是商业（市场）逻辑、社会（福利）逻辑和政治（政策）逻辑（见表2）。这三种逻辑可能相互并行，也可能相互竞争甚至冲突。商学院提供的社会创业教育的一个核心，就是让学生能理解这些不同的逻辑，能桥接这些可能相互竞争的逻辑，从而打开创新空间，创建混合逻辑，并能整合各种资源予以执行［帕什和乔杜里（Chowdhury），2012］。

表2 社会创业的三种逻辑

项目	社会逻辑	商业逻辑	政治逻辑
目标	改善社会环境，减少受益者的痛苦	在组织活动中实现剩余价值最大化	确保社会不同层面的公平和透明

续表

项目	社会逻辑	商业逻辑	政治逻辑
机构性质的利益相关者	非营利目的的社会伙伴、慈善投资者、福利接受者	客户、商业伙伴、投资者、股东	国家和地方政府单位、多边融资机构、监管者、行政官员
社会创业家与利益相关者之间的相互作用	具体项目沟通，知识在组织间平等传递，服务向福利接受者传递	向客户传递服务和商品，与供应商发展关系，实现投资人和股东的期盼	建立与行政官员、监管者、融资机构官员的关系
社会创业家对利益相关者的依赖	依靠慈善组织的资金，依赖社会组织的正当性与各种资源	向客户进行销售获得收入，来自供应商和其他合作伙伴的可靠服务，来自投资者和股东的投资	监管者的认可，融资机构的财政支持，政府官员的政治支持
美国社会创业发展阶段	基础设施完善；有强大的"第三力量"，在各种社会救济中是主要力量；大型基金会给予发展中国家大量资助	广泛引入商业组织的效率原则，聘用MBA学生进行管理；管理透明，财务报告公开	政府对慈善捐款有税收优惠；引入B类公司注册制度，用社会贡献作为衡量标准，政府比照非营利组织给予税收优惠
中国社会创业发展阶段	创业意识开始启蒙；只有 4% 中国人愿意成为志愿者，在世界排名 140*；社会创业缺乏良好的基础设施，但也存在巨大的创业机会	社会企业对可持续发展/运营还处于摸索过程；中国公司的社会责任，例如捐款的动机、过程、社区等的活动，与同水平的发展中国家有差距，例如印度的公司	由于政府的维稳管制，近年来社会组织的成长率低于其他非政府组织；慈善捐款抵税、退税程序烦琐；官办非营利组织运营不透明

* 根据盖洛普公司对 153 个国家、195 000 人的调查。Charities Aid foundation（2011）. World Giving Index 2011. https://www.cafonline.org/publications/2011-publications/world-givingindex-2011.aspx.

　　经济学家茅于轼曾指出，从事社会创新的社会企业跟一般企业的区别在于，社会企业除了利润目标还有一个公益目标，也就是社会企业存在双重目标：社会公益性是社会企业的主要目标，而社会企业也需要通过赢利实现自身的可持续发展。按帕什的三重逻辑观点，茅于轼的第二目标与商业逻辑相关，第一目标则与社会逻辑相关。而在中国当前的政治环境下，茅于轼忽视了帕什所说的第三逻辑——政治逻辑的重要性。一位优秀的社会创业家，必须是调和这三种逻辑的高手，不管这三种逻辑是否会相互冲突。解决不同逻辑冲突的能力，例如将社会创新与政府之手相协调，可能是中国社会创业家最需要着力的地方。夸父心理目前面临的战略选择在某种程度上与这种悖论整合有关，需要创业者跳出具体的业务问题，上升到一个更加宏观的层面，从行业生态的角度考虑问题，或许能找到突破点。

3. 社会创业的环境

　　在美国，每两个成人中有一个是以志愿者的身份服务于社会，平均每周工作约 5 个小时，总和相当于 1 000 万份全职工作的时间。如果这些志愿者领薪水的话，按照最低工资计算，其工资总量会高达 1 500 亿美元，占到美国国民生产总值（GNP）的 5%。这就是德鲁克所描述的美国社会组织的力量，因为其庞大的动员力与组织力被称为除政府与企业之外的"第三部门"（third section）。截止到 2021 年，3.3 亿人口的美国有社会组织近 200 万家。对比之下，中国的社会组织仅 90.2 万家，而且很多还是公办的，共 1 100 万人就业，占就业人口的 1.4%。中国如何能凝聚这种社会力量，如何利用网络新技术进行社会创新？

　　任何一项创新都离不开相关要素市场的发育、生态系统的形成，例如，要想在如火如荼的移动互联网中进行创新，5G 技术、传感网络、地理定位、安全控制和无线传输网络提供了技术平台；运营商开放了数据接口；创业者琢磨新的商业模式；风险投资者寻找高增长的机遇；消费者摸索新的生活方式；传统企业思量"颠覆性创新"破坏自己的领导地位；大学提供前沿技术；政府提供孵化器等创业环境……类似的，社会创新的爆发也需要各种要素市场的涌现、发育与成熟（见图 16）。

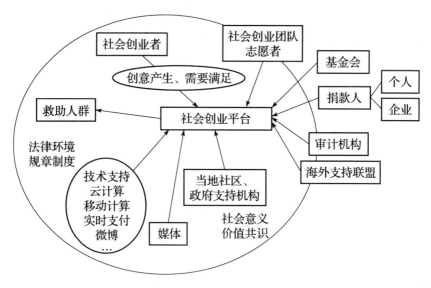

图 16　社会创新生态系统

资料来源：图 16 由孙黎于 2016 年所画。

在这个社会创新生态系统中，虽然法律环境与政府相关的规章制度处于背景位置，但对中国而言，可以说正是因为其滞后的发展制约了社会组织的创新与发展。据中国社会科学院发布的《中国民间组织报告（2011—2012）》，中国的社会团体近年来成为增速最慢的民间组织类型，与其他民间组织类型的增速差距明显扩大。2006—2010 年，社会团体增长速度已经连续 4 年呈下降趋势。2011 年 7 月 5

日，中共中央、国务院下发《关于加强和创新社会管理的意见》，支持人民团体参与社会管理和公共服务。但多年来形成的自上而下的管理模式、垄断注册的慈善机构存在的官僚化与商业化现象，偏离了民间组织的本色［斯皮雷斯（Spires），2011］。没有从根本上改革基层的社会管理模式，可能就无法推动整个社会的创新。

2016 年 3 月 16 日，第十二届全国人民代表大会第四次会议通过《中华人民共和国慈善法》；4 月还通过了《中华人民共和国境外非政府组织境内活动管理法》。虽然这些法规中有些条款与人们的期望相去甚远，但也为社会组织解决了长期困扰的资金渠道问题；各种捐助人在享受捐款资金税收优惠的同时，也可以更好地将自己的意见、解决方案融汇到资金的使用、监督中，贡献每个人的正能量。

《中国社会管理创新报告 NO.4：社区治理与服务创新》则指出，中国在人口突破 14 亿、人均 GDP 突破 10 000 美元和城市化率突破 60％的环境下，新的社会需求、社会矛盾、社会冲突，使得一些不稳定因素日益显现，社会系统性风险不断增加。这一方面意味着原有的体制可能不再适应新的公民社会需求，另一方面也意味着社会创新有着巨大的空间。根据 Wealth-X 的年度报告，截止到 2022 年中国超级富豪（资产在 3 000 万美元以上）共 16 875 人，资产总额高达 2.4 万亿美元。如果政策允许这些财富以很好的基金会管理模式进行管理，相信很大部分可以回流给社会，资助更多的社会创新。根据花旗银行私人银行部门发布的《世界财富报告 2012》，全球富豪将 11％的资产投资于慈善事业；由于有巴菲特、盖茨的示范，美国富豪捐助资产的比例更高，达到 21％。随着中产阶层的崛起，2021 年中国城镇居民家庭资产已达 317.9 万亿元，如果有很好的渠道，相信有相当的财富可以分流到社会创新中。如果社会创新有很好的指标衡量社会影响力，个体捐款人与公司捐款人在当今的社会创新中都可以充当"社会影响力投资者"。

当然，在这种生态系统中，社会创业者是连接、组合各种要素资源的主体，领导着创新市场的发展。目前，国际上许多商学院都开设有非营利组织领导力、创业课程，而中国的商学院相对滞后（北京大学光华管理学院 2015 年开设了第一个社会公益硕士项目），与社会创业在中国的市场发育还处于初期阶段有关。上海市在 2010 年创办社会创新孵化园，以更好地扶持社会创业家。"公益孵化器"采取"政府支持、民间力量兴办、专业团队管理、政府和公众监督、民间公益组织受益"的模式，为初创阶段的公益组织提供场地设备、能力建设、注册协助和小额补贴等资源，扶助这些公益组织逐渐成长。支持一种社会创新生态系统的生长，除了各个利益相关者的积极参与、正式制度的支持外，从非正式制度的角度来看，更重要的是凝聚社会意义、形成价值共识。

4. 社会企业的成长应采用精益创业模式

精益创业的思想近年来广为人知，而且已经进入创业教育的课程里，而社会创业也应该遵循精益创业的方式。在这方面，案例的主人公赵向阳有意识地运用了自己的专业知识，进行积极尝试。杜克大学社会创业家发展中心（CASE）布卢姆（Bloom，2012）教授提出了驱动社会创业的七大创新动力（SCALERS，见图 17）。在这七大创新动力中，技术扮演重要的角色。但是，布卢姆的模型并不是单论技术的。社会企业虽然没有单一的"最佳实践"的公式，但通过技术对这七大创新动力的赋能，可以帮助社会创业者开发出有前途的创新，提高和扩大社会企业的发展速度与规模。

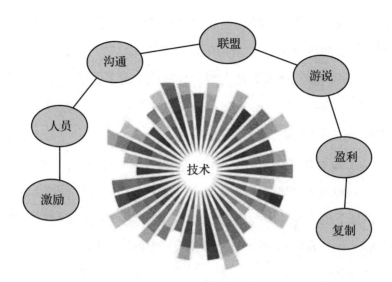

图 17　驱动社会企业成长的七大创新动力

　　社会创业可以在这七大创新动力的基础上应用精益创业的原则。埃里克·莱斯（Eric Ries）发展出 MVP 的概念，认为这是创业最节省的途径。社会创业很容易接受 MVP 的概念（见图 18），也就是创业产品具备基本的功能，但又有最低限度的生存空间。发展出这类产品后，创业者可以得到市场反馈、消费者（受益人）评价，然后不断改进。像赵向阳的社会创业现在还处在初步状态，不

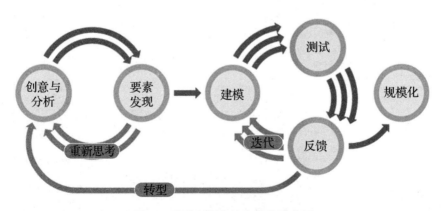

图 18　精益创业在社会企业的应用

管是针对农村留守儿童的旬邑模式，抑或针对不同人群（抑郁症患者和新手心理咨询师）的培训等，就是探索 MVP，测试服务原型与商业模式。这些原型即使失败，也没什么大不了的，更可以积累经验。如果取得了明显的效果，就可以联合更多的利益相关者，应用机会共创的方法在其他地方推广。

5. 无为与有为——从中国传统哲学看机会变通

关于如何评价赵向阳建议把公司暂停运营一段时间的问题，我们提供如下的理论参考。这涉及跨文化管理中的关于行动与存在（即 doing and being）的讨论，也涉及创业学中看待机会的不同视角（见表 3）。

表 3　关于创业机会的四种不同观点

项目	机会识别	机会发现	机会创造	机会变通
什么是机会	有效地配置资源以达到预先的目的（目的与手段必须相匹配）	在系统中纠正错误，发现新的方法以达到预先的目的	创建新的目的—手段	改变条件—结果
理论家代表	波特	熊彼得	萨阿斯瓦斯	老子、庄子
方法	自上而下，在系统中识别机会，演绎式逻辑推理	在过程中发现机会，常用归纳推理	关注决策，交互使用演绎法与归纳法	悟、借喻、移情
应用范围	供给与需求都是已知的	只有供给或需求一方已知	供给或需求两方都是未知的	供给与需求总是不平衡的、相互转化的
机会向量集	同等的	存在，但不知道机会向量集的可能分布	机会向量集的可能分布并不存在	机会向量集在时间变迁中存在

续表

项目	机会识别	机会发现	机会创造	机会变通
信息的假设	信息在个人层面与宏观层面都是全面存在的	信息在宏观层面是存在的，但在个人层面的分布是不完全的	信息在宏观层面部分存在，但创业者往往忽视信息	信息是从混沌中变化的
对不确定性的管理	多元化	试验、试错	"山重水复疑无路，柳暗花明又一村"（效果推理理论）	"塞翁失马，焉知非福"
对成功的定义	成功是1%的灵感加99%的汗水（统计上的百分比）	"一将功成万骨枯"	成功是在利益相关者中相互取得共识，是谈判的结果	天人合一
竞争单位	资源竞争，取舍与匹配	策略竞争（零和的）	价值竞合	上善若水，为而不争
结果	风险管理	失败管理	冲突管理	道法自然

资料来源：孙黎.蓝军战略.北京：机械工业出版社，2018：167.

　　西方人在看待机会的时候有三种基本观点：机会识别、机会发现和机会创造（萨阿斯瓦斯等，2003），而基于中国智慧的机会变通观与其有显著的不同（孙黎、李平，2014）。在机会变通观看来，无为（或者准确地说是不妄为）也是一种境界、一种创业必经的过程。无为并非无所作为，而是眼观六路、耳听八方，静待机会出现的过程。从《易经》出发，机会是在阴阳两极的变动中，经过"潜龙勿用—见龙在田—或跃在渊—飞龙在天—亢龙有悔"不断演变的。正如法国哲学家朱利安（Jullien）对功效的研究，不断变化的情境，虽然会威胁到所有事先设立的计划，但反而使得情境中所蕴含的潜势得以发生即展开（朱利安，2004）。也就是说，中国的战略哲学不仅注重波特所说的产业中的竞争情境或状态的组合（称为"形"），而且更强调潜在的倾向、演化的动力（称为"势"）。如果采用单纯的五力模型和 SWOT、PEST 分析，事实上很难对夸父心理目前面临的挑战做出有效的应对，但是，从中国智慧的角度来看，"暂时停下来"却可能是一步好棋——避免造成更大的浪费，以及静待机会的出现。

无为并不是西方所理解的被动过程——在中国传统哲学中，主动与被动并不是对立的（例如，中文里就没有被动语态），而是通过一个"显诸仁，藏诸用"的过程慢慢体现出来。例如，万科董事会主席郁亮曾说："在变化剧烈的时代，不要去追求太完美的东西。有一个字现在中国人很少用了，朴实的'朴'字——质朴、朴素……一个新的时代、一个新的东西出来之前一定是很'朴'的，尽管它不太招人喜欢、不完美、不够'高大上'，但是它是有生命力的。"所以，万科引进互联网颠覆房地产行业的思维也是一个从朴入手、无为而无所不为的变通过程。中国传统哲学中的"为"，不是从一端、一点或一线上开始的行动，而是自然而然地引领，让变革在自然中自发产生、自行运作。

机会的变通观强调目的与手段的调整。效果推理理论最大的贡献是教育创业者不要拘泥于目的，而是骑驴找马，在山重水复中从一种手段跳跃到新的目的（或者是精益创业中的"转型"）。但是，在效果推理理论中，"手段—目的"（means-end）的设定还是封闭的，结果是由发展过程决定的。而中国古典哲学走得更远，"手段—目的"的建构根本不重要，重要的是"条件—结果"的变通。正如《中庸》第二十三章所说："曲能有诚，诚则形，形则著，著则明，明则动，动则变，变则化。"在这个由内向外展开的变通过程中，各种因果关系是开放的，可以有无限的排列组合，容许各种新的机会创造与适应，可以实现一个自组织的生态圈的可持续发展。而这个"诚"字，也可以说是鉴赏各种理论的基础。一项管理理论，如果不是从"诚"出发，可能就会服务于错误的用途，导致没有用途的研究，甚至指导实践出错误。正如稻盛和夫晚年所体会的：许多人一生的判断标准都是以"得失"来衡量的，而他发现当他以辨别"善恶"来开展工作时，最后得到的远比以"得失"为标准的还要多。只要夸父心理保持至诚的心态，就能从商业模式的迭代中、从当前的黑暗中摸索出一条新路。

6. 高效小组商业讨论、沟通

案例 B 提供了一幕董事会讨论的情景。作为一个副产品，案例 B 也可以用于"管理沟通"课程。在类似董事会的小组商业讨论中，要提高效率，可以采取以下步骤：

（1）界定问题：发现数据，统计资料，引用个人经验，引用专家的判断。

（2）描述问题的后果：解释问题对社会、经济的全面影响，共享你的研究、意见。

（3）解释问题的成因。

（4）报告可能的解决方法：开放式的思考，头脑风暴，跳出盒子（out of box）。

（5）选择最好的解决方案：考虑不同的解决方案可能产生的后果；选择行动方案；或者有时"无为"，静待时机的变化也是阴阳变通的对策。

主要参考文献

ALVAREZ S A，BARNEY J B. Entrepreneurial opportunities and

poverty alleviation. Entrepreneurship Theory and Practice，2014，38 （1）：159 - 184.

BLOOM P. Scaling your social venture. New York：Palgrave Macmillan，2012.

DRUCKER P F. What business can learn from nonprofits. Harvard business review，1989，67 （4）：88 - 93.

FAUCHART E, GRUBER M. Darwinians，communitarians，and missionaries：the role of founder identity in entrepreneurship. Academy of management journal，2011，54 （5）：935 - 957.

KICKUL J，JANSSEN C，GRIFFITHS M. A blended value framework for educating the next cadre of social entrepreneurs. Academy of management learning & education，2012，11 （3）：479 - 493.

PACHE A C, CHOWDHURY I. Social entrepreneurs as institutionally embedded entrepreneurs：toward a new model of social entrepreneurship education. Academy of management learning & education，2012，11 （3）：494 - 510.

PORTER M E, KRAMER M R. Creating shared value. Harvard business review，2011，89 （1）：62 - 77.

PORTER M E, KRAMER M R. Strategy & society：the link between competitive advantage and corporate social responsibility. Harvard business review，2006，84 （12）：78 - 92.

PRAHALAD C K，RAMASWAMY V. Co - creation experiences：the next practice in value creation. Journal of interactive marketing，2004，18 （3）：5 - 14.

RINDOVA V，BARRY D，KETCHEN D J. Entrepreneuring

as emancipation. Academy of management review，2009，34（3）：477 - 491.

RONSTADT R. The corridor principle. Journal of business venturing，1988，3（1）：31 - 40.

SARASVATHY S D, DEW N. Entrepreneurial logics for a technology of foolishness. Scandinavian journal of management，2005，21（4）：385 - 406.

SMITH W，LEWIS M. Toward a theory of paradox：a dynamic equilibrium model of organizing. Academy of management journal，2011，36（2）：381 - 403.

VALLACHER R R，WEGNER D M. What do people think they're doing? Action identification and human behavior. Psychological review，1987，94（1）：3 - 15.

VENKATARAMAN S，SARASVATHY S D，DEW N，FORSTER W R. Reflections on the 2010 AMR decade award：whither the promise? Moving forward with entrepreneurship as a science of the artificial. Academy of management review，2012，37（1）：21 - 33.

瑞德，萨阿斯瓦斯，德鲁，等．卓有成效的创业：原书第 2 版．李华晶，赵向阳，等译．北京：机械工业出版社，2020.

穆夫，迪利克，德雷韦尔，等．造福世界的管理教育：商学院变革的愿景．周祖城，徐淑英，校译．北京：北京大学出版社，2014.

关键要点

案例 B 的要点在于帮助学生在社会创业的理论框架下理解夸父心理目前面临的挑战，并创造性地提出解决方案。简单地说，如果按照纯粹的商业领域的解决方法，夸父心理很难有所作为，因为这个行业的限制条件太多，所以必须跳出盒子，从更加宏观和广阔的视野考虑如何解决中国人的心理健康问题，这对学生解决问题的能力是一个很大的挑战。另外，从机会变通的角度评价赵向阳的"暂停公司运营一段时间"的建议，提升学生的智慧。创业机会的捕捉与开发事实上很难用事先的预测分析或者静态的识别发现来进行，而是在创业过程中无中生有地创造，或者仅仅是在坚持中等待"山重水复疑无路，柳暗花明又一村"，这需要老师引导学生更多地理解和掌握后两种机会观点（机会创造和机会变通）。

建议的课堂计划

1. 课前作业

请学生课前阅读案例 B，并思考如下问题：心理咨询市场有什么特征？中国和西方（例如美国）在心理咨询行业上有什么差别？心理疾病患者（消费者）的痛点在哪里？什么样的商业模式可以更好地解决赵向阳的问题？

2. 课堂设计

本案例适用于 90 分钟的课堂讨论，以下方案仅供老师参考：

第 1~15 分钟，老师介绍社会创业与商业创业的不同，以及教科书的相关内容，并回顾案例 A 的主要内容。

第 15~30 分钟，邀请 5 位学生上场，分别扮演案例董事会中的 5 个人。每名学生上台前，可以先自我介绍将要扮演角色的背景。然后，根据案例中董事会讨论的进程，表演整个案例过程。角色扮演的目的是让学生代入创业者的角色，并对难题—解决型商务讨论有进一步的切身体会，其他学生在观看时也可以更深入地理解案例。表演结束后，老师可以向这 5 个人问问题，让他们讲述对角色扮演的体会，进一步认识创业者的角色。

第 30～45 分钟，将学生分成数个小组，包括产品组、市场组、传播组、客户组、心理咨询师组，并对各种方案进行讨论，准备报告。在讨论中要注意使用积极、创造性的小组讨论和沟通方法（老师可以在讨论前加以介绍）。

● 产品组：对夸父心理的新产品、服务项目进行开发、策划，并探讨可行性。

● 市场组：对心理市场进行研究、调查，发现竞争模式，挖掘出可行的市场方案。

● 传播组：针对赵向阳工作报告中自媒体的内容进行研究，可以参考冰桶挑战的病毒式传播方案，策划出一系列可行的互联网＋时代的传播模式。

● 客户组：对客户的行为模式、群体分布、接受何种治疗方案进行研究。

● 心理咨询师组：对心理咨询师通过谈话疗法医治患者的场景进行分析，围绕支撑场景、构建场景的方式进行讨论。

第 45～70 分钟，产品组、市场组、传播组、客户组、心理咨询师组各团队分别报告解决方案，老师引导、鼓励学生提出有创造性的解决方案，也可以让客户组与心理咨询师组的学生对各种方案进行参验、评价，进一步深入讨论。

第 70～90 分钟，教师对讨论方案进行总结，并进一步延伸到社会创业的理论问题，例如精益创业的模式如何迭代、调试，"无为"与"有为"的阴阳变通等决策模式。最后，老师可以应用尤努斯在《企业的未来：构建社会企业的创想》一书中所说的，"现在，我们每个人都有能力改变世界，因为这个世界本身就是由想法组成的。你必须做的就是拿出一个想法，一个解决具体的问题的想法"，从而鼓励学生思考社会创业的意义。

案例的后续进展

对于夸父心理目前面临的困难，赵向阳没有消极被动地等待。首先，他压缩了公司的财务支出，减少了不必要的人员；其次，他继续坚持提高夸父心理公众号的影响力和粉丝数量，并在此基础上静待转机的出现。他不断接触这个行业中的一些优秀的心理咨询专家，然后利用微信群的优势，请这些心理咨询专家开展了一系列收费的微课，这些微课包括《走出抑郁》《做情绪的主人》《咨询那点事儿》等，课程定价在 400～600 元，在所有具体的项目上都实现了略有盈余，但是，盈利规模比较小。从社会效益上来评价，这些微课的确帮助到了许多人。此外，他不断地与其他运营良好的心理咨询工作室接触，考虑以参股的形式建立合作伙伴关系，利用自己对商业和创业的知识优势，以及夸父心理的资金优势，推动优秀的心理咨询工作室进一步规模化发展。

赵向阳认为，心理咨询本质上应该属于公共产品，是医疗体制的一部分，所以，他启动了"心理援助基金向阳计划"（见图 19）。他在民政部下属的某 3A 级非公募基金会下注册成立了一只专项基金。该计划致力于盘活过去十几年里赵向阳积累下来的有一定知识和能力基础的心理咨询人才，主要通过奖学金的形式（每人约 1 万元）扶持其中的有潜质的新手咨询师，让资深的心理督导师帮助新手咨询师成长，再通过他们帮助到一些需要心理疏导但是经济上有困难的人士，致力于探索一条有中国特色的心理社工发展之路。截

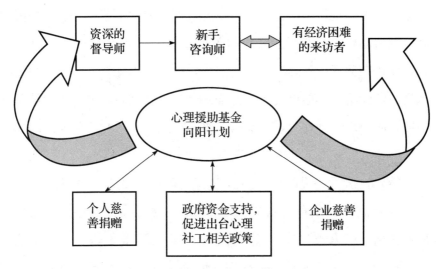

图 19　"心理援助基金向阳计划"的事业模式

止到 2016 年 4 月 20 日，赵向阳在自己的朋友熟人中募集到 26 万元种子资金，正式对外发布了该计划。该计划引起了一定的社会反响。尤其是，赵向阳发现，以公益基金的身份与政府或者其他机构打交道的时候，有了更大的空间，显得更加游刃有余，可以调动多方面的资源。他觉得，在这个时代，即使是小公司也应该具有大视野，尤其是社会创业，必须和政府的资源结合起来。

"向阳计划"慈善公益和"夸父心理"社会企业相互配合，成为赵向阳突破心理健康市场的左右手。虽然心理咨询服务无法批量化生产，创业活动进展缓慢，但是，赵向阳的社会创业实实在在地帮助到了很多人。夸父心理公众号上积累了 2 万多名订阅者，10 个"让阳光洒满心房"微信群里有至少 2 000 名深度参与者。微电影《一个人的战斗》全网发布以后，为超过 100 万身处困境中的人们带去了激励和安慰。

2017 年 2 月以后，随着第二个女儿的出生，赵向阳感到时间非常紧张，需要重新平衡自己作为一名管理学者的本职工作、心理援助公益活动以及家庭生活之间的关系，于是 2017 年下半年，他选择把北京夸父资产管理有限公司出售，把"向阳计划"所积累的公益资源转让给了其他更适合的公益人士，自己彻底淡出了心理健康领域，回归作为管理学者的本职工作，写出了一系列脍炙人口的作品，例如《大变局下的中国管理》。

最后，值得一提的还有如下三点：第一，2017 年 9 月人力资源和社会保障部公布了新的《国家职业资格目录》，心理咨询师职业资格认证未被列入，意味着心理咨询师职业资格认证考试取消。按理说，这应该是一件好事，因为人社部原来所公布的《国家职业资格目录》里是把心理咨询师与厨师、叉车司机等并列，这严重低估了心理咨询师所需要的学术训练。取消人社部心理咨询师认证考试是为了使心理咨询师行业管理更规范、更专业，这更有利于推动这个行业更好更快地发展。但问题是，国家卫生健康委员会和教育部等相关部门也并没有承担起后续的责任，未将心理咨询师纳入专业技术人员资格考试并规范其培训与考核，致使当下的心理咨询师考试变得更乱，很多机构打着各种名目都可以颁发相应的证书。

第二，从跨文化比较的角度看，西方的心理咨询来自基督教传统中的忏悔，在某种程度上牧师或者神父很早就在西方社会里扮演了心理咨询师的角色，而中国文化中缺乏这种宗教基因。但是，智慧的中国人因地制宜，发展出了一种更加高效和便宜的群体心理互助，那就是广场舞，它把音乐治疗、运动治疗和社区与群体互助等结合在一起，为中国每年至少节省几百亿元医疗费。所以，当我们考虑到从西方引入一种新事物的时候，必须考虑文化差异，并且鼓励扎根当地文化的社会创新。人民群众中蕴藏着无穷无尽的智慧，我们要相信他们。

第三，2018 年左右，那条赵向阳曾经在旬邑家乡徒步考察过的山谷里开通了一条高等级公路，当地山民的生活发生了翻天覆地的变化，以前进出山谷到县城需要大半天的时间，现在只需要半个小时左右。人们在那条公路上举行每年一度的马拉松比赛和自行车比赛，依山傍水修建了豪华度假村，广泛地种植优质中草药。因为退耕还林和绿水青山工程，豹子、野猪和黄羊等大型动物越来越多地出现在马栏山里，从外地来旬邑旅游观光的人越来越多，带动了当地经济的发展。随着"精准扶贫"和"乡村振兴"工程的推进，当地留守儿童的问题得到了极大的缓解，这一切主要是靠政府投资和对外招商引资，而不是靠慈善公益活动，这说明在中国解决社会问题的方法与在美国可以非常不同。中国的有为政府和有效市场更进一步强化，而第三部门的发展更显得缓慢。

案例作者介绍

赵向阳博士，毕业于德国吉森大学（2005 年），目前就职于北京师范大学经济与工商管理学院，副教授。研究领域主要包括创业管理、全球商务、跨文化管理、管理案例开发与研究等。曾经担任北京夸父资产管理有限公司董事长，"心理援助基金向阳计划"发起人。

孙黎博士，就职于美国麻省大学洛厄尔分校商学院，副教授，博士生导师。曾担任堪萨斯城密苏里大学管理学院全球创新与创业系助理教授、德州大学阿灵顿分校 EMBA 课程客座教授等。他拥有德州大学达拉斯分校全球战略管理博士学位、香港中文大学哲学硕士学位（市场学方向）、中国人民大学学士学位（科技档案管理与科学哲学），浙江宣平人。他对战略管理、国际企业与公司创新有深入的研究，有超过 60 篇英文论文在西方管理学期刊上发表，很多文章都是高被引用的。此外，他还有 13 本独立著作、5 本第一作者著作、2 本第二作者著作。他拥有 11 年跨国公司管理、咨询与创业经验等。

12

如何写出一篇百万＋的文章？
破解关于创造力的种种迷思

案例故事：如何写出一篇百万＋的文章？

卢梭在其《忏悔录》中讲述了自己因为一篇论文而成名的故事。年少时的我在读到这个故事的时候，对此羡慕不已，心向往之。30 多年后，相似的剧情竟然也发生在我身上，让人感慨万千。

卢梭的故事大概如下：年轻时，他浑浑噩噩，吊儿郎当，智力平平，不见有任何过人之处。1749 年的一天，他偶然看到第戎学院就"科学与艺术对改良风俗是否有益"的主题进行征文。在经历了一番如同雷击般的大彻大悟之后，他奋笔疾书，一气呵成，竟然摘得桂冠，从此扬名天下。而 2019 年 9 月发生在我身上的传奇故事，更多的不是因为我的个人才华，而是要感谢生命中的许多贵人相助。他们是王方华教授、田涛老师、秦朔先生、刘东华先生、陈为先生、于天罡教授等。没有他们，就没有《大变局下的中国管理：从以英美为师，转向与德日同行》（简称《转向》）一文的爆红。

以下是我的故事梗概：

2019 年 7 月中旬，上海交通大学安泰经济与管理学院前院长王方华教授在微信里问我，愿不愿意在即将召开的"中国管理 50 人论坛"（举办地点：兰州大学管理学院）上做一个报告？大会的主题是"大变局下的中国管理"。

对于所有演讲、讲课或者写作的邀请，我的第一反应一般都是："对不起，我没啥想讲的，也没啥可讲的！但是，我愿意去听听，参与讨论。"那年 2 月中旬，我在滑雪时发生事故，两根韧带断裂。5 月中旬，刚做完韧带重建手术，每天躺在床上看闲书，心意阑珊。

但是，三五分钟后，我转念一想："与其拖着残腿，奔波千里，去听别人讲，我自己为什么不能讲呢？说不定我可以讲得更好呢！"于是，我又回复王方华老师："我重新考虑了一下，还是打算讲一讲，题目是'大变局下的中国管理：从以英美为师，转向与德日同行'。"

这个题目是我在三五分钟内敲定的，后来根本没有修改过一个字。但是，大家千万不要以为我是一个天才，千万不要以为这是灵机一动的结果。事实上，这是我长期以来所秉持的关于中国社会和中国企业未来走向的基本观点，也是基于酝酿已久的知识储备。

在接下来的一个多月里，我交替性地在做两件事：为准备这篇演讲而进行系统性阅读，同时为北京师范大学心理学部 MAP（应用心理硕士）开发一门新课——"创新思维"。在那一个多月里，我的工作效率非常高。单就关于"德日模式"的研究而言，我首先把书架上 40 多本与德日有关的书收集在一起，快速梳理了一遍，然后深入阅读了其中的五六本，边阅读边思考，尤其是结合当时中国的现实问题进行理论反思。我第一次阅读的时候，拿起铅笔画线、做批注（这是真的！我以前看书从来不做笔记、批注等。我读完的每一本书如同全新的一样，完全可以当新书再卖掉）。

9月初，会议日期临近，我打算撰写演讲用的PPT内容。但是，因为我所选择的主题过于宏大，资料庞杂，几经尝试之后，仍然感觉如鲠在喉，于是，我放弃了通常的做法，花了一天半时间，写了一篇15 000字左右的word格式的文章，以廓清自己的思路。

熟悉我的人都知道，我是一个比较懒散的人，"不求上进"。虽然热爱读书，但是，不爱写文章，尤其是管理学主流的八股论文。总觉得世界上还有那么多好书我都没有读过，干吗要浪费时间去写文章和书呢？纯粹是"为赋新词强说愁"，无病呻吟嘛！但问题是，一旦动笔，我就洋洋洒洒停不下来，非得一吐为快才行，所以，我写的每一篇文章都很长。我甚至有过10天之内写过一本书（《阿尔泰山一瞥》）的极端经历。在写作这些文章和书的过程中，我总是充满激情，沉浸其中，难以自拔。我写的文章一般框架结构清晰，夹叙夹议，一气呵成。

写完《转向》这篇文章之后，我随手发给了十几位相识已久的老师和朋友（包括华为顾问田涛老师），请他们提出具体的修改意见。然后，我休息了一天，干了点别的闲事。最后，在大家的反馈意见的基础上，我花了半天时间又对文章进行了修改。

为了提高开会效率，我希望参会者事先了解我的观点，现场直接进行有针对性的讨论，于是，我就把这篇文章发表在了我所创办的"本土管理研究"公众号上（2019年9月17日），随后转发到了朋友圈和几个微信群里，尤其是"中国管理50人论坛"参与者居多的"茶余饭后"微信群（王方华教授是群主）。

令人意想不到的事情发生了！田涛老师对这篇文章非常认可。在转发到朋友圈的时候，他评论道："这是一篇近年少见的极有见地的管理学研究文章，对当下的中国企业管理、国家经济管理有重要启示意义。"巧合的是，恰逢中国最大的企业家群体平台"正和岛"（当时有 230 万订阅者）推出了一个"每日前三"的优质文章打榜活动。在我毫不知情的情况下，田涛老师把这篇文章推荐到了正和岛社区 App 里，并且该文在 2019 年 9 月 18 日荣登榜首。

事后，根据中国领先的舆情大数据分析公司"智慧星光"所提供的数据（见图 20），这篇文章在短短一周内被超过 360 家媒体（含自媒体）转载，全网阅读量在 150 万左右。用一位企业家朋友的话来说，"你火了！这篇文章彻底刷屏了"。从私人渠道所获得的信息来看，上至部长、院士，下到普通百姓，尤其是企业家群体，对这篇文章中的基本观点表现出很高的认同。

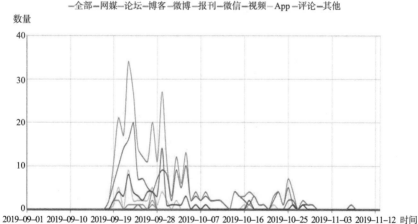

图 20　智慧星光公司所提供的舆情传播过程

这篇文章在传播的过程中自然而然地衍生出了各种标题党的文章。而在所有传播量最大的版本中，资深媒体人秦朔先生亲自操刀的精简版本（从 15 000 字压缩到 8 000 字左右）在阅读量上贡献卓越。仅秦朔朋友圈就有超过 50 万的阅读量。但是，这篇文章的意外爆红让我陷入了一个非常尴尬的境地。作为一个从来不愿意重复自己的人，在即将到来的会议上我应该讲什么呢？万般无奈之下，我只能另辟蹊径，进行了一次前所未有的大胆冒险。

具体是怎么做的呢？在 2019 年 9 月 24 日的正式会议上，基于诠释学立场，我现场讲了七个与德日模式有关的小故事，进一步佐证了自己在《转向》一文中的立场和观点。感谢论坛主席王方华教授和席酉民教授的宽宏大量，也感谢所有在场教授耐心地听我讲。参加"中国管理 50 人论坛"的都是一些资深教授、院长或者校长，只有我一个副教授。大家可以想象一下，我在他们面前娓娓道来讲故事的场景是多么怪诞！

那天，我拄着拐杖，右腿绑着护具，坐在一把椅子上，偌大的讲台上就我一个人在表演独角戏。我侃侃而谈，谈笑风生，甚至嬉笑怒骂。这大概是中国管理学会议上独一无二的风景吧！早上的发言每人 30 分钟，下午的发言每人 10 分钟，而我的发言被安排在早上最后，不仅给足了 30 分钟的发言时间，还留下了讨论时间，纯属特殊优待。

这次演讲的内容被我整理成文字之后，经过秦朔先生精心整理，又在秦朔朋友圈里首发（2019 年 9 月 27 日），再次被吉林大学于天罡教授推荐到了正和岛社区 App 上，参加"每日前三"的打榜活动，并且再次荣登榜首。这篇关于《转向》的七个小故事的文章在全网的阅读量大概有 50 万。所以，《转向》加上"七个小故事"全网阅读量超过 200 万。

然后呢？正和岛直接奖励了我 6 万元的现金（税前的！），以兑现其"每日前三"打榜活动中的承诺！（哇，这是我平生第一笔飞来横财，好开心呀！）正和岛主编陈为先生后来告诉我："你是我们这个打榜活动最大的受益者。"感谢正和岛！

具有讽刺意味的是，在被动参与正和岛"每日前三"打榜活动之前，我连正和岛是干什么的都不清楚，也没有见过正和岛的董事长刘东华先生。但是，从此以后，我和正和岛开始了一段时间的亲密合作，正和岛也成了我发表管理类文章的首选平台。2020 年疫情期间，舆论场严重撕裂，我秉持中道立场，以多年的知识储备为基础，连续发表了 10 多篇流传甚广的文章。这些文章绝大部分收入了 2021 年 7 月中国人民大学出版社出版的《大变局下的中国管理》一书中。

更有创意的是，我把我所经历的传奇故事写成了一个简单的教学型案例，用于在北师大心理学部的"创新思维"课上使用。案例的名字就叫"如何写出一篇百万＋的文章？"。借这个案例，我讨论了创造力中的很多问题，尤其是关于创造力的社会文化模型，试图破除人们关于创造力的种种迷思。事实上，这是我做研究的一贯风格：在生活中看见理论的光芒，在理论中看见生活的质感。正如苏格拉底所说，"未经反思的人生是不值得过的"。而我最擅长的就是把研究、生活甚至商业三者熔为一炉，彻底打通！

案例分析：破解关于创造力的种种迷思

———

在当代文化中，没有任何想法比创造性（creativity）更加诱人，没有任何文字比"创造性"一词使用得更加频繁和多样。具有创造性是最好的成就表现。在这个时代，具有创造性实际上是一种道德需要和政治正确，难以想象谁会去反对创造性。但是，关于创造性，我们的脑子里有太多的神话和迷思，它们潜移默化地误导着我们的行动。

每当我们想起创造性的时候，总是和如下刻板印象紧密地联系在一起：一个 IQ（智商）远高于平均值的天才；一个古怪的人，不仅体现在他的思维上，还体现在他的外表、穿着和行为上；一个书呆子；一个研究古典音乐的人……一个真正的神经病患者，回避社会，无法处理好与他人的关系。

事实上，典型的西方文化中，关于创造性至少有如下 9 种似是而非的"信念"。每一种"信念"都是我们习以为常的、听起来正确的。但是，过去 70 多年的大量科学研究表明，其中的绝大多数"信念"都是错误的。

信念 1：创造性的本质是瞬间的顿悟。

信念 2：创造性的想法是从无意识中神秘出现的。

信念 3：创造性更可能产生于你拒绝惯例时。

信念 4：相比专家，门外汉更可能做出创造性贡献。

信念 5：独自一人的时候更有创造性。

信念 6：创造性的想法超前于时代。

信念 7：创造性是一种人格特质。

信念 8：创造性以右脑为基础。

信念 9：创造性和精神病是有联系的。

在此，我对这些迷思并不逐一反驳。我只是概括性地先介绍一下关于创造性的研究历史、学术界关于创造性概念的定义，然后，以我个人的亲身经历为例，剖析其中可能蕴藏的道理，破解人们关于创造性的诸多误解。

关于创造性的学术研究，最早发端于 20 世纪 50 年代。最著名的标志性事件是 1950 年吉尔福特任职美国心理学会主席时的演讲，他号召心理学家研究创造性，搜寻或者培养科学天才，以此来对抗冷战中的苏联。

第一波创造性研究浪潮（1950—1970 年）主要集中于对特殊创造者的人格特点的研究，继承了当时流行的人格心理学的研究特点。第二波创造性研究浪潮（1970—1990 年）更多聚焦在个体创造性行为的内部心理过程，受当时方兴未艾的认知心理学影响很大。第三波创造性研究浪潮（1990—2010 年）则采取社会文化取向，关注嵌入具体的社会与文化环境当中的人群和组织，可以称之为"组织创造力"或者"创造力的社会文化视角"研究。进入 21 世纪之后，关于创造性研究的跨学科领域视角正在形成。例如，整合生物学、计算机科学、认知神经科学、定量历史研究、社会学和组织行为学等知识，采取一种"个体—过程—社会文化"的多层次整合性视角。

关于创造性，学术界一直有小 c（creativity）和大 C（Creativity）之分。所谓小 c，就是采取一种个体主义的研究视角；所谓大 C，就是更多地采取一种社会文化视角和整合性视角。前者认为，创造性是一种见诸世界的、新颖的心理组合。因此，创造性必须是新颖的，是一种全新的组合，见诸真实世界，而不是某个人脑子里的白日梦。后者则认为，创造性是一种真实产品的生成，这种产品可以是纯艺术品、影视作品、科学论文、工业产品等。这些产品必须被某一适宜的、知识渊博的社会团体判定为新颖的，同时也是适当的、有用的或者有价值的。换言之，后者更强调创造性中的价值性和社会认可，而非"自以为是"的新颖性。大 C 流派认为，经过关键人物的裁决之后，产品才能扩散到更大的范围和领域（见图 21），即从仲裁者（专业领域的看门人）和专家内行扩散到业余爱好者和公众（见图 22）。

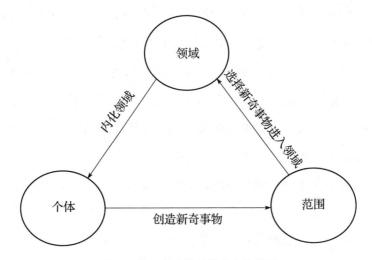

图 21　关于创造性的社会文化模型

资料来源：SAWYER R K. 创造性：人类创新的科学. 师保国，等译. 上海：华东师范大学出版社，2013.

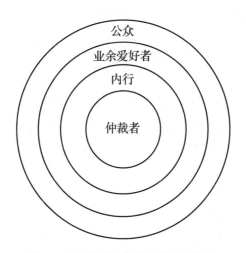

图 22　创新传播过程中的嵌套式受众

资料来源：SAWYER R K. 创造性：人类创新的科学. 师保国，等译. 上海：华东师范大学出版社，2013.

有了以上的理论知识储备，我们再来看《转向》一文爆红的真实原因和过程，以及它与创造力之间的关系。我们首先来思考一个问题：微信公众号文章如何能做到"十万＋"甚至"百万＋"的现象级传播？粗略估计，2019 年的时候，全国有公众号上千万个，每年推送文章不下 5 亿篇，其中 6% 左右标记为原创，总共的阅读量应该在 5 000 亿次左右，也就是每篇文章的平均阅读量大概是 1 000 次。那么，每年有多少篇"十万＋"的文章呢？又有多少篇"百万＋"的呢？特别是严肃的、管理类的文章，又有多少文章的阅读量可以达到"百万＋"呢？答案是：微乎其微。

按照常理推测，如果一篇严肃的、管理类的文章的阅读量达到"百万＋"，它一定是新颖的、原创的，而且很大程度上是被专家和内行认可的，也是被大众广泛接受的、产生了强烈共鸣的。它不仅仅符合创造性中的小 c 标准，也满足大 C 标准。

仔细分析《转向》一文爆红的过程，以及传播中很多贵人相助，我更加相信，创造性不仅仅与个体的性格特点、价值观、能力、领域知识等有关，也与创造性过程本身有关。创造性产品能否被最终接纳，更与社会文化有关，尤其依赖于社会网络中心关键人物的态度以及恰当的时机。我们应该揭去创造力的神秘面纱，对其采取一种"个体—过程—文化"多层次整合模型分析方法。

在互联网时代，创新产品能否被接受，媒体扮演着极为重要的角色。每一篇爆红的文章（或者创意产品）的传播曲线一定是呈指数变化的。最重要的是要有一个引爆点。此外，一篇文章（或者电影，或者任何创意产品）的成功传播也严重地依赖于时机以及当时的舆论氛围等。以下是我给学生讲课时的 PPT 上的部分内容，供大家参考。

- 创造性研究需要从心理主义转向行动导向，转向过程导向和多层次模型。

- 关于创造性的整合模型："个体—过程—文化"。从小 c 到大 C。

- 挑战看似不可能的任务：对于某些人来说，压力越大，能力（或者创造性）发挥越快。

- 集中研究相关主题的文献或者作品，以问题为导向的学习更加有助于创造性的发挥。

- 同时从事两三种不同的工作，而非长期专注于单一任务，有助于发挥创造力。尤其是当任务之间有比较大的差异时，更容易在创造性业绩上相互促进。

- 研究表明，创意产品的数量与质量之间呈正比。作品数量越大，质量可能越高。这一点颠覆了人们关于创造性是孤独天才"十年磨一剑"结果的神话认知。

- 创造性过程由一系列迷你顿悟组成，而非"Aha"（顿悟时刻）或者"我发现了"（大的顿悟）。在把一件作品创作出来的过程中，一系列迷你顿悟会逐渐涌现。不能被动期待灵感降临之后再去做，一定要在做中创造。

- 酝酿和劳逸结合的重要性：写作之前进行高密度的阅读；而写完初稿（或者任何创意产品的原型）以后，放置一段时间，放空自己。

- 外部反馈的重要性：创造性过程中的筛选和评价是必需的，而且发生在整个过程之中。而筛选和评价是人工智能最缺乏的，所以，AIGC（AI generated content，即生成式 AI）所绘制的图画和人工智能所撰写的新闻稿件存在类似问题，最后还是需要依靠专家判断。

● 创造性过程中的选择和评价：好编辑的价值——删除细枝末节，简化归核；删除过于自我中心的表达和吹嘘，以便于读者更容易接受。

● 创造性研究的社会文化取向："百万＋"文章不是写出来的，而是传播出来的。理解社会关系网络中关键人物和平台的推荐价值（田涛、秦朔、于天罡、正和岛），了解受嵌套的受众（领域专家、掌门人和仲裁者）和社会关系网络（中心性）等。

● 时机的敏感性：2019 年 9 月，中美贸易战如火如荼，实体产业空心化严重，做金融和互联网平台的公司受到追捧，而做实业的企业家普遍感到非常艰难，整个中国社会陷入迷茫，渴望思想的引领，此文搔到了许多人的痛点和痒点。

● 好标题的重要性：大变局、中国管理、英美、德日、转向、为师、同行。没有一个字是废话！

● 传播中，标题党的出现是不可避免的：诠释学循环（作者—读者之间互为主体性）。文章一旦"生"出来，作者就无法控制了，它就不是你的了。

● 爆炸性的传播过程可遇而不可求，根本无法预测。但是，好作品是起点。

● 机遇的连锁反应（一个机遇会引发另外一个机遇），导致你走上一条意想不到的道路。机会空间的锚定和"穿越"。

● 马克斯·韦伯所说的入世的禁欲主义：时刻提醒自己，不要偏离主航道和大方向，不要变成一个"网红学者"。"以一念代万念""一心不乱""力出一孔，利出一孔"。

附录：关于创造力的遐（瞎）想

天津大学讲席教授张维

一篇短文的初稿所引起的关于创造力的讨论

2021年忙碌的暑假中，读到北师大赵向阳老师分享给我的其公众号新作《如何写出一篇百万＋的文章？破解关于创造力的种种迷思》，引发了一些思考，并在微信上回复了他。

其实，之前拜读过他这篇文章的初稿。鉴于其中的一些过于简略的表达（例如"作品数量越大，质量可能越高"）可能引起误读（他说这些内容是当时简单"复制"于他的一门课程所用PPT——由此也仅仅是一些梗概，没有附加详细的解释），甚至我也提出有反例，来说明这类论断并非成立。我的意思是在关于创造力的问题上，工作的质量和数量之间可能并没有负相关或者正相关之类的"规律"。

结果，认真的赵老师不仅在微信中跟我语音交流了好几段，而且干脆重新梳理了思路，扩充了这篇文章初稿，加了个开头以及中间的一部分，成就了后来看到的版本，这个显得丰富多了！

跟赵老师关于这个问题的交流，也引发了我对此的一些"业余"遐（瞎）想。通过百度搜索可知，"创造力是指产生新思想、发现和创造新事物的能力"。我没有读过太多创造力方面的书籍和论文，自己的研究领域也完全不在于此，所以对赵老师的新版本也提不出太多的评论。

不过，结合我自己的学术实践和管理实践的经历，以及对生活的感悟，同时也结合自己对少数读过的相关书籍、听过的相关演讲所表达的内容的心得，我也产生了一些想法。这些想法跟赵老师文章中的观点有些许类似。

不能功利主义地只学习所谓"有用的"知识

我给学生上课的时候用到过一段 TED 视频，其中著名作家、演说家史蒂文·约翰逊（Steven Johnson）在演讲中提到，创意的"尤里卡瞬间"（eureka moment），其实关键并非仅仅在这个"偶然"的瞬间，而在于在对某些问题（issues）长期以来的关注以及由此对相关（和看似无关）的东西在大脑中的有意、更多是无意的"零散"存储；然后突然某个时刻被什么所激发，将这些深藏大脑中的零散的"点"猛然以一种新颖的方式链接起来，"涌现"出一个新颖的东西。史蒂文还特别指出，这种现象是具有神经科学基础的。如果这个"新颖"的东西恰恰"击中"广泛人群的"下意识关切"，就成就了所谓的"创造力的结果"（一如新的产品、新的商业模式、新的思想、新的诗篇、新的小说等）。

中国台湾剧作家赖声川曾经写过一本《赖声川的创意学》。如果我没有记错的话，他在那本书中大概也提出了类似的观点。若是回顾中国古人的观点，清代孙洙在《唐诗三百首》序言中写道："熟读唐诗三百首，不会作诗也会吟"；比孙洙再早五百多年的南宋大诗人陆游更是看得透彻：在给儿子传授写诗的经验时说，"汝果欲学诗，工夫在诗外"（见陆游《示子遹》）。

我想他们所想表达的正是这种意思：古人"诗中"那些诗句、

意境、用语、典故也好，"诗外"的经历、阅历、劳作也罢，在"熟读"和"躬行"的过程中已经被"悄然记住"，于是在某种心情或者感悟下，这些散落在记忆中的片段以一种新的方式链接起来，或许就会形成传世的新诗篇。由此，我们可以认为，在一个人的成长过程中，绝不能过于功利主义地"学习"——只关注那些"有用"的东西（知识），而忽略掉那些看似"无用"的"旁门左道"的"玩意儿"。

从创造力的角度看当下的教育改革

近来，管理部门各种发文，对目标在于"助力"中小学生课程考试的所谓学科类课外辅导的产业严加管束乃至于取缔，尽管也引发了社会上的一些不同声音，但从创造力的角度也可以引发我们进一步的思考。

一直以来，大中小学升学考试制度的"无奈"设计，塑造了一种"只要考好那几门给定的课，就可以升到一所好学校，进而升到再上一级的好学校，进而有一个好前程"的思维定式。其结果是，学生在一路读书的过程中被不断地强化"那几门课程"、被不断地"剪枝"，无形中放弃了对那些看似无关的东西在大脑中的存储。

诚然，中小学生还会在家长的督促下学习音乐、美术、体育等，但在不少情况下（特别是过去一段时间中），这些常常也被当作学校"特招"的必备条件。于是，这些原本可以发展学生多元化兴趣的东西被异化成升学军备竞赛的武器。

游戏大概倒是从来没有被当作这类武器。适当的和健康的益智游戏也的确能够启发学生的思维、提高他们的素养和能力。例如，前些年95后高中生"喵奏"竟然在虚拟空间组织了一支由原先互不相识的爱好者组成的近 200 人的团队，用一款叫作"Minecraft"的游戏搭出了一整座惟妙惟肖的紫禁城。但遗憾的是，当今的游戏已经多被"网游"所垄断，而陷入"网游"不能自拔的学生大概不算少。据那篇声讨"网游"的檄文统计：62.5% 的未成年网民会经常在网上玩游戏，在工作日玩手机游戏日均超过 2 小时的达到 13.2%。于是，这种游戏从另一端局限了青少年的视野和接受新鲜东西的能力。

这样，一旦真正需要年轻学生"创造力"的时候，不少人的头脑中却没有什么可以"被链接"的东西了！"高分数—低创造力"的情形由此出现。过去，在申请我作为导师的研究生中就遇到过这种情形。

我们这一代"老家伙"们的求学经历对创造力的影响

回想起来，我们这一代人在 1966—1976 年间正值读小学或者中学的时候，没有人来管我们怎么学习那些课程，结果却可能是"歪打正着"了，无形中积攒下一些"无用"的东西。

以我自己为例，当年学校的图书馆是关闭了的，但老馆长却偷偷为我们几个教工子弟打开后门，借助木窗格子透过的弱光（因为偷着进馆，怕让"红小将"看见，不敢开灯），我们读过一些名著诸如《静静的顿河》《短剑》《太阳照在桑干河上》《红与黑》，看过俄罗斯油画家列宾的作品集（忘记书名了），费劲地尝试辨认过那些弯弯曲曲如蝌蚪般的小提琴五线谱，读过类似的一系列"闲书"。

除了"熟读"之外，我们也有"躬行"。借着样板戏的盛行，我们翻出学校里尘封的乐器无师自通地鼓捣起来，竟还混入了"文艺宣传队"的表演。被迫休学之余，我跟着在电影院做美工的舅舅学画画，明白了原来除了画笔之外，扫地的笤帚也可以创造出神奇的效果。

尽管后来在大学读了理工科，以及再后来的研究跑到了管理领域，但这些"不务正业"无形中积攒下来的零七八碎中的某些东西，在后来却成就了灵感来源的一部分。例如，在科学的世界中，面对一个数据样本，数理统计学家往往期待寻找到产生它们的"客观的""真模型"；但在艺术的世界中，一幅（首/部）作品的"好"与"不好"却更多地依赖受众"主观的"评价。而我认为，管理的世界大概介于这两者之间——来自一个管理实践的数据样本（数据的表达方式可以是多样化的，可以是数字、案例事实、文本、音视频、图像等），既不是来源于某个"客观的""真模型"，但在其背后也并非"一千个读者眼中就会有一千个哈姆雷特"式的虚无。我们最可能做的事情是在多个"可能的"模型中，选择一个最贴近该数据样本的模型（可以是数理模型、计量模型、计算模型，也可以是表格、图示，还可以是用自然语言表达的逻辑关系、模式等）来近似地表达这个管理实践背后可能的规律。30 多年前，正是在这样的想法引导下，我完成了博士论文。

如今，"创新国家"的建设已经成为国策，当然不能再用那些"旁门左道""歪打正着"的方式来发展创造力了，而是应该有系统的部署、策略和生态建设。正如赵老师在文中所言，创造力不仅源于个人的人格特点、行为，也受影响于个人与组织及环境之间的互动。对于创造力的制度性生态建设，管理学者并没有决策权，我们能做的是基于对创造力规律的认识和研究结论，呼吁并提出改善方案和策略。

对于创造力的个人要素，作为教师则可以力所能及地在自己的教学和学生培养的其他环节中加以引导。例如，我给学生上的大多数课程里面，每堂课有一个环节叫作"今天你有什么新发现"，就是请学生分享一下一周以来（我的课一般是一周一次）自己看到、听到、经历过的事情中有哪些以及为什么与我们的课程内容是相关的、对自己有什么启发。

在创业管理课程中有个章节叫作"Idea Creation"，我的上述做法有点像其中用到的所谓"联想"（association）方法：请学生为任意给定的 A 和 B 建立起有逻辑、有意义的关联（当然，我这个方法难度小了些：仅仅指定了 A——课堂的内容，而请不同的学生寻找自己不同的 B）。学生们的回答常常是超乎预料的，而这正是我们期待追求的效果！

创造力是经济的基础发动机，是人类社会进步的动力，是国家兴旺、民族生生不息的源泉。为此，我们都需要从脚下踏踏实实地做起。

13

舆情传播与社会关系网络之间的关系

我的博士论文研究

我的博士论文研究的是社会关系网络，主要研究中国创业者如何利用他们的社会技能、社会策略和社会主动性（social skills，social strategies and social initiative）去拓展社会关系网络的规模（network size），优化社会关系网络的结构（network structure），进而提高创业公司的业绩。所以，我对于社会关系网络方面的相关文献还是比较熟悉的。

在我做博士论文的 2003—2005 年间，基于互联网的社交网络刚刚兴起（例如，脸书、腾讯等）。以前这个领域的研究很少采用动态直观、实时演化的方式呈现研究过程和结果，尤其是比较两个不同性质和结构的社交网络，在面临同一重大事件的冲击时，它们的应对方式、演化过程和结果为何差异巨大，这在当时是一项很有挑战性的工作。但是，感谢过去 20 年里社交网络和大数据的出现，让一切变得可视化，可以全程进行观察，甚至进行某种准实验（quasi-experiment）。

《关于陈春花教授危机事件的深度分析和反思》一文的传播过程

2022 年 8 月 1 日，我所发表的《关于陈春花教授危机事件的深度分析和反思》一文，为我提供了一个独一无二的、关于舆情传播与社会关系网络之间关系的有趣观察机会，甚至可以说是一项准实验。因为只有我和公众号编辑有机会进入两个公众号（"大变局下的中国管理""本土管理研究"）的后台，仔细观察数据变化情况，所以，经过深思熟虑之后，我把我所观察到的一些有趣现象以及我的分析结果分享给大家。我希望大家从本文中体会到"举手投足，嬉笑怒骂，一切皆学问，一切皆研究"的价值观和态度，了解到从事科学研究的魅力之所在。

需要特别说明的是，本文已经与陈春花教授危机事件无关，我只是把陈春花教授危机事件当作一个重大舆情事件（events）来看待，研究舆情是如何在社交网络上传播的。我主要结合微信公众号后台所提供的数据，再加上我的亲自观察，分析一下舆情传播背后的结构性因素、可能的动力机制等。

此文是 8 月 1 日 12 点左右在"大变局下的中国管理"（以下简称"大变局"）上首发的。几分钟后，在"本土管理研究"（以下简称"本土"）上进行了转载。因为我在该文中严肃地声明"谢绝转载或者被全文剽窃，一旦发现，就会投诉甚至起诉"，所以，此文的传播路径非常清晰、有限、可控，后台的数据库也知道哪个网站或者公众号采取了分享页的方式。

首先，我需要说明一下两个公众号的定位和读者群的差异。"本土"主要面向中国管理学界的教师和博士生，经常探讨管理学理论、思想、研究方法论和管理哲学等。这个公众号既发表我的学术观点，也转发其他学者的理论文章，特别是我所主持的"煮茶问道·本土管理研究论坛"上的争鸣文章。而"大变局"是我的"思想自留地"，如果没有特殊情况，一般只发表自己的原创文章。该公众号主要面向对管理实践感兴趣的读者群。该公众号开通后一年多，主要围绕与其同名的书进行介绍和传播，以及发表我在"专精特新"企业方面的一些研究成果。

截止到2022年7月31日，"大变局"上有粉丝6 588人，而"本土"上有粉丝4 215人。根据各方面的数据和信息进行推断，关注"大变局"公众号的读者群体非常广泛、多样化。30%左右来自管理学界，包括教师和博士生；其他读者主要包括创业者、企业家、经理人、政府官员、从事创业服务的人员、风险投资人、管理咨询顾问等，也有我的一些亲朋好友。

如果把订阅公众号的粉丝当作某种总体（population）中经过自我选择而成的样本（sample），就粉丝的身份类型而言，"大变局"比"本土"异质性更强一些，粉丝彼此之间很少是相互认识的，彼此之间很少有强链接（strong ties）。而"本土"上的粉丝群体则不然，因为主要是中国管理学界的老师和学生，所以在现实生活中，他们彼此相对熟悉，有更多的强链接。因此，"大变局"所代表的总体是一个相对开放的、松散的弱链接网络（relatively open, loose and weak ties networks)，"本土"所代表的总体则是一个相对封闭的、紧密的强链接网络（relatively closed, intensive and strong ties networks），两者呈现出明显的结构性差异。

除此之外，还要考虑其他两个初始条件上的差异，这也可能影响文章的传播效果和速度。第一个因素涉及公众号的性质。"大变局"是一个订阅号，每天都可以发文章，但是，每次发文只能淹没在众多微信公众号的文章之中，无法第一时间被读者发现。而"本土"是一个服务号，每个月只能发四次文章，但是，每次发文立刻会"跳出来"，凸显在微信私信列表中，容易被读者感知到。第二个因素涉及两个公众号的粉丝数量，"大变局"比"本土"多 2 373人（6 588－4 215）。对于一个社交网络来说，基数越大，舆情事件在社交网络上传播时，起始的传播动量就越大，越容易破圈、出圈，而且网络规模越大，新订阅者的增长速度（至少从绝对数量上看）一般也越快。这就类似滚雪球，雪球越滚越大，越到后来，雪球每次沾的雪越多，就会更快地变成一个更大的雪球。

而从陈春花教授危机事件本身受关注的程度来说，不管是管理学界，还是管理实践界，这两个圈子在当时的时间点上对此事件都是高度关注的，彼此之间应该没有显著性差异。

需要说明的是，我在写作此文的时候完全避免了标题党的做法，采用了一个特别平实的标题，根本不希求引起大范围的轰动，只想就这个事件本身做一番理性、客观、中道的分析。如果我采取某种标题党的做法，估计传播效果更具有爆炸性。我要感谢众多网友的认可，他们也感知到了我的初心。

综合以上多项因素，我们会发现，这两个公众号：（1）在社会网络结构上差异很大；（2）在网络规模大小的初始条件上，虽然

"大变局"比"本土"更有数量上的优势，但是，从文章如何从信息和噪音的海洋里被读者发现和感知到的角度来说，"本土"比"大变局"更有优势，哪怕只有时间上的短暂优势。再加上两个平台的粉丝对该话题有几乎相等程度的关注，所以，这篇文章在两个公众号上的传播，在某种程度上可以视为在两种不同条件下所做的一个准实验。

数据分析和研究结果

就我的个人观察和后台所提供的数据分析来看，同一事件在这两个网络平台上的传播过程非常不同，最后的效果差异惊人。表4中的数据是截止到2022年8月21日的有关该篇文章的数据分析。请注意，这里呈现的是单篇文章的传播效果分析，而不是这段时间内公众号上整体的阅读情况，只有这样才能做更精准的分析。

表4　两个公众号各项特征和传播效果比较研究

项目	大变局下的中国管理	本土管理研究
内容	赵向阳个人的"思想自留地"。主要面向实践，发表与管理有关的通俗类文章。近期以"专精特新"企业主题的文章居多	管理学术争鸣的公众号，主要发表一些关于管理学研究、理论和哲学思辨的文章
粉丝群体	读者群体多样化，有30%左右的管理学者群体，其他的主要是创业者、企业家、经理人、政府官员、创业服务从业者、风险投资人和管理咨询顾问等	80%以上是中国管理学界的老师和博士生

续表

项目	大变局下的中国管理	本土管理研究
网络异质性	样本内部彼此之间是异质性的，很少有强链接。而样本所代表的总体则是一个相对开放的、松散的弱链接网络。潜在传播受众规模更大	样本内部彼此之间是同质性的，他们有着类似的工作，彼此之间有很多强链接。但是，样本所代表的总体规模有限，是一个相对封闭的、紧密的、强链接网络
订阅者对此话题的关注度	相当高	非常高
关于公开传播此文的可能性猜想（研究假设）	因为只有较小的人情面子关系的压力，所以通过朋友圈、微信群传播此文的可能性比较大	因为面临比较严重的人情面子关系的压力，所以较少通过朋友圈和微信群传播此文，主要是微信私信中的一对一分享
7月31日订阅者数量和基本特征	6 588 人。 男性 60.0%，女性 40.0%。 北京 20.0%，上海 6.8%，深圳 6.1%，广州 5.5%，杭州 4.1%，成都 3.2%，南京 2.9%，武汉 2.2%，等等	4 215 人。 男性 60.0%，女性 40.0%。 北京 16.3%，上海 7.7%，广州 5.9%，深圳 4.3%，杭州 3.7%，南京 3.4%，武汉 3.3%，等等
关于此文的传播效果（公众号后台所提供的数据）	朋友圈 61%，聊天会话 29%，公众号 6%，朋友在看 2.4%。首次分享次数 26，总分享次数 1 597，分享所产生的阅读次数 1 118	朋友圈 57%，聊天会话 35%，公众号 4.8%，朋友在看 2.6%。首次分享次数 23，总分享次数 986，分享所产生的阅读次数 1 137
8月1—8日间，订阅者数量的变化情况（括号中的数字为每天新订阅者人数）*	7 328 (751)； 7 948 (629)； 8 608 (673)； 9 482 (880)； 9 764 (302)； 10 033 (273)； 10 361 (333)； 10 658 (303)	4 973 (772)； 5 255 (285)； 5 540 (298)； 5 747 (215)； 5 783 (57)； 5 809 (33)； 5 849 (44)； 5 886 (40)

续表

项目	大变局下的中国管理	本土管理研究
8月9日之后此文的二次传播	因为某个媒体大号的引用或者分享，8月9—11日，该文的阅读量和本公众号的新增粉丝数量再次飙升，发生了非常显著的二次传播。三四天之后，再次归于平静	因为"本土"公众号只是转载，所以，不会有媒体大号直接引用它作为来源，"本土"上没有出现二次传播现象。相关数据稳定下降，最后归于平静
截止到8月21日，此文的总阅读数	105 347次，在看691，点赞1 436。公众号粉丝数12 360人（增加了5 777人）	37 631次，在看223，点赞493。公众号粉丝数6 000人（增加了1 785人）

＊每天既有新订阅者，也有取消订阅者。括号中为新订阅者人数。

我的基本猜想如下（也就是研究假设）：因为关注"本土"的多为管理学者和博士生，大家都是圈内人，所以面临比较严重的人情面子关系的压力，估计较少有人通过朋友圈和微信群传播此文，主要是通过微信私信的方式一对一分享。而关注"大变局"的人群很分散，异质性很强，几乎没有人情面子关系的难题，所以通过朋友圈甚至微信群传播此文的可能性大。从短期来看，此文在"本土"的传播效果会很好，因为相对封闭的、紧密的强关系网络是传播"流言蜚语"的天然温床。而从长期来看，"大变局"传播效果更好，因为在一个相对开放的、松散的弱关系网络中，可以传播得更广。

后台的数据表明，"本土"上的读者主要是通过朋友圈（57%）、聊天会话（35%）、公众号（4.8%）、朋友在看（2.6%）等方式接触到这篇文章的。其中，首次分享次数为23，总分享次数为986，分享所产生的阅读次数为1 137。相比"大变局"上的读者群，的的确确，"本土"上的读者群采用朋友圈的公开分享要少一些（少

4%），更多地采用了更私密的分享方式（其中，聊天会话多了 6%）。但是，这个差距并不是非常明显，与我的个人感知差距很大。

为什么会这样呢？在此文发表之后的 3 天里，我很少在朋友圈看到有人分享此文。我自己也是一直等到陈春花教授 8 月 3 日中午自己发表了《陈春花：一封公开信》之后，才在朋友圈里进行了分享，并转发到了个别微信群。但是，两个公众号上的数据显示，有57% 或者 61% 的人通过朋友圈进行了分享，为什么我就没有看到呢？一种可能的解释是，我身处中国管理学界的核心圈层，处在那种与陈春花教授个人接触较多的社会关系网络里，我们两个人在中国管理学界的社交网络部分重叠，所以很少有人在朋友圈公开传播此文，以免大家尴尬。而在那些与我们两人无关的管理学者的圈子里，可能的确有很多人进行了公开分享，只是我们都没有看到而已。当然，这只是一种事后解释罢了，无法直接证明。

更为有趣的是，此篇文章发出之后当天后台实时变化的数据（每分钟甚至每秒钟阅读量的增加数和新增粉丝数）则告诉我们一个完全不同的故事，它以颗粒度更精细化的数据告诉我们强关系网络在分享信息时的一些有趣特征。根据我和编辑的观察，一开始的时候，"本土"公众号的阅读量和新增粉丝数在短时间内急速飙升。特别是，在 8 月 1 日中午 12 点到晚上 8 点之间，增长速度明显超过"大变局"。以至于我一度怀疑这篇文章是不是发错了地方。因为我不希望有太多的人关注"本土"这个公众号，所以我已经很少在这个公众号上发文章了。但是，到了当天晚上 8 点以后，两个公众号不管是在阅读量上还是在新增粉丝数上，已经并驾齐驱了。而到了 8 月 2 日中午以后，"大变局"在所有的数据方面已经遥遥领先。

根据后台的统计数据，大家可以看到，"本土"上当天增加粉丝数 772 人，而"大变局"上只有 751 人。在这篇文章发表以后的两三周里，这是唯一的一次"本土"的新增订阅数超过"大变局"。后来每天的数据都毫无例外地说明，"本土"的表现远远不如"大变局"，两者甚至不在一个数量级上。"本土"上每天新增人数经常只是几十个，而"大变局"上每天平均几百个，完全是碾压式的超越。

这说明了什么？显然，这强有力地证明了我以前的研究猜想："本土"是一个相对封闭的、总体有限的强链接网络，"大变局"则是一个相对开放的、总体无限的弱链接网络。在短期内，一个舆情事件要爆发式传播，需要依赖一个核心的强链接网络的积极转发和分享。但是，因为强链接网络的规模总体有限，如果舆情要在更大范围内发酵，则依赖于一个更加开放的、总体无限的弱链接网络。

从对两个平台数据增长的观察来看，8 月 2 日早上以后，这篇文章开始从中国管理学界进入一般性公众舆论场域，最终演化成一个具有影响力的社会话题。这再次证明了强链接和弱链接在传播信息方面各有各的优势。从短期来看，强链接的确很重要，因为它可以分享得更多、更快速，但是，强链接网络内部资源很容易耗竭。从长期来看，弱链接可以传播得更广、更远。如果没有强链接网络作为点火装置，后续的弱链接网络也很难产生作用。

这就是社会学家格兰诺维特在 1973 年所提出的"弱链接的优势"（the strength of weak ties）。他发现，求职者在找工作时，往往并不是那些熟人可以提供更多的帮助，反而是那些"朋友的朋友"（也就是一面之缘的弱链接关系）有可能带来更多帮助。为什么呢？因为强链接（比如，亲戚朋友、铁哥们、闺蜜等）之间的信息冗余度很高，你知道什么，他们也知道什么。而弱链接之间信息的冗余度很低，他们经常知道一些你不知道的信息，而这些信息可能给你带来意想不到的工作机会。比如，2015 年 8 月的一天，我在一个眼镜店里认识了一位刚从德国留学回来的女硕士，她也来配眼镜，她说正在找一份人力资源管理方面的工作，而且希望有进京指标。而我突然想起来我的一个朋友的公司正在招聘人力资源主管，于是当场就帮他们链接了一下。一周以后，这个女孩子就入职我朋友的公司，而且获得了很多人穷尽一生都拿不到的北京户口。这大概是最神奇的弱链接了吧。

当然，弱链接的优势也不应该过于夸大。我在博士论文研究中发现，虽然弱链接在分享一般性信息的时候有低冗余度的优势，但是，强链接在分享私密信息、复杂知识、提供物质和精神帮助的时候更有优势。

进一步的引申讨论

结合"本土"公众号以前的数据进行分析，在所有的文章中，那些批判或者影射中国管理学界现状的文章，尤其是那些从顶尖国际期刊上翻译过来的文章，传播效果最好。例如，《废话的胜利：为什么管理学研究变成了自说自话的"学术游戏"？》（2020 年 1 月 10 日），阅读量是最高的，有 3.6 万。而且我忘了加原创保护，导致众多的"盗版"，否则，总阅读量可能更高。

无独有偶，《关于陈春花教授危机事件的深度分析和反思》一文的阅读量，截至 2022 年 8 月 21 日在"本土"上也只有约 3.7 万（在"大变局"上则有约 10.5 万），然后基本上处于停止增长的状态。所以，我们可以大胆地猜想一下：关于管理学研究的文章，不管文章内容多好、标题多么耸人听闻，只要不出圈，传播的上限大概就是 4 万。这是一个峰值，很难被超越，因为这与中国管理学界的人数是有关系的。

进一步横向对比两个公众号上所发表的其他文章，因为此篇文章的敏感性以及发表的时机，其所带来的阅读量和涨粉效果是前所未有的，完全碾压了前面几十篇原创文章的涨粉效果。

如何理解这种极端现象呢？很简单，因为在这个世界上，很少有符合正态分布（normal distribution）的社会事件甚至是自然事件。不管是国家领土面积大小、人口规模、公司规模、个人财富、个人社会关系网络规模，还是宇宙中星系的规模、星体的大小、某种元素在地球上的含量，甚至你们家地里挖出来的石块的大小等，我们几乎找不出来几个满足正态分布的事件。

虽然管理学、心理学、经济学和社会学把正态分布当作统计研究的基础，假设事件与事件之间是相互独立的，但事实上，正态分布绝对不正常（Normal distribution is absolutely abnormal!）。这是因为，在真实世界里，所有的社会事件（甚至自然事件）之间是相互作用的，而非独立的，它们表现出时间上的路径依赖（path dependence）、空间上的网络外部性（network externality），所以社会事件和社会互动所产生的效果只能用对数正态分布来描述（log-normal distribution），而不是正态分布。换句话说，原始事件发生的概率只有做了对数转换之后，才接近正态分布。

反观"本土"和"大变局"公众号上所发表的文章（其他公众

号也类似），一般文章的阅读量介于 1 000 与 4 000 之间，每天新增加的粉丝数量只有 20～40 个；只有遇到爆炸性事件和热门文章的时候，才会出现惊人的增长，而且这种极端事件（塔勒布称之为极端斯坦，或者黑天鹅事件）发生的频率很少，一般低于 1％以下，但是，它所带来的流量和涨粉效果可能超过 99％的文章。这就是我们这个世界的真相。

如果说 2 000 多年前，在耶稣生活的时代，"马太效应"还可以用"二八效应"来解释，"凡有的，还要加倍给他，叫他多余；没有的，连他所有的也要夺过来"（《新约·马太福音》），强者恒强，富者恒富，甚至 200 多年前的意大利经济学家帕累托所发现的财富分配效应也类似，那么在现在的网络世界里，只能用 1—99 效应来说明。因为每个人的注意力有限，而世界上每天发生的事情太多，所以绝大多数人或者事件在这个世界上寂寂无闻；只有个别人或者事件能经常上热搜，或者赢者通吃。这是非常残酷的现实，也是我所痛恨、想要改变的现象。

我是如何开始研究互联网心理学的？

对于我来说，遭遇网络攻击已经习以为常了。而且我每次都能转危为机，化险为夷，甚至从中获益。所以，我对于发表《关于陈春花教授危机事件的深度分析和反思》一文有可能带来的舆论撕裂和攻击，是有心理准备的。但是，幸运的是，96％的后台留言都是非常积极的，只有不到 2％的骂了几句而已。

　　我个人第一次遭遇网络攻击还要追溯到 1999 年的夏天。那时，互联网刚刚进入人们的日常生活，我还在北大读研究生。有一天，一大群人在水木清华 BBS 上讨论台湾问题（就跟 2022 年 8 月初发生的情况很相似），我非常偶然地发表了一篇文章《反对内战，反对造谣》。结果呢？半天之后，这篇文章冲上了水木清华 BBS 当天"十大热门文章"之首。

　　我第一次遭到了形形色色的语言暴力和人身攻击。令我印象深刻的是，有人借用电影《大话西游》里面的一段台词："我要抓住他，挤破他的肚皮，把他的肠子扯出来，再用他的肠子勒住他的脖子，用力一拉，整条舌头都伸出来啦！我再手起刀落，哗——！"（哈哈，我现在这条小命还在，而且活蹦乱跳的，不知道当年骂我的那位老兄是否身体安康，在这里我问候你了。）

　　当时的我年轻气盛（现在也是如此），立刻又写了一篇文章《我就是那篇千夫所指的文章的作者》进行还击。然后呢？两个小时内，这篇文章第二次冲上水木清华 BBS"十大热门文章"之首。攻讦者汹汹，而我岿然不动。到了当天晚上，我又写了第三篇文章《仍然是我！论 BBS 上的变态行为》。在这篇文章里，我第一次有意识地运用自己所学的心理学理论来分析网络上的攻击性行为，也就是：网络匿名性—责任分散—群体极化—责任分散与群体极化两者的结合如何进一步加剧了乌合之众行为（包括攻击性提升）。

　　特别是，当天晚上我下载了所有跟帖这三篇文章的相关帖子，开始研究这些帖子发表的时间，以及它们的语言攻击性暴力程度。我在一张很大的对数坐标图纸上，描绘出它们的演化轨迹（每隔五分钟，我统计出来有多少跟帖我的文章的帖子），我明确地看到了引爆点（tipping point）和指数增长曲线。我试图从复杂性科学、系统演化动力学的角度来分析热门文章的演化规律，研究一篇文章如何从噪音和信息的海洋中脱颖而出，登上热搜，成为众矢之的或者街谈巷议的话题。这或许就是中国互联网心理学的开山之作。我后来的硕士论文《在线信息咨询工作中匿名性对工作绩效的影响》，以及 2002 年我发表在《心理学进展》上的关于互联网心理学的综述文章等都引领了时代潮流。

在 1999 年开始的探索性研究中，我第一次认识到了对数正态分布在真实世界的巨大影响力。在塔勒布写出《随机漫步的傻瓜：发现市场和人生中的隐藏机遇》和《黑天鹅：如何应对不可预知的未来》之前，我就已经对正态分布在现代社会科学中的荒谬进行了反思。我认为，所有建立在正态分布基础上的学科，不管是管理学和心理学，还是经济学和社会学，就像是建立在沙滩上的大厦一样，摇摇欲坠，不值得信赖。为了彻底弄明白对数正态分布在统计学中的作用，我曾经在加拿大温哥华西蒙菲莎大学商学院的图书馆里进行检索，找到了两本关于对数正态分布的英文专著，并进行研究。我甚至自告奋勇给北师大经济与工商管理学院的本科生讲过一学期的统计学，试图从最基础的层面搞清楚问题到底出在哪儿。

通过以上的分享，希望大家明白一个道理，那就是时时刻刻做一个有心人，对自己的行为进行反思，从经验观察上升到理论思考，再回过头来，把研究所得用于指导实践，让自己的实践更自觉、更高效。佛家说，吃喝拉撒睡，皆是禅心，而在我看来，举手投足，嬉笑怒骂，皆成文章。

14

管理案例教学法中的文化差异与整合之道

写在前面的话

本文出自我主持翻译的"毅伟商学院案例教学法丛书"的后记，主要是从跨文化比较的视角探讨源自西方的案例法（包括案例教学、案例开发和案例学习）在中国工商管理教育应用中所面临的文化挑战，具体探讨了中西方在权力差距、集体主义和个体主义、对不确定性规避、特殊主义与普遍主义、情绪中立与情绪外露等文化维度上的差异，及其对案例教学和案例写作的影响。最后，我认为渗透着西方的"两分法"和过于强调行动的案例教学指南也有其局限性，我们应该努力融会中国传统文化的中庸之道、阴阳思维、"无为"与西方管理理论中的悖论整合思维来进行案例分析。

需要说明的是，这篇文章写于2011年，那时，管理培训师们所开创的那种在庞大的舞台上、聚光灯下，一位被捧上神坛的明星讲师，一行字就是一页PPT，一天需要换三件衬衣、吃两颗速效救心丸的演讲方式，还没有登场。重读此文，回顾过去10多年里中国MBA教育和管理培训市场的发展，会越发觉得案例教学中所体现的那种自由、民主、平等的理念，要比灌输式的、洗脑式的培训更可贵。多年来，我一直在北师大 MBA 教学中使用案例教学法，并且开设了"管理案例分析入门"课程，系统性教授学生如何进行案例学习，就是为了激发学生的独立思考和主体性。

过去 10 多年里，中国商学院在案例教学和案例写作上成就显著，尤其是中国管理案例共享中心（大连理工大学承建）、清华大学经济管理学院中国工商管理案例中心以及中欧国际工商学院中国工商管理国际案例库，已经收录了 9 000 多个案例。每年有"全国百篇优秀管理案例"评选活动，也涌现出了一大批案例名师。我主持翻译的"毅伟商学院案例教学法丛书"已经成为所有有志于从事案例教学的老师的必读书目。本篇文章中所提到的文化差异已经被大家明确地觉察到，甚至找到了克服的办法。适合中国文化土壤的新型案例教学法也正在孕育和成长之中。

引言

世界上有两类老师：一类老师信奉或者习惯于讲授法，另一类老师则信奉或者习惯于案例法。前者试图把讲台变成自己一个人的舞台，把自己变成一个熠熠生辉的超级明星。他们面对成百上千的听众，口若悬河，以渊博的知识吸引人，让人不由自主地想要去崇拜、想要去模仿。后者则怀着"以学生为中心"的态度和对体验式教学的虔诚信仰，试图把教室变成一个喧闹的但是激动人心的、可以自由交换思想的罗马广场，他们通过有技巧的提问，挖掘学生内在的经验，启发学生独立思考，提升学生多方面的能力。

显而易见，讲授式教学在工商管理教育中有自己的一席之地，但是也有自己的局限性，尤其是不擅长培养学生的决策能力、表达能力、独立思考能力、创造能力和沟通技能等，所以我们更多地提倡案例教学。讲授式教学在大多数时候只是平铺直叙地将别人发现的理论告诉学生，就像中国家长对待自己的孩子一样，动不动就喊"别碰那个！""别碰这个！""小心点，别摔倒了！"在这种教育模式下培养出来的孩子缺乏自主性和独立性，念完大学才发现自己无法面对这么复杂的世界，会犯很多低级错误，而且犯的都是大错误。

而案例教学的目的之一也是帮助学生掌握理论（"借尸还魂"），但却是依靠自己的思考和努力，靠和别人的合作与竞争，重新发现那些写在课本上的理论。当然，如果有可能的话，最好是能发现或者创造新的理论。学生发现或者创造理论的过程以及最后达到的结果可能达不到学者的那种水准，但是，学者发现或者构建理论的方式真的就很完美吗？他们发现或者构建的理论，尤其是社会科学的理论，离完美的境界又有多远的距离呢？凡是从事科学研究的人都知道，所有的理论发现过程（或者说发明过程）都充满了混乱、曲折和反复，而且所有的理论也都存在很多局限（请参考《管理学中的伟大思想：经典理论的开发历程》一书中第 18 章"开发关于理论开发的理论"）。相反，看似混乱的案例教学，在内行看来，事实上并不混乱，并不是你一句我一句的闲聊，而是有清晰的结构和逻辑、有一定的韵律的。

西方人认为案例教学的鼻祖是苏格拉底，他在市场上、广场上甚至公共浴室里与人谈话。他首先放空自己，假设自己什么都不知道，然后通过循循善诱的提问，让自满者怀疑自己的偏见，让"无知者"从自己的经验中发现真理的种子。而在中国，案例教学的鼻祖应该是孔子。孔子和他的三千弟子、门下七十二贤人之间的谈话基本上体现了因材施教的思想——同样的问题，因为不同的人与情境，答案不同，这属于典型的启发式案例教学。遗憾的是，经过董仲舒大力提倡"罢黜百家，独尊儒术"，以及更晚近的朱熹等总结的"三纲五常"的制度化之后，我们的教育里丧失了这种启发式教学的传承。"热情而动人的沉思"（古希腊人关于科学的定义）变成了死记硬背和墨守成规。所以，在中国进行案例教学、案例写作和案例学习都面临着文化上的挑战，需要克服文化障碍。

文化差异对案例教学法在中国工商管理教育中的应用的影响

借助于跨文化研究中的相关理论，比如，霍夫斯泰德（Hofstede）和特朗皮纳斯（Trompenaars）等的研究成果，我们可以对这个问题有更深的认识。鉴于西方是一个巨大的、模糊的概念，包括很多国家，而案例教学和案例开发主要是在美国和加拿大的部分商学院比较流行，所以下面的讨论主要聚焦于中国和北美国家之间的文化差异对案例教学、案例写作和案例学习等的影响。这其中包括权力差距（power distance）、个体主义和集体主义（individualism vs. collectivism）、对不确定性的规避（uncertainty avoidance）、特殊主义和普遍主义（particularism vs. universalism）、关系特定和关系弥散（specific vs. diffused relationship involvement)、情绪中立和情绪外露（neutral vs. emotional）等，以及西方的"两分法"（either-or）和过度强调行动（doing）思维方式的局限性。关于这些概念的详细定义，感兴趣的读者请参考相关的著作或者教科书。表 5 列出了三个国家在这些关键文化维度上的差异，以方便下面的讨论。

表 5　中国和北美之间的文化差异

国家文化维度	中国	美国	加拿大	数据来源
权力差距（低—高）	80	40	39	霍夫斯泰德，2005
个体主义和集体主义	20	91	80	同上
对不确定性的规避	30	46	48	同上
特殊主义和普遍主义	47	93	93	特朗皮纳斯，1998
关系特定和关系弥散	32	80	87	同上
情绪中立和情绪外露	55	43	49	同上

权力差距

从表 5 可以看出，中国的文化是一种高权力差距的文化，而北美文化是一种低权力差距的文化。案例教学要求的情境必须是低权力差距的文化。在案例讨论的课堂上，学生是中心，是演员，是主角；而教师只不过是教练，是主持人，是导演，是催化剂和信息库。教师不应该扮演讲演者、评论家和仲裁者的角色。为此，教师首先要转变自己的观念和定位，放下身段，把课堂转变成一个探索思想的激动人心的广场，而不是布道的教堂。教师知道教授了多少知识并不重要，重要的是学生学到了多少知识，又最终把多少知识转化为能力，以及学生在个性和品德方面有多大程度的完善和提高。

其次，学校应该尽可能地创造适合案例教学的物理条件，比如U 形的阶梯教室，或者小型的用于分组讨论的圆桌式的平面教室。

教室设计和硬件配置影响教学行为，进而影响教学效果。桌椅的摆放方式就像办公室的布置一样，直观地反映和强化了权力距离和教学理念的差异。案例教学鼓励学生不仅从教师身上学习，也从自己的同伴身上学习，从自己的学习经历中学习。硬件条件合适的案例教室为学生之间的人际沟通提供了条件，其中微妙的人际互动和课堂压力等有助于培养独立自主的管理者。

可以想象，那些更年轻一些的教师，那些秉持更民主的价值观的教师，那些有着更强的沟通技巧的教师，那些更加自信和开放的教师，会更倾向于采纳案例教学法。

个体主义和集体主义

中国文化属于集体主义文化，而北美文化属于个体主义文化。这两种文化下的人们在沟通方式上存在着巨大的差异。在集体主义的中国，人们尽量避免使用第一人称"我"，而尽可能地采用"我们"；尽量避免当场质疑教师或者任何位高权重者的见解；很多人不习惯于在大庭广众之下发言；很多时候，学生不是直接在课堂上提问，而是在课后私下请教。

另外，在集体主义文化下，内群体和外群体之间有着巨大差异，要想进行真正的团队合作和小组学习有一定的困难。集体主义文化下盛行的是各种小圈子，一个人想加入一个小圈子很难，离开一个小圈子而加入另外一个新的小圈子也很难。圈子的墙壁很厚，难进难出，可渗透性很差。这导致中国学生很难严格意义上去遵循《毅伟商学院案例学习（第 4 版）》中的三阶段模型（个人学习—小组学习—课堂学习），尤其是在小组学习和课堂讨论阶段。根据我个人的教学经验和观察，教师分配的案例分析作业，比如 PPT 的准备，更多是由一个人来完成的，而不是小组群策群力讨论的结果。更有甚者，本来教师期望每个小组一学期要负责四个案例分析，学生则采用一种"劳动分工"，每次只是一个人准备，一个人一个案例。这种情况经常发生在那些忙碌的在职 MBA 学生身上。这是那些想要采用案例教学的中国教师必须了解和面对的挑战。

对不确定性的规避和特殊主义

中国文化是一种对不确定性和模糊性有很强容忍性的文化，将就变通，接纳变化；北美文化则是一种对不确定性倾向于规避的文化（虽然北美人没有德国人那么严谨和死板）。中国文化是一种特殊主义文化，而北美文化是一种普遍主义文化。中国文化强调情境的特殊性，因人而异；而北美文化强调规则的普适性，强调逻辑性和一致性。刚开始进行案例讨论的时候，中国学生不太习惯基于案例所提供的数据、事实和细节进行分析和辩论，更多是直接跳到结论上去，给出一个总体性的、概括性的判断。就案例写作来说，西方的决策型案例的写作事实上是很模式化的，遵循一种倒金字塔形的结构（请参考《毅伟商学院案例写作（第 4 版）》），案例写作从行业特征和公司背景开始介绍，逐渐过渡到某个职能部门，最后聚焦某位关键的决策者目前面临的某个关键的事件、议题、两难冲突和挑战。中国式写作的最高境界则是"形散而神不散"，一开始让人觉得平淡无奇，没有任何重要的事情发生，到了后面才渐入佳境，最后让人恍然大悟，把所有的细节和部分都串了起来。而北美人，尤其是那些写科学论文的人完全无法忍受这种形式。

语言是文化的重要载体。相对于英文来说，中文是一种比较模糊的语言，缺乏严格的语法结构，不太适合科学论文的写作。我们既可以说 2010 年足球世界杯上"德国大胜阿根廷"，也可以说"德国大败阿根廷"；既可以信誓旦旦地承诺所有售出的衣服"包不褪色"，也可以倒着念"色褪不包"。英文的表达是越具体越好，每一段落里面只表达一个主要的思想或表述一个事件，最重要的思想永远放在起首段（或者起首句）和结束语里面。而中文却能容忍在一段话里面同时表述多个问题或者事件。

情绪中立和情绪外露

虽然中国文化不像日本文化那样沉默寡言，不善于当众流露情感，但是中国文化也属于情绪中立的文化。中国人，尤其是那些位高权重的、在政府工作的人很少公开地表达自己的情绪，认为那样很不职业、很不成熟。而北美文化属于情绪外露型的文化，虽然它也不如拉丁美洲文化和拉丁欧洲文化表现得那么极端。大家比较一下美国前总统乔治·W. 布什和我国前总理温家宝在对待同样的"扔鞋事件"时迥然不同的反应就可以明白这一点：一位挤眉弄眼，动作夸张，"咦！这是一只 13 号鞋"，通过幽默，在无形中化解了一场更大的冲突。另外一位则面不改色，举手投足缓慢而庄重，义正词严地进行了驳斥和反击，"任何人都无法阻止中美两国人民的友谊"。事实上，不管是美国总统，还是中国总理，他们都是自己国家文化的孩子，他们对同一事件的不同反应，更多地体现了国家文化差异，而非个人性格差异。

沟通方式的直接与委婉

北美人讲话直接，而中国人讲话委婉。我的一个美国朋友（事实上在法国生活了 50 年）对中国传统文化非常热爱，一度读了

《红楼梦》大约 100 页，他困惑地问我："贾宝玉到底爱不爱林黛玉呀？"这就涉及情绪表达上的文化差异，也涉及沟通方式上直接和委婉的文化差异，这也会影响案例教学。北京师范大学的 MBA 课程里曾经采购过彼得·德鲁克管理学院的一门课程——"八项基本管理技能"。这门课程是彼得·德鲁克管理学院从美国引进的，其中所有的案例都是视频形式的，主要内容是美国情境下的两三个员工和上司之间的冲突、沟通和谈判等。我以为，这类案例完全不适合中国情境，因为中国文化是一种高情境的、内隐的、含蓄的表达文化，而美国文化是一种低情境的、外显的、明晰的表达文化。如果采用美国那种激烈直白的方式和中国上级进行沟通，估计那名员工要么被公开炒掉，要么被悄悄地排挤掉。所以，西方的一些组织行为学、管理沟通和领导力等方面的案例不一定适合中国的 MBA教学，除非拿它们当作教授跨文化沟通与管理的案例。

超越西方的"两分法"思维方式和案例教学指南的局限

国家文化的差异也体现在案例教学指南中。毅伟和哈佛案例提供了非常详细的案例教学指南，其质量之高令人印象深刻。我在刚开始进行案例教学的时候非常依赖这些案例教学指南，但久而久之就发现，这些案例教学指南有一个明确的套路，而那个套路就是管理决策的一般程序以及典型的"两分法"的思维模式：面临的问题和挑战是什么？造成这种问题的当前原因和深层次原因可能是什么？可能的解决方案是什么？每一种解决方案的优缺点是什么？选择合适的决策标准做出具体的决策，详细地列出解决方案的实施计划，以及如果可能的话，评估解决方案的效果等。我特别困惑于案例教学指南中的那种简单的"两分法"的思维方式和过度积极主动的干预态度。而这一点西方人可能根本就没有意识到，因为这就是他们的文化，就像人类平时很少意识到空气的存在、鱼很少意识到水的存在一样。在中国文化中，我们不习惯于简单的二元对立，不习惯于把好处和坏处分析得清清楚楚。我们总是试图寻求和谐，寻求超越二元对立，寻找中庸之道。

另外，西方的管理学中有强势的管理者中心主义，企业聘请一位管理者就是想让他做点什么（这种假设在多数场合下是合理的），可是有些时候，一位管理者或者一家企业什么都不做，可能比过于积极主动地做很多事情对这个社会更有贡献（也就是不妄为）。甚至有时候随着时间和环境的改变，当下所谓的问题会变得不再是问题了，先前采取的貌似合理的行动反而变成了画蛇添足，甚至有害社会。事实上，短期和长期的利益得失非常难以平衡。个人、企业和社会层面的利益得失又有几个人能说得清楚呢？希望中国本土管理研究可以突破这种简单的"两分法"和过度积极主动的管理态度，发展出属于中国文化的案例教学法。总之，在使用来自北美的案例教学指南的时候，要保持一种质疑和批判的态度。

关于这一点，有兴趣的读者可以参考有关悖论方法（paradox approach）在管理中的一些研究进展和应用。所谓悖论，就是相互对立的二元，它们成双成对地出现，而且持续存在，不会消失。单独看每一个元素都非常合理，但是，如果把两者放在一起就显得非常的不合理、矛盾和诡异。相比霍夫斯泰德，我认为特朗皮纳斯在对两难冲突的理解上更接近中国文化中的对立统一、否定之否定、道、阴阳和中庸等。特朗皮纳斯认为："文化就是解决两难问题的方法。"作为人类，我们都面临着相似的一些问题，包括如何看待自己、本人与他人之间的关系、人与环境之间的关系，如何看待时间，如何看待空间，如何看待生死、是否有上帝等。文化事实上就是某一个群体发展出来的应对两难问题的解决之道。作为一位管理者，尤其是高级管理者，每天面对的很多都是两难问题。管理层级越高，面对的两难问题越多、越大、越纠结、越深刻。在这种情况下，简单地通过 SWOT 分析进行"多选一"的决策可能短期内是积极的，长期来说则是灾难性的。

悖论方法试图超越权变方法（contingency approach），在维持短期高绩效的基础上，追求更长时间段里企业的持续生存和更大范围内利益相关者的动态平衡。举例来说，图 23 中特朗皮纳斯说明了过度的竞争和过度的合作都不是最佳选择，而只有"竞合"才是最好的。图 24 则说明了如何把在关系特定、低语境文化下的对产

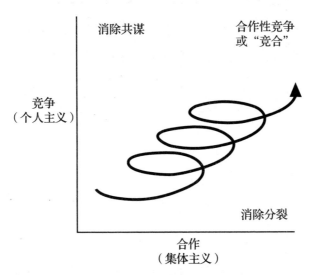

图 23 竞争与合作的整合

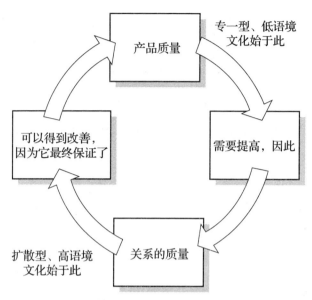

图 24 关系特定和关系弥散的文化循环

品质量的关注，与在关系弥散、高语境文化下的对人际关系的关注协调起来。传统的权变理论要求在不同的条件下，根据变量与变量相互匹配的原则，做出最佳选择或者耦合；悖论方法则要求在矛盾的张力下面，整合对立双方的优势，避免它们的劣势，追求更长远的优秀业绩。总之，权变的思维已经越来越过时了，而与中国阴阳思维相一致的悖论整合方法必然在未来的管理学理论中大行其道，这就要求我们在案例教学中，在思维方式和教学法上有所突破。

未完的结束语：先走向极端，再进行综合

案例教学、案例写作和案例学习是在北美商学院里培植出来的一朵娇嫩的鲜花，它在中国的热烈绽放需要合适的硬件条件、制度

和文化土壤，而培养这种制度和文化是有一定难度的。当然，你也可以质疑，我们真的需要采用案例教学来改变我们的教育以及管理吗？案例方法又在多大程度上能做到这一点呢？不过，我们殷切地希望你真正地吃过了螃蟹，再来评判它是否美味。

从终极意义上来说，我们鼓励多种教学方法的并存（比如讲授法和案例法），而且不同的教学方法之间可以相互渗透、彼此获益。我就一直试图针对不同的课堂参与者采用不同的教学方式。对MBA学生更多采用"全"案例教学法，也就是一门课程20个案例左右，理论教学大约占30%的时间；而对于本科生或者学术型硕士研究生则主要采用讲授法，间或点缀两三个大案例和众多的小故事。讲授法让教师对理论的了解更全面、更深刻，可以很自然地迁移到案例教学中去；案例教学法则让教师更了解管理实践的丰富性和复杂性，使得理论教学更加容易被学生理解。

从我个人的教学实践来看，在进行全案例教学的过程中经常遇到的一个来自学生的期望是，教师能将案例讨论和理论讲授平衡起来，或者是折中一下。对此，我的回答通常是这样的："马和马生下来的是马，驴和驴生下来的是驴，而马和驴杂交生下的是骡子。"我们中国人最擅长进行折中与调和。作为案例教学的初学者，你可能首先要抵制的就是这种回到老路上去的诱惑。先走向极端，再进行综合和折中，这是我个人的一贯态度。"取乎其上，得乎其中；取乎其中，得乎其下；取乎其下，则无所得矣"。

15

假如给我三天黑暗
——MBA 学员情感教育案例

写在前面的话

在 MBA 教育中如何进行情感教育？如何提升学员的精神境界，尤其是内心的柔软度？来自西方的"组织行为学"如何与中国实际相结合？在担任北京师范大学经济与工商管理学院 MBA 中心副主任期间，我在自己所有的 MBA 课堂上进行了反思式教学和体验式教学的探索，并且要求学生在课程结束时撰写反思论文。2009 年，我邀请了一位盲人按摩师在课堂上与学员进行交流，产生了意想不到的效果，本文是学生反思论文集《假如给我三天黑暗》的序言。作为一个典型案例，本文有助于大学教师反思自己的教学活动。

特别说明一下，我的实践发生在 2009 年。2022 年 11 月，我重新编辑此文的时候，突然意识到我当年所探索的把商业伦理和情感教育融入每一门 MBA 专业课里，与当下政府所提倡鼓励的把思政融入专业课里，有异曲同工之妙。是不是可以这么说，我走到了时代的前面？

缘起

2009 年 12 月 27 日，在 2008 级 MBA"组织行为学"的最后一课上，我邀请了一位盲人王虹女士与我们的学员进行了座谈。这样的安排出乎所有学生的意料。

事实上，一开始我心里也没有底，不知道学员是否会接受这样一场活动，也不是非常清楚应该如何组织这场活动，更不知道学员是否会积极地参与进来。我担心，这样的活动在这些现实的"Money by ability"（这是有的人讽刺 MBA 功利主义导向的话）看来是否过于矫情。一般来说，他们渴望的更多是关于如何快速致富和出人头地的方法和策略，而不是对生命意义的探索。但是，我内心里的声音告诉我，所有的管理活动都是与对人性的基本假设紧密相连的，与如何对待自己，如何对待别人，如何对待那些看起来比自己地位高、权力大的人，如何对待那些看起来不如自己的人（比如，残疾人、农民工、低学历的人）等是紧密相关的。所以，我凭直觉组织了这样一场活动。而且我相信，这与"组织行为学"课程的核心精神是紧密相关的。

出乎我的意料的是，这个题为"假如给我三天光明——与王虹女士座谈会"的活动感动了所有人。有的学生默默地流下了眼泪，很多同学表示，"这是我听到的最感人的一次讲座"。学员宋艳艳分享自己的体会时说："以前我们听讲座，打动的只是我们的头脑；而今天的这个讲座，打动的是我们的心灵，而且是心灵中最深沉、最柔弱的部分。"后来，才有了突发奇想布置给学生的这个反思论文，这也是明茨伯格在《管理者而非 MBA》中很推崇的一种管理教育和学习的形式。我告诉学生，这是一个自愿性作业，只是为自己而写，而不是为了应付教师的"差事"。阅读完这份作业集之后，我个人认为所有的反思论文都很感人、很精彩，我把它们全部收录在这里，编辑成册，不加任何修饰，以纪念我们一学期采用全案例教学的尝试，以纪念我们一起度过的探索知识、智慧、人性和生活意义的美好时光。

王虹小传

1966 年出生于河南。小时候患白内障，本来有机会治疗好，但是因为医生的手术失误，造成了终身遗憾，据说目前该医生已经成为河南省著名的眼科大夫。

长春大学特殊教育学院针灸推拿专业专科毕业。曾经在河南省郑州市盲聋哑学校教授过自然常识课，上课时亲自到市场上买鱼、买小动物带领孩子们做实验。

唯一崇拜的人是海伦·凯勒。事实上，她曾经有可能被树立成"张海迪第二"，但是她只愿意当"王虹第一"。曾经客串过电台的主持人、电视台的主持人，获得过中央电视台残疾人比赛大奖等，但是因为拒绝成为偶像，最后都放弃了。

目前自己创业，开设了雅憩轩按摩院，位置在北京师范大学励耘学苑地下一层，有三四名员工，都是残障人士。

最喜欢的诗人是苏东坡，想跨越时空做苏东坡的情人。闲暇时间喜欢喝茶（铁观音、普洱和龙井），喜欢喝酒（水井坊、五粮液和剑南春）；喜欢旅行，曾经北到海拉尔、南到广州。最大的享受是独自一人在山中小憩数日，听听风声、流水声，喜欢躺在山石上晒晒太阳和自己的腰椎间盘突出的腰部，吃点农民的粗茶淡饭。

最感谢自己的父母，因为他们从来没有把自己当盲人来教育，是他们以鼓励和放任的态度培养了自己自由、洒脱和敢于畅想的性格。

曾经勇敢地追求过婚姻的幸福，后来离异。不想要孩子的原因是她相信"如果不能完美地给予，最好就不要孩子"。

假如给她三天光明，她最想做的一件事情就是想看看自己每天用的紫砂茶壶是什么样子。

交流与讲座

首先，我要郑重纠正一点的是，事实上从头到尾我都拒绝使用"讲座"一词。因为"讲座"表示了一种权力和地位上的差异，讲座嘉宾是高高在上的，讲座中的交流和沟通更多是一种单向的信息流动，是一种知识的灌输。而我希望这次活动是一种平等对话，是一种双向交流，是一次无脚本、无结构的即兴互动。我们做到了！

尤其是，我极力反对的是学员们把这次活动误解成请了一位盲人作为反衬或者榜样，以此来激励他们。"激励"是组织行为学中的重要内容，如果从根本目的来说，也许有一点点，但一定是排在"尊重、理解、沟通、认同、接纳"之后的一个词。我一开始就提醒学生，"首先要记住的是，王虹是一个'人'，其次才是'盲人'"。我甚至开玩笑式地挖苦王虹，"不仅是个盲人，而且长得又胖，走路又瘸"。我试图营造一种轻松自由的对话气氛和环境，因为我相信，那些自信的人，都是能接纳自己缺点和不足的人。此外，我和王虹一致认为，人应该自信。

理智与情感

我们的课程充满了各种硬性的知识和技巧，这些东西很重要，但不是教育的全部，甚至不是教育中最重要的部分。教育的目的是激发人，提升人，最后要落实在那些精神性的东西上，落实在那些看似虚无缥缈、不切实际的东西上。而事实上，所有虚的东西最后都将战胜实的东西。我坚信一句英语所表达的态度："从长远来看，观念改变世界。"（In a long run notion can change world.）

在 MBA 教育中，如何进行社会责任和道德伦理的教育呢？我个人认为，人文精神的教育（比如职业道德、社会责任等）应该贯穿于每一门课程中，而不是简单地开设一门"职业道德和社会责任"的课程就能解决。我们应该在统计学里帮助学生体会到数字和逻辑的冷静的、从纷繁复杂的现象中洞悉一切的美；我们应该在会计学里培养学生"不做假账"（朱镕基总理强调的）的基本的职业道德。所谓"基本的"（basic），在我们这个社会里面，很多时候根本不达标，但它是一个功能正常的社会的基础（basis）。而组织行为学（在心理学专业叫工业与组织心理学）事实上是培养对人性、对人的动机和需要、对人际关系和社会技能有深入理解的最重要的一门课程。如果我们简单地停留在"如何做"的案例教学上，那就太浅薄了，没有抓住组织行为学中深层次的东西。

瞬间与永恒

在整个座谈会中，我们没有采用任何录像和拍照，而我主持过的其他座谈会都有全程录像和很多次的闪光灯亮起。我甚至事先都没有任何录像和拍照的念头。不是因为我个人面对镜头感觉不自在，而是我压根就没有想起这回事。

我们这个座谈会不是为了作秀给别人看，而是为了自己。就像那些热恋中的男女，在表达爱意的时候绝对不会想起要录音或者录像一样，但是，他们对这些美好时刻总是记忆犹新。我相信，所有美好的瞬间已经永远地保存在了我们的心中，这是一个只有死亡才能消除的存储器。如果非要留下一点可触摸的东西，那么这本反思论文集就是最好的纪念。

感谢

首先，我要感谢学员宋艳艳的启发，是她让我想到，这个反思论文集的最佳名字应该是——"假如给我三天黑暗"。事实上，在此之前的课堂上，我给学员们复印并且散发了海伦·凯勒的《假如给我三天光明》中的部分章节，但是为了保持这次活动的出人意料，我对我散发这些材料的动机和目的没有做任何事先的暗示和解释。但是，我很高兴，学生比老师更聪明、更有智慧、更通人情、更有领悟力。谢谢你们，2008 级所有参加了我的"组织行为学"课程的 MBA 同学们。

其次，我要感谢韩好同学，是她建议我将所有的灯关掉。当教室里所有的灯都关掉以后，当只有投影屏幕上素净的两行字——"假如给我三天光明——与王虹女士座谈会"的时候，我这个从来不愿意作秀的、从来不会当众表演的人也觉得这是最好的一次演出。我们有最佳的演员和最投入的观众，我希望你们也能评我是最佳导演。

另外，我也要感谢你们其中的 10 名同学。他们在座谈会结束以后，每个人自发地掏了 50 元钱，买了两瓶王虹最喜欢喝的酒——剑南春送给她。我不想一一提起他们的名字，因为这不是表扬信，而且我认为提起他们的名字很不合适，因为我不想暗示说那些没有送酒的同学就不好、就没有被感动。完全不是那么回事。

最后，我也要感谢王虹。我想说的是，我和你交往了 3 年，你帮我打开了盲人的世界——一个我曾经以为是自卑、怪诞和令明眼人尴尬的世界。记得我第一次找你去做颈椎和腰部按摩的时候，我感到非常不好意思。因为我觉得，让盲人为自己服务，实在是太不尊重你们了。但是，你和你的同事——全体雅憩轩的盲人按摩师——这 3 年来改变了我很多关于盲人的错误观念。我相信，你是盲人中的另类，我也甘愿做一个明眼人的少数派。特别是，我自以为已经很了解你了，但是，你在座谈会上讲的那些关于自己和关于生活的话，对我来说 80％是闻所未闻的。

假如给我三天黑暗，我们这些明眼人能否学会更好地使用自己的眼睛？

假如给我三天黑暗，我们这些明眼人能否更深刻地懂得生命的意义？

假如给我三天黑暗，我们，不管是盲人，还是明眼人，能否学会相互尊重、相互理解、彼此沟通、相互认同、相互接纳？

这不仅仅是一个明眼人或者盲人要面临的问题，这是一个所有人都要深入思考的问题。

16

"非科学性"让管理研究变得更好：
再论多元范式

写在前边的话

2016 年 7 月，《管理学报》发表了张静、宋继文等关于 IACMR 历史经验和贡献的总结，引起诸多争议。首先是《管理学报》前主编蔡玉麟先生对该文的核心观点提出了质疑，发表了《也谈中国管理研究国际化和管理理论创新——向张静、罗文豪、宋继文、黄丹英请教》一文。该文提出的主要观点是：管理研究（的属性）是理论研究还是实践研究？除了"IACMR 之路"外，是否还应该有"德鲁克之路"？是否有必要形成本土领袖级组织奔向"德鲁克之路"？

其次，2016 年 9 月 17 日，我在电子邮件群和微信群里转发前两篇文章的时候，写了一段比较"耸人听闻"的评论，由此引发了中国管理学界的第二场论战，前后持续一个多月。应《管理学报》的邀请，深圳大学管理学院韩巍老师和我对自己的思想观点进行了系统论述，写成《"非科学性"让管理研究变得更好："蔡玉麟质疑"继续中》，发表在《管理学报》2017 年第 2 期。

《"非科学性"让管理研究变得更好:"蔡玉麟质疑"继续中》一文主要是探讨关于管理研究可能的面向,意在凸显"非科学图景"的学术价值。所谓"非科学"(non-scientific)并非"不科学(un-scientific),普特南用以指称那些无法还原为物理学话语的概念",它也是理解生活的可能方式。本文借用"非科学"特指在管理研究中,那些不能满足实证研究"形式"(基于观察、测量,重在演绎—假设检验的经验研究)要求的研究取向(比如诠释主义范式、叙事、思辨方法等)留给人们的印象。当然,对于何谓科学及如何为科学分类,依然存在分歧。哲学家邓晓芒就曾经通过解析德语中的科学(wissenschaft)以纠正英文"science"给中文世界在科学认知上造成的困扰。感兴趣的读者可以自行研读。

需要说明的是,本文的主笔是韩巍教授,但是,文章表达了两位作者的共同立场。原文包括五个部分,长达 26 000 多字,非常学术化,几乎每句话都有文献出处。收入本书的时候,考虑到读者群的定位,以及与其他内容在风格上保持一致性,只节选了第三小节、第四小节和结语的部分内容,只是简单地列出了主要参考文献。

全文的完整结构如下,感兴趣的读者请在知网自行下载阅读。

(1)对蔡玉麟文章的重新解读,提出批评并消弭误解,将其核心质疑引向管理研究"单一科学性"的反思。

(2)剖析 IACMR 的处境,指出其主导范式的"合理性"、成功的情境因素和面临的挑战。

（3）对多元范式给出更加"实用性"的解析，强调"多元范式"语义背后应有的立场：让问题决定方法。

（4）对 IACMR 的期望，尤其是它在学术评价和研究成员培养中如何扮演更积极的角色。提出一个专有命题术语"徐淑英难题"并主张以诠释主义作为替代性的研究进路。

（5）讨论了学术争鸣的学术及非学术面向。

不要空洞的多元范式，让问题决定方法

以笔者①的"国际视野"，时至今日大家才纷纷谈论多元范式，徒留慨叹。号称日益国际化的中国管理学界，实在对不起"卡尔·韦克（诠释主义学者），亨利·明茨伯格（实用主义＋建构主义学者），约翰·万·万年（人类学学者），凯瑟琳·艾森哈特（实证范式案例研究），以及詹姆斯·马奇（纯理论学者）"等管理学前辈。

尽管在广泛的社会研究领域，实证研究范式依然占据主流，尤其在学院体制化的学术中其"比较优势"更加明显，但面对复杂的人类组织生活，多元范式才是前行的指南。同时，我们也发现，大家似乎已经习惯于使用"多元范式"的说法，却从未在其具体的指称和含义上达成共识。在此，希望用另一种叙事（诠释）方法，再提供一些"多元范式"何以必要且何以可能的线索，以凸显一个最

---

① 由于本文作者是韩巍和赵向阳两位，所以本文统用"笔者"而不是"我"。

为重要的多元范式立场：问题决定方法！

你想知道企业到底发生了什么（Q1），你可以选择多种范式，但可能更适宜采用人类学（anthropology）、民族志（ethnography）、现象学描述（phenomenal description）等方法，以及长期（longitudinal）跟踪后的案例研究。尽管我们不认为可以重现那个"事实"，但这些方法相比主流的实证研究方法而言，应该更接近还原所谓的"真相"。

你想知道企业实践背后蕴含了什么（机制）（Q2），你可以选择多种范式，但可能更适宜采用批判实在论方法（critical realism）。不过，这种研究需要跨越足够数量的"具体情境"，且需要深刻的洞察力。千万不要习惯于从既定理论视角提出一个自我满足的机制性猜想。

你想知道某种条件下（这种条件控制应尽量与实践者的期待相符，不然，就会犯无关且碎片化的偏误）某些因素（构念及变量）的关系或作用机制（Q3），就请采用实证研究方法，或者采用先扎根再实证，或是先案例（比如求助于艾森哈特）再实证的方法。其关键是可靠的测量以及"有趣、反常、有实践启发性的假设"。

如果你不相信管理实践背后会有什么本质规律，或者认为不需要什么规律（Q4），你肯定不会选择实证研究范式，那么请采用诠释学的（interpretive，hermeneutic）、叙事的（narrative，storytelling）方法，甚至诗歌的（anthropologic poetic）方法，去展现实践的意义，提供更多可能性的猜想。

如果你认为明天应该更好，历史和今天已然问题丛生（Q5），那么就多读一点批判理论（critical thinking）。你是女性吗？你不觉得这个男性主导的管理世界有些丑陋吗？你一直是下属吗？你不觉得这个世界上有太多领导不够明智却非常顽固吗？

可以保证，比如以 "anthropologic, ethnographic, phenomenal, longitudinal（case study），critical realistic, interpretive, hermeneutic, narrative, storytelling" 等为关键词去检索一下相关数据库，你一定可以找到海量的文献以及研究范例，尽管那些文章未必发表在 *ASQ*、*AMJ*、*AMR* 或者 *SMJ* 等顶级期刊上，而且，那些文章几乎都不是中国（海外华裔）学者的作品（或许英籍华裔学者 Robert Chia 是个例外）。

为了迎接一个真正的多元范式时代，有必要谈到管理研究的学术训练。无论是博士生还是硕士生，无论什么学术背景，在中国从事管理研究，请先学习一些必要的历史和社会学知识（K1：情境知识），这个我们没有发言权，但多少要缓解一下不知道自己"从何而来？"的尴尬；接着，可以看看黄光国的《社会科学的理路》，或者纽曼的《社会研究方法论：定性和定量的取向（第 7 版）》（甚至邓津、林肯的《定性研究》）（K2：范式—方法论知识），而不是先看或只看陈晓萍等主编的《组织与管理研究的实证方法（第三版）》及更多实证研究的示范文章（K2-1）。因为（K2-{X}）里的选项远不止实证研究一种。同时，需要稍微宽广一点儿的理论视角（涉及"个体—群体—组织"）（K3：理论知识）。这是艰苦而耗费时间的过程，所以，因人而异吧。接下来，多了解一些当下组织管理中的（实际）问题（请注意，我们所理解的问题未必是实践者所表达的那些表象层面的问题，尽管这里面蕴含着某种违背现象学教义的讽刺性。而且，如果我们不是那种见微知著型的天才，最好从"人类学""民族志"研究找找接近现实的感觉）（K4：经验知识）。最后，无论靠自己还是靠导师，都要解决一个十分关键且涉及"规范性—严谨性之技术标准"的问题（实证研究者最该反思的问题），即：被研究者所发现的问题，需要什么研究方法与之匹配？请注意，不同的范式对于"技术标准、学术品质"有不同的理解。

至于如何走向多元，或许我们不该表现得那么自负，谁有资格给别人指点迷津？既然多走了几段"弯路"，下面再借用一个来自微信朋友圈的话题稍做展示。因为这类似一场考试，让我们一起答题，并争取按时交卷。

一份多元范式论者的"答卷"

问题来自南开大学张玉利教授的一条微信："拿一个具体问题，大家各自依据自己的理论思想（范式——本文笔者注），谈怎么研究，是否更好。抛两方面问题：（1）人为什么要工作？除了社会交往、经济利益之外，还有什么原因？（2）一个人如何向别人证明自己是清白的？"

关于问题1：人为什么要工作？

首先，假定大家对工作有一致的理解。实证研究者的思维习惯是作为结果的工作，必有诸如"社会交往、经济利益"之类的前因，其挑战在于时间序列上的因果互动链。而且作为特例，有些人其实并不需要工作。但如果就个人经历而言（不工作就是等死），更相关的问题是：为什么最终决定当一名大学教师？笔者的"想法"是：（尽量）拒绝过一种自欺欺人的生活。当然，有一个据说有操作性的构念，即"自我认同"可以与"社会交往、经济利益"

相类比。但将职业选择解读为一段"演化、意义生成"（becoming，sense making）的生命历程更符合诠释主义者对生活的想象。进一步地，今日之学术生活为什么让人感到难堪？笔者的做法是，撰文批评实证研究范式的霸权，批评学院的学术评价办法。显然，这是批判理论（critical theory）的面向。事实上，作为一名本土管理研究者，还必须反复思考"工作、大学教师、学术研究"等概念的情境化解读及与"自我认同"的关系，这必然会涉及不同范式（经典或者建构）的扎根理论、现象学叙事及反身性（reflexivity）。

关于问题 2：如何向别人证明自己清白？

以下是一个多元范式及本土管理研究者心智地图的投射。鉴于情境的作用，先建构一个谱系式的认知框架（假定）：一种极端的情况（端点 1）是每个社会成员都很诚实，自然无须自证清白；另一种极端的情况（端点 2）是每个社会成员都讲假话，几乎无法自证清白，除非借助权力，也就是由权力拥有者裁定"我的清白"且无论我是否清白。我们会自认为生活在这两个端点间的某个位置，只不过，有时会倾向端点 1，有时会接近端点 2。

如何向别人证明自己是清白的？哲学家会说，"我清白"，当且仅当"我"是清白的时。很深刻吧？但也荒谬，因为人类的生活世界里很难满足这种"真值条件"。设想一幕具体的场景。场景 1：在一个狭窄的巷子，我骑着车子，对面走来一位 70 岁的老人（抱歉，假定是位老太太）。场景 2：老太太倒在地上，我扶着车子站在她的旁边。

情形 1：我不用自证清白。这是因为，摄像头拍下了事件的完整过程（而且录像不能无故消失），所以"铁证如山"——这是实证主义的胜利。其实，我向来推崇（自然）科学。

　　情形 2：我不用自证清白。这是因为有证人，"握手楼"（要有城中村的背景知识）二楼的窗口正好有一位嗑瓜子的中年妇女（与双方非亲非故，而且乐于助人）。因为我和老太太存在争执，她向警察详细描述了事件的经过，听起来与录像有一样的效力——这几乎算是实证主义的胜利。然而，我不会那么乐观，因为其间必须引入太多"不可控制的条件"。比如，证人不能有性别、年龄歧视，她的视力、心智、表达必须正常，她相夫教子、尊老爱幼，而且作风要一贯正派（情境化、文化特殊性）……只要其中任何一个条件不成立，能证明我清白的"事实"或许就不复存在。证人的确提供了一种描述，但那只是她所"看到"的"事实"——这是社会建构论的胜利。这是因为，曾经确定性的世界已经终结，警察毕竟不是上帝。

　　情形 3：我必须自证清白。在明察秋毫的警察面前，老太太、我、证人都描述了事件的经过。让情况变得稍微简单些。尽管表面上有三个"故事"，但如果某两个"故事"的重合度较高，那么警察就会"看到"那个"事实"——这依然是社会建构论的胜利，而且需要诠释学中的"视域融合"。作为特例，情形 3-1：警察有时候会犯错，我知道我撞了人，但我的修辞能力特别强，我被"证明"为清白，只有上帝知道另一个"事实"；情形 3-2：上帝偶尔也会犯错，我猜不出上帝会"看到"怎样的"事实"，更不用说警察叔叔了。

　　情形 4：我无法自证清白。警察果然不是上帝，我不得不承担所有责任，但我知道我是清白的。这世道，天理何在（或者，苍天啊，我比窦娥还冤）——我因为愤怒而产生了某种冲动（以下省略，因为我并不勇敢），这几乎就是批判理论（到底谁有权力以什么方式决定一个人的清白）要发挥作用的前兆了。

情形 5：我拒绝自证清白。尽管我知道自己是清白的，但我承担了所有责任，因为我准备做一回上帝！毫无疑问，这是信仰的胜利，与范式无关。

我们可以承认自己兜售"多元范式"的拙劣，当且仅当上述表述没有带给你在理解"自证清白"上哪怕一丁点儿的启发时。或者碰巧，你竟然有所触动，引入多元范式的意义即在于此。

当然，多元范式只是管理研究"自我救赎"的第一步，问题决定方法也不会有更多的承诺。笔者从《管理学中的伟大思想：经典理论的开发历程》一书中获得的启发是，特定的生活经历、知识结构、视野（视角）、研究技术、语言习惯、价值观及审美标准共同决定了研究者成为有"洞见者"的可能。

"徐淑英难题"与诠释主义作为替代性的研究进路

———————

笔者认为，面对异常复杂且多面向的管理实践，尽管徐淑英也接受多元范式，但她对管理研究科学性的坚定信仰和对科学研究（方法：测量—数据）的强烈偏好，使她无法彻底了解实证研究在管理研究中的局限性，从而真正地接纳多元范式。她的确强调情境化，却依然坚持变量化情境观，从而难以揭示情境中那些"不易"测量、"不可"测量之重要因素的作用（更不用说特定情境造成的表达禁忌）。这会严重削弱经验研究中"表征"现实的准确性、可靠性。同时，实证研究者忽视管理知识的社会建构性，难以分辨管理知识情境性、普适性的本质，以及如何把握"普适—情境—普适"的转化。至于徐淑英提倡社会责任，引入认知—社会价值观，这又如何与客观性、中立性、普适性达成和解，也是一个问题。本质上，责任不仅是价值观的，更是政治的，最终只能是诉诸权力（包括学术权力）。因此，无论如何孜孜以求，希望以"做负责任的科学"这种自我矛盾的价值观重回追求真理的学术旅程，显然无法自圆其说。此即"徐淑英难题"。

在此，我们尝试提出一条诠释主义的研究进路。而且相信，对于"徐淑英难题"的消解，这幅"非科学"的管理研究图景具有显著的启发性。

（1）管理研究是一种诠释（伽达默尔、格尔茨、利科）（没有唯一的客观实在性），其目的在于对管理（社会）世界意义的理解（舒茨，坦然承认价值观的在场性）。

（2）管理知识必然是情境化、本土化的（格尔茨）。经验上，承认本土知识有被广泛（普遍）接受的可能；但本质上，这不是客观真理的胜利，而是成功的社会建构（伯格、卢克曼，普适性不过是一种科学主义价值观带来的幻觉）。

（3）实证研究是意义诠释之特殊解，已成为维护体制化知识生产最有效且最具科学样式的研究范式，但绝不是诠释组织之生活意义（还原"事实"、发现规律作为意义诠释之特殊解），更不用说作为改造世界唯一可靠的方式。因此，管理研究需要走向真正的多元范式。

（4）最后，却也是最重要的，诠释主义者从来没有垄断意义诠释的冲动，希望通过不断地质疑、反思（反身性）、对话，以增进理解，共同携手致力于人类组织生活向好的方向转变。

作为"对理解的理解"（the understanding of understanding）的诠释学，在文化人类学家格尔茨眼里不需要被定型为一种超科学。在中文语境里，笔者暂且称之为"非科学"。比照格尔茨的乐观判断，从试图通过将社会现象编织到巨大的因果网络之中来寻求解释，转变为尝试通过将社会现象安置于当地人的认知架构之中以寻求解释。尽管当下没有什么市场，但这是我们看到的关于中国本土管理研究及理论建构的可能途径。

结语

本文的核心观点认为，管理学者不要以科学家自居，不要为了所谓的科学性牺牲管理研究本质上经世致用的社会责任；不要为了"维护主流研究范式，夸大国际化的意义"而偏离科学精神。笔者深知，这种有点儿自我矛盾的格局，不单是某一种方法和范式、某一个学术组织或某一位学术领袖的过错。它是人类几百年来，用血的代价，摆脱宗教束缚，祛魅（disenchant）形而上学，凭借科学技术成功改造世界后形成的集体记忆。然而，科学本身一旦成为信仰，就可能意识形态化，逐渐远离其最初的经验事实，不仅变得日益封闭，而且会走向它的反面，沦为规训的工具。

感谢科学哲学家，感谢后现代主义研究者，让我们有勇气重新审视"客观、理性、科学"这些曾经比肩上帝的"真理性说辞"。我们至少可以开始反思，人类的组织生活是否只有"客观、理性、科学"的面向，从而只需要且能够仅从单一的科学维度去全面地理解和揭示（发现!），进而奢望凭借这种狭隘的认知对管理实践指点迷津。

管理研究今天在全世界所遭遇的尴尬，不仅在于大家所争论的严谨性和实用相关性，或是情境化和普适性，更为根本的，是因为我们集体性地为人类组织生活（个体生活）预设了一种太过单调的前景，并加以信仰化。我们从历史、文化、社会获得了关于人类组织生活的科学主义（实证主义）想象，就习惯于规划形形色色的"社会工程"，包括大学及学术研究本身。因此，我们认为管理研究必须转向一种全新的、关乎更多可能性的意义生成（sense making）过程，也必须为"非科学性"留出足够广阔的空间。何况大家心向往之的国际化彼岸，不是早就这么做了吗？芭芭拉·查尔尼娅维斯卡（Barbara Czarniawska）描述过六类不同的组织理论：科学（主义）性的［scientific，如汤普森（Thompson）］、革命性的［revolutionary，如伯勒尔（Burrell）］、哲学性的（philosophical，如马奇）、教育性的［educational，如西尔维曼（Silverman）］、民族志的（ethnographic，如万·万年），以及诗意性（poetic，如卡尔·韦克）。

人类的组织生活不仅涉及效率、效益，还关乎责任、尊严、意义和审美。我们都是茫茫宇宙中十分偶然的匆匆过客，但作为管理研究者，值得向往且追求一种经过审视的学术生活，而且，无论我们是否自以为或被认为是一名真正的"科学家"（所有头衔都不过是时间意义上的虚无吧?）。最后，请参看万年转引的洞见——对于学术研究，只有两件确定的事情：第一，我们终将被证明为错；第二，我们都会逝去，成功的学术生涯不过是在我们临终之前依然正确而已。

17

如何让中国传统文化走进当下的管理学经验研究?

写在前面的话

应《管理学报》的邀请,从 2017 年开始,我在该期刊主持了一个专栏"煮茶问道·本土管理研究论坛"。该栏目希望在中国管理学界弘扬一种"坦诚辩证,理性对话"的学术精神,每一期就某个话题进行深入讨论,促进学术共同体的形成(而非自说自话)。

该专栏第一期发表了周南教授的文章《一年土,二年洋,三年回家认爹娘》,以及其他六位学者的回应,提倡大力推动"本土管理研究"。作为栏目主持人,我也"凭空畅想"了一下中国传统文化如何走进管理学经验研究(empirical study)的五条可能性道路,希望对读者有所启发。

在我看来,本土管理研究还处于萌芽之中,没有一两代人的艰苦努力,不可能有所成就。近来,有的人排斥使用"本土管理研究"这个概念,有的人觉得关于"本土管理研究"的观点是各执一词,莫衷一是。我觉得,相比舶来品实证主义经验研究范式一统天下的局面,对于本土管理研究方面的鼓与呼还太微弱,还没有形成气候,还不够百花齐放、多姿多彩。

兰州大学管理学院贾旭东教授曾在"煮茶问道"读书会微信群里分享扎根理论的研究时说，根据他的统计，2006—2016年间，中国管理学者发表论文 93 000 篇左右，其中以扎根理论（grounded theory）所做的研究只有 140 篇左右。如果再加上中国管理学者发表的英文论文，这个比例估计更低，不到 0.1%。由此可见，在中国管理学界要想推进多元范式是何其艰难的事情，更何况要把中国传统文化和管理学的经验研究结合起来，其难度之高，可想而知。

100 年前王国维先生关于东西方哲学比较的观点给了所有有志于推进本土管理研究的学者一些启发。王国维说："余非谓西洋哲学之必胜于中国，然吾国古书大率繁散而无纪，残缺而不完，虽有真理，不易寻绎，以视西洋哲学之系统灿然，步伐严整者，其形式上之孰优孰劣，固自不可掩也。"事实上，此说已开中国哲学研究必须借鉴西方哲学之"形式系统"的先河。王国维又说："欲通中国哲学，又非通西洋之哲学不易明也……异日昌大吾国固有之哲学者，必在深通西洋哲学之人，无疑也。""欲完全知此土之哲学，势不可不研究彼土之哲学。异日发明光大我国之学术者，必在兼通世界学术之人，而不在一孔之陋儒，固可决也。"

事实上，所有发展中国家要想推进自己的本土哲学社会科学研究，不管是管理学、心理学、社会学抑或哲学等，都面临着相似的难题和挑战，必须有兼通世界学术之人，而不是一孔之陋儒。中国是一个大国，我们有深厚的文化历史传统和独特的国情。大国就应该有大国风范，我们必须建立学术自信和学术自主的社会科学，除此之外，没有第二条道路。

特别有趣的是，我的这篇短文发表之后，有一天我在办公室接到一个陌生人的电话。电话那端的一个男子说："您是赵向阳教授吗？我是长江商学院的×××。最近我看到您的一篇文章，您对中国传统文化的研究让我非常佩服。我想邀请您到长江商学院来做一场讲座。"话音未落，我就骂了一句"骗子"，然后直接挂断了电话。我心想：长江商学院是何等高大上的地方？我一个连《论语》都没有通读过的人，怎么可能去那里讲什么中国传统文化？

但是，大约10分钟以后，又有一个陌生的电话打进来，这次是一位女士。她说："我是北京师范大学心理学部的××，长江商学院的×××教授看到您的一篇文章，想请您去做一个关于传统文化的分享。"我说："您，我知道呀。但是，我真不懂中国传统文化，我那篇文章里谈的都是理论猜想。"

随后，我加了长江商学院这位教授的微信，发现他是当代某位大儒的弟子。后来，他至少有三次邀请我去长江商学院做演讲，都被我拒绝。不是我傲慢，而是自己心虚。这是因为，相比我对西方哲学长达二三十年的关注和阅读，我对中国传统文化只认认真真地下过两三年的功夫而已，实在不敢打肿脸充胖子、班门弄斧。但是，这并不能否定下面这篇文章中所展现出来的思想价值。

从周南老师的文章标题"一年土，二年洋，三年回家认爹娘"看，这不像一篇严肃的学术论文，但它准确地概括了作者30多年学术道路的三个阶段，也说出了我个人（或许还有其他一些海归学者）的内心感受。同时，这个标题恰恰体现了周南老师的精神之旅与西方诠释学的核心思想是一致的：只有先旅行到他乡，才能获得对自己故乡家园的更加深刻的认识。

作为一个从中学开始就阅读大量西方文学作品的学生，西方文化极大地塑造了我的个人价值观和性格。作为一名大学本科阶段学习理论物理、辅修科学哲学，硕士研究生阶段主攻实验心理学，博士阶段留学德国的学者，我的人生的前 40 年基本上都是在西方知识体系中很硬的学科（hard science）中打转，一直到将近 40 岁的时候我才开始领悟到中国传统文化的博大精深。所以，我对周南教授文章中的基本观点有强烈的认同和共鸣。

但问题是，或许限于篇幅，或许还没有系统性地反思和总结，周南教授的文章并没有告诉我们，如何具体地把中国传统文化与我们当下这个时代的管理学经验研究结合起来。如果这个问题无法得到某种程度的解决，那么这种呼吁、感叹、情怀和姿态就无法吸引更多年轻的学者踏上这条荆棘丛生、前途未卜的学术冒险之旅。

我个人"凭空设想"一下，至少有这样几条道路是可以尝试的：

第一，将中国传统文化作为基本的世界观和个人价值判断的标准，指引自己进行管理学理论构建和经验研究，颠覆西方管理学中内隐的价值取向。只有通过质疑和否定西方管理学背后的核心文化假设（理性客观、分析导向、价值无涉、更快更高更强更多、战胜他人、结果导向等），我们才能摆脱西方管理学对我们不自觉的影响和控制。例如，我们能否基于道家的"知足"提出"适度营销"的概念，而不是一味鼓励公司制造得更多、销售得更多，顾客购买得更多？如果是这样，那么我们就可以对"双 11"这样的消费主义泛滥的购物狂欢节提出管理学者的独立批判。我们能否基于儒家的

"修身、齐家、治国、平天下"提出领导力自我发展的修养理论等？我们能否基于佛家的"不二"提出关于悖论和两难问题的更好的解决方法？走上这条学术道路，需要学者具有极强的文化自信和觉醒，需要有"上下五千年，纵横八万里"的学术视野，需要有宇宙关怀。难吗？说难也难，也不一定，主要看一个人的境界和见识。

第二，将中国传统文化中的阴阳、一分为三和五行等概念当作理论建构的工具（theorizing tool），结合西方管理学中比较成熟的成双成对的概念，建立更加整合性的理论。例如，我做过的一项经验研究，就是采用"阴阳"和"一分为三"的辩证思想，把它们作为理论建构的工具和视角，用来重新梳理西方跨文化研究中的相关文献，重新厘定国际顶级期刊《国际商业研究》（*Journal of International Business Studies*，*JIBS*）中争论了很久的话题，也就是全球化研究中的文化价值观和文化习俗之间的负相关关系。我个人认为，这项研究是我做过的最有创造力的研究之一。类似的，在西方关于悖论的研究中，普尔（Poole）、范德·芬（Van de Ven）（1989）和谢德等（Schad et al.）（2016）都鼓励大家把悖论当作一种元理论或者进行理论建构的工具（paradox as a meta-theory and theorizing tool）①，这与我的观点和实践是完全吻合的。

走这条学术道路，切记不要把中国传统文化当作一个大帽子、一个"垃圾桶"，看见任何管理现象都说它是"阴阳"，都说它是"一分为三"，都往里面放，久而久之，只会引起读者条件反射式的

---

① POOLE M S, VEN A H V D. Using paradox to build management and organization theories. Academy of management review, 1989, 14 (4): 562 - 578; SCHAD, et al.. Paradox research in management science: looking back to move forward. The academy of management annals, 2016, 10 (1): 5 - 64.

反感和排斥。"阴阳"这个概念是中国文化中的根源性隐喻（root metaphor），它是普适的、无法证伪的。科学哲学家卡尔·波普认为，绝对正确并不是科学理论的优点，它反倒是一个理论的致命弱点。一个学说之所以绝对无误，并不是因为它表明了确实可靠的真理，而可能是因为经验事实无法反驳它。阴阳这个概念就是如此，它不是一个可证伪的科学概念，而是一种文化意义上的根源性隐喻。

我建议，最好把阴阳、一分为三、五行等文化概念静静地嵌入自己所构建的具体理论和模型中，把它们作为逻辑内核，而不用过分强调和凸显。这种传统文化和管理学经验研究之间的水乳交融，最妙。例如，黄光国教授所建构的人情—面子理论模型和自我的曼陀罗模型事实上采用的就是这种内嵌式的理论建构方法，其中阴阳套着阴阳，但是，用不着点破。黄光国教授称之为"含摄文化的理论"（culture-inclusive theories），我们也可以建立一个"含摄文化的管理学"。

第三，采用自下而上的方法研究中国文化中最有特色的概念，例如，人情、面子、关系等。这几个概念也是过去 30 多年来中国管理学者贡献最多的地方。但是，我觉得有两条路最好别走：第一条路是简单套用西方的理论（例如，社会交换理论、社会资本、交易成本理论等）来解释这些概念，你会发现别人的理论很丰富，该有的都有了，所以，中国的"人情、面子、关系"与西方相比毫无本质上的特殊之处，最多只是程度上的差异而已。第二条路是简单借用中国传统文化来重新解释这些概念在管理学中的应用，例如当下流行的各种中国式管理。问题是，中国传统文化在多大程度上仍然活在 21 世纪人们的柴米油盐酱醋茶、日常的洒扫应对之中，又在多大程度上只是活在文化典籍之中，这是一个要命的问题。简单地借用中国传统文化来解释当下的管理实践，很可能厚古薄今，远离了管理学经验研究所要求的具体性和情境性，会让人觉得大而化之，散发着故纸堆里的霉味。

社会学家翟学伟教授建议最好采用"非中非西"的方法，从当下的生活世界出发，紧扣鲜活的生活现象案例，从下而上，叠屋架构出一套与经验世界紧密相关的概念体系，最后再上升到文化和哲学的层面，比较东西方文化差异。对此，我非常认同。但是，这条路非常难走，可以说是"自古华山一条路"，两边都是悬崖，一不小心，要么落入西方理论体系的窠臼中出不来，要么落入中国传统文化的"酱缸"中出不来，无法挖掘出"中国之为中国，当下之为当下，管理之为管理"的真正特点来，同样也出不来好的理论成果。走这条学术道路的学者，一定要融会东西，知己知彼，而且要有很好的平衡感。放眼望去，管理学家中唯有陈明哲教授所提出的动态竞争理论走的是这条道路，而且非常成功。

第四，本土概念＋西方方法＋当下问题。这条道路的核心就是借用西方科学中强大的方法论（methodology）和方法（method）传统，来对一些本土概念进行研究。周南老师参与和指导的一些经验研究中有不少都是采用这种模式，而且做得很好。例如《企业家公德和私德行为的消费者反应：差序格局的文化影响》（童泽林、黄静、张欣瑞、朱丽娅、周南，发表于《管理世界》2015 年第 4 期）、《消费者对品牌慈善地域不一致行为的负面评价及其扭转机制》（童泽林、王新刚、李丹妮、周玲、周南，发表于《管理世界》2016 年第 1 期）、《企业家违情与违法行为对品牌形象的影响》（黄静、王新刚、张可飞、周南，发表于《管理世界》2010 年第 5 期）等，这几篇论文都采用了实验方法进行研究，而且都纳入了一些很本土化的概念，都发表在国内顶级期刊《管理世界》，而且都很有启发性，这足以说明这条道路是可行的，大家可以一试。

不过，走这条道路，有拼凑的嫌疑，尤其可能无法真正捕捉到中国传统文化中的神韵。特别是在测量构念的时候，最好不要采用问卷和量表来测量那些难以测量的复杂概念，例如，悟性、中道、阴阳辩证思维等。如果非要测量，建议采用半结构化访谈，而且是基于具体情境，最好结合专家判断。

第五，我想提醒大家从更加广阔的视野反思一下我们对于科学的理解，尤其是对科学方法的执迷不悟。中国管理学界的绝大多数学者从来不会把小说、诗歌、历史、修辞学、哲学思辨等纳入管理学的常规研究方法中。事实上，西方管理学向自然科学学习的时间太久了，迷失了管理学之为管理学的本质特点（例如，复杂微妙的情境化、自反性、目的性、启发和教化、市场和经济规律的社会建构性等），只有那些管理学中的大师，例如，德鲁克、马奇、明茨伯格等才敢于尝试那些被认为是旁门左道的表达方式，如小说、诗歌和哲学思辨等。国内管理学者中，周长辉教授的诗歌创作紧跟管理实践和社会生活中的热点问题，通过诗歌启发和教化学生与管理者，但是，被认为只是"业余爱好"而已，难登管理学期刊的"大雅之堂"。而刘文瑞教授对于中国古代管理思想的系统性梳理，也经常被忽视，他甚至自谦说是"敲边鼓"。

事实上，哲学家伽达默尔在《真理与方法》中大张旗鼓地提出，"精神科学"不同于自然科学的三种重要研究方法就是艺术、历史和修辞。诠释学的广阔视野是我们这些深受实证主义经验研究桎梏束缚的人难以理解和接受的，但是，诠释学已经成为西方管理学研究中的重要力量之一。只要我们能对社会科学的多元范式（例如，诠释、叙事、批判等）稍微有所了解，能从对"科学方法"的盲目崇拜中解放出来，那么中国传统文化中的"体悟"、禅修中的本质直观、完整的历史典籍、繁花似锦的诗歌等，都是中国管理学者重要的智慧资源，都是我们探究管理之道的重要途径。

《管理学报》有一天会发表诗歌体的文章吗？《管理世界》有一天会发表管理小说吗？中国管理学者能用戏剧或者电影表达自己的思想和观点吗？让我们拭目以待。我把这些都看作中国管理学界迈向多元范式的试金石。我个人坚信，至少以上五条道路是可以尝试的，而且会让中国管理学变得更好。

18

如何"自学成才"成为一名合格的管理学博士?

本文的写作动机和针对的读者群

我经常遇到一些读完 MBA、出于各种原因（比如，北京户口，或者就是圆自己的博士梦）想读管理学博士的同学。我对他们的建议简单明了、直接干脆，就是让他们早点放弃这条道路。

原因如下：第一，MBA 是一个实践导向的专业硕士学位，不是一个学术硕士学位。很少有 MBA 学生受过足够的学术训练，可以胜任读管理学博士的要求，这条路太艰难了。第二，博士生导师每年就一两个名额，在当下的学术环境压力下，他们希望招到聪明麻利的博士生，可以直接上手"干活"，至少可以独立完成博士论文，而不是变成他们的累赘，相互纠缠，最后双方都很崩溃。

但是，不读管理学博士，或者没有机会读管理学博士，并不是说就要止步于 MBA 或者 EMBA、EDP 的学习，并不是说只能停留在阅读理解那些管理学畅销书的水平。只要有兴趣和恒心，通过两三年有计划的自修，仍然可以进入管理学理论研究的大门，摆脱"只知其然，而不知其所以然"的状态，成为一名有思想深度和高度的管理思考者和实践者。问题是，他们往往缺乏一幅继续深入探索黑暗混乱的管理理论丛林的地图。

本文就是写给那些有志于开启这段知识探索之旅的读者。他们既包括 MBA、EMBA、EDP 的毕业生，也包括刚刚进入管理学博士项目的同学。我假设他们中的绝大多数阅读英文文献的能力比较有限，所以我只列出必不可少的几篇英文文章，其他多是翻译过来的专著，可以在市面上买到。购买全部图书的价格不会超过 2 000 元。

需要说明的是，本文强调的不是管理学研究方法和统计工具的熟练掌握，而是管理理论和管理思想的学习与探索。前者也很重要，但是，绝非仅凭个人的自学就可以掌握的；而后者相对来说比较容易，也更有价值，可以自学。

近三年，我给北京师范大学经济与工商管理学院博士生开设了"管理理论和管理思想"这门课，本文可以说是该课程三年教学实践之后的一个总结。非常遗憾，这门课程只有 1 个学分，是在博士生刚入学的秋季学期的上半学期开设的，从 9 月初到 11 月，只有 9 次课的时间，每次两个小时。而我一直希望这门课最好能改成 2 个学分，延伸到整个学期。这样，博士生学习起来就更加从容，我也有机会把平生所学倾囊相授。

课程目标

首先，通过这门课，我希望为刚刚开启管理学研究的博士生们，提供一幅探索黑暗混乱的管理理论丛林的地图，帮助他们从一开始就建立关于管理学的知识谱系，建立整体意识和大局观。而在2002 年 8 月，当我在德国吉森大学开始博士阶段学习的时候，没有人给予我这样清晰明白的帮助和指导，我得靠自己在黑暗中摸索。这幅地图是我经过大量阅读和有意识探索才拼凑起来的，得来并不轻松。

事实上，我对于学生在 1 个学分（9 次课，每周 2 学时）的课程中能否接受和理解这么海量的信息，并不抱有多高的幻想和期待。我只是尽可能地根据学生的知识基础、抱负水平和认知特点，循序渐进地进行讲授。在某种程度上，我采用了类似谢逊教张无忌武功的方法，快速"催熟"他们，给他们一些秘诀，然后希望有一天他们能意识到这些知识的价值，并有意识地使用它们，甚至坚信它们、践行它们。但是，我对此并不抱有什么幻想，因为当下中国管理学界残酷的学术环境和博士生发论文、找工作的压力巨大，他们很多时候只能做一些"短平快"的、麦当劳化的研究。扪心自问，我是"只问耕耘，不问收获"而已。

自私地讲，与其说我是给学生开门（opening door），不如说我是在督促自己对管理学的理论和思想进行更深层次的挖掘和整理，让自己获得一种更清晰、更完整的认知。每次上课之前，我会花两天左右的时间阅读文献。凡是我要求学生阅读的文献，我都事先读完了，而且这些文献我阅读过不止一遍。我布置给学生的阅读文献，最多只是我的阅读量的一半而已。所以，每一轮上完课之后，我感觉收获最大的是自己。教学相长，此言不虚。

需要说明的是，每轮上课的时候，我采用的教学计划都不太一样。我一直在探索适合博士生认知能力的教学计划，期待在有限的时间内帮助他们实现最大的认知飞跃。本文的主体内容是第二轮课程（2021级）结束之后我写下的。其特点是内容比较散、比较广泛，对学生期望过高。而在第三轮课程（2022级）的时候，我对课程内容适当做了压缩，引导学生精读了三本书，并且很少再提供其他补充阅读材料。只有在三轮课程之后，我才感觉找到了比较明确的课程教学大纲，逐渐稳定下来。

两种不同的做博士论文的方法

——

我在课堂上一开始就说得很明白：做博士论文，有两种方法。第一种方法是在没有完整认知地图的时候，靠运气或者导师的指导，随便找一个研究主题，不管主题的重要性，直接挖下去，挖深。如果你足够聪明和运气好，你也可能出点成果，按时毕业。

在这个过程中，你会触类旁通，意识到你所研究的那个非常窄的课题与更广泛的知识领域之间存在错综复杂的联系，然后，你干中学，顺藤摸瓜，一点点横向拓展自己的知识体系，最后也能小有斩获，日渐羽翼丰满。这是20年前我自己走过的道路。我用这种方法，在不到3年的时间里，在德国获得博士学位，差不多是在德国获得博士学位最快的中国人之一。特别是，我的本科专业是理论物理，硕士研究生专业是实验心理学，而博士阶段研究的是创业。在博士阶段，一开始的时候，我连entrepreneurship（英文，企业家精神或者创业活动）或者Unternehmer（德文，企业家）都拼写不对，但是，3个月以后，我就通过了博士论文开题答辩。

　　第二种方法是按照我目前提供给你的地图，首先建立一个完整的认知框架，知道这个黑暗混乱的丛林里都有哪些动植物、哪里有陷阱、哪里有池塘、哪里隐藏着杀手、哪里可能有宝物等。然后，凭着你的能力和兴趣，选择寻宝路线图。这种方法的缺点也很明显：一旦你知道得太多，你就会发现，管理学中碎片化的研究成果太多，这个课题已经有一堆人研究过了，那个课题也已经有一堆人研究过了，你可能会感到无处下手，完全迷失了方向。结果呢？你对自己选定的或者导师指定的课题失去信心和兴趣，最后，延期毕业，甚至肄业。与其这样，还不如第一种方法"无知者无畏"更好。管他呢，用最快的速度拿到博士学位才是硬道理。所以，关于这一点，我需要预警一下！

课程结构和主要线索

　　本课程按照四条线索穿插进行，分别是管理哲学、管理理论、管理历史和管理情境化研究。我基本上先讲管理研究的哲学基础，然后讲管理的情境化研究，同时，穿插对管理理论和管理历史的讲授，以此来安排教学内容。尤其是因为有时间限制，这门课程中目前没有融入关于中国文化和制度环境的内容。如果是2个学分，我完全可以把这一部分内容整合进去。所以，我列出这门课程的第五条线索：关于中国文化和制度的文献，特别是那些和管理学密切相关的文献。

关于管理学的哲学基础

我推荐学生仔细精读下面三本书中的部分内容。请注意，阅读文献的先后顺序很关键。

（1）黄光国教授的《社会科学的理路》(第三版) 中的 5 个章节，主要包括学术生涯的视域、波柏的进化认识论、建构实在论、批判实在论和多重哲学典范的研究取向等。黄光国教授的这本书是为那些立志从事社会科学本土化研究的华人博士生和年轻学者所编撰的（科学）哲学史。如果不读它，直接开始阅读曾荣光教授的《管理研究哲学》，理解上就会有困难，因为学生对很多哲学术语的理解停留在囫囵吞枣、不知其意的水平。授课时间有限，我忍痛割爱，没有把我自己喜欢的维特根斯坦和伽达默尔等章节放入必读名单。我所推荐的这些章节是最可能被大家广泛接纳的哲学流派。

（2）曾荣光教授的《管理研究哲学》是紧密围绕着管理学研究方法中的核心问题所展开的第一本哲学著作。这本书虽然是在他的多篇研究论文的基础上改写而成，但是，体系性比较完整。相比黄光国教授的《社会科学的理路》(第三版)，这本书已经做到了哲学方法论和管理学实证经验研究高度结合。曾荣光教授把哲学比作一个"小工"，它帮助我们理清管理学研究中的很多方法论问题和伦理问题。该书强大的逻辑、缜密的思维、详尽的文献引用，阅读起来令人赏心悦目、心潮澎湃。在第二轮授课中，我推荐学生阅读其中的至少 4 篇，包括第一章、第二章、第八章和附录。而在第三轮授课中，我干脆带着学生，每周一个章节，仔细地通读了整本书，进行了讨论，并答疑解惑。

（3）徐淑英教授等主编的《负责任的管理研究：哲学与实践》（北京大学出版社 2018 年出版）。我要求学生购买此书，并深入阅读其中的至少四章，包括"导论 科学在商学院中的历史和作用""第六章 商学院的价值观和伦理：做负责任的科学""第九章 不良管理理论正在摧毁好的管理实践""第十六章 论有同情心的学术：我们为何要关爱——美国管理学会 2012 年会主席致辞"。

由此，管理研究的哲学基础部分就暂告一段落，自然而然地衔接到了管理理论和管理的情境化研究。

管理学中的理论丛林

管理学理论丛林里到底有多少种大大小小的理论？我估计，叫得上名来、有一定的引用率和影响力的，至少有 200 种。如何在最短时间内，帮助学生建立一套比较完整的关于管理理论的谱系认知，了解这个武器库里有什么可用的武器，在写作论文的时候，能信手拈来，而不是囿于某一种理论呢？

第一本必读书是迈尔斯编撰的《管理与组织研究必读的 40 个理论》（北京大学出版社 2017 年出版）。此外，该书的两位主要译者徐世勇和李超平还编写了一本《管理与组织研究常用的 60 个理论》。我仔细翻看了后一本书，发现两位作者受学科训练背景的限制（领导力、组织行为、人力资源管理等）和他们选择的理论来源的期刊（包括 AMJ 和 JAP 等）的影响，书中偏向微观层面心理学理论过多，而相对宏观的战略管理和全球商务领域的理论太少。因为我没有办法在这门课里要求学生买那么多书，所以只能选择推荐《管理与组织研究必读的 40 个理论》，或者让学生根据自己的专业方向自行选择。一般来说，研究战略管理的都会选择《管理与组织研究必读的 40 个理论》，而研究营销和消费心理学的，可能会选择《管理与组织研究常用的 60 个理论》。我通读过《管理与组织研究必读的 40 个理论》，其内容虽然干巴巴的，很无聊，但是简明扼要，便于快速查找。它就像一个工具清单一样实用高效，但是，就不要奢求该书存在思想深度和启发性了。

如何使用《管理与组织研究必读的 40 个理论》呢？我至少尝试过两种不同的方法：（1）要求学生每次上课之前，通读其中的五六个理论，然后在一个标准的模板上评估哪些理论重点关注效率，哪些理论重点关注公平，哪些理论兼顾公平与效率，哪些理论与效率和公平都无关。这样的阅读要求，有助于引导学生进行深度思考，同时，也是为了配合我当时所做的一项关于管理学与共同富裕的研究。（2）让学生选择自己最感兴趣的某一主题的相关理论，并且把视角相关或者相对视角对立的另外三四种理论组织在一起，集中深入研究之后，在课堂上报告，尤其要说明不同理论之间的关系，以此锻炼学生的批判性思维和课堂报告能力，同时，我也好对他们的学习表现进行评估，因为课程结束之后，我还要给学生的学习打分。

有了对这 40 个理论的泛泛了解之后，我想让学生进一步理解这些理论到底是怎么开发出来的，于是，我选择性地复印了《管理学中的伟大思想：经典理论的开发历程》中的三四章内容，帮助他们理解理论开发过程中的机制，包括交易成本经济学、利益相关者理论的开发、资源依赖理论以及明茨伯格撰写的非常有趣和深具讽刺性的那章"开发关于理论开发的理论"等。

我的建议是，具体选择阅读《管理学中的伟大思想：经典理论的开发历程》中的哪些章节，最好是结合前面学生选择的要讲的理论（《管理与组织研究必读的 40 个理论》或者《管理与组织研究常用的 60 个理论》）进行匹配，这样能帮助学生层层递进地进行学习。所以，即使第五章是由我的导师弗雷泽撰写，我对其内容非常熟悉，我也没有选择推荐。

然后，我复印了深圳大学韩巍教授的论文《洞见以下皆为修辞——〈管理学中的伟大思想〉对本土管理研究及理论建构的启示》（《西安交通大学学报（社会科学版）》2017 年第 1 期），对《管理学中的伟大思想》中 24 位学者开发理论的过程进行了更上一层楼的提炼和更具有批判性的反思，以了解管理理论开发的过程和机制，包括个人前见、知识装备、运气和学术圈子里的权力如何影响理论开发。

最后，我复印了徐淑英、任兵、吕力主编的《管理理论构建论文集》（北京大学出版社 2016 年出版）中的四五章内容，对管理理论构建过程进行了简单讨论，其中包括理论是什么、理论不是什么、理论构建中的某些重要方法和技巧等。我建议大家选择此书中比较通俗易懂的、可以直接应用的章节内容推荐学生阅读，千万不要直接让学生阅读第一章和第二章（关于解释性社会科学），那实在太打击学生的自信心了，我认为，中国管理学界的教授也没有几个能读懂，或者读完之后能讲得明白的。

事实上，这个模块的逻辑顺序就是一个祛魅的过程，以此来消除对所谓的"理论大师"的盲目崇拜，知道即使如你我这样的平凡之人，也可以踏上理论构建和开发的艰难之路，特别是假如你有这种雄心壮志的话。

在这个过程中，我们就逐渐接近了管理的情境化研究。《管理理论构建论文集》和《负责任的管理研究：哲学与实践》这两本书本身就包含了 6~7 篇关于情境化研究的论文，可以让学生深入阅读，而不用再去找别的参考文献了。

管理的情境化研究

管理哲学和管理理论是对复杂的管理实践的简化和抽象。如果不了解管理问题的情境化特点，就没有摸着管理研究的大门。管理者经常不信任管理学者的一点就是：管理学者觉得既可以这么做，也可以那么做，说的话轻飘飘的。事实上，当你深入管理的复杂情境中，当你了解了管理者所拥有的资源以及所面临的诸多限制因素之后，你就知道，管理在很大程度上就类似于一个在很多约束条件下的复杂问题的求解过程。它虽然没有唯一的答案、没有标准答案，但是，它一定有一个最优解。它就是要在各种犬牙交错的矛盾和利益冲突中，在资源强约束的限制条件下，找出一条缝隙，杀出一条血路来。所以，高明的管理者一定类似庖丁，"以无厚入有间，恢恢乎其于游刃必有余地矣"。这一点和近二三十年里，学术界一直讨论管理的情境化研究是一脉相承的。

关于管理的情境化研究的文献，推荐阅读如下：

（1）周雪光教授关于国家治理的文章：《从"官史分途"到"层级分流"：帝国逻辑下的中国官僚人事制度》。

（2）徐淑英教授关于"情境化"的一篇文章《情境化研究：以现代化进程中的中国为例》。但是，徐淑英教授所理解的情境化研究，仍然是可以变量化处理的实证经验研究，是一种对复杂情境的简化。

（3）在《情境研究：另一种诠释及对本土管理研究的启示》（《管理学报》2017 年第 7 期）中，韩巍教授所理解的"情境化"，特别强调了政商关系、组织实景和心理感知等，强调了情境的复杂性和细微之处。除此之外，我还要求学生阅读韩巍教授的另一篇文章《共在性的图像式理论：打开本土管理研究的一把钥匙》（《探索与争鸣》2018 年第 7 期）。

（4）关于悖论整合的三篇文章，其中一篇是刘易斯和史密斯（2011），另外两篇是《美国管理学会年鉴》（*Academy of Management Annal*）上的综述文章：关于管理领域的悖论研究（谢德等，2016）和关于组织领域的悖论研究［帕特南等（Putnam et al.），2016］。后者涉及的学科更广，每篇都超过 60 页，可以帮助学生快速了解这个领域的进展。

（5）关于"过犹不及"效应（too-much-of-a-good-thing-effect，TMGT）的研究［皮尔斯（Pierce）和阿吉尼斯（Aguinis），2013］，我个人非常喜欢。我对"过犹不及"这种现象和悖论之间的关系，以及 TMGT 曲线的非对称性背后的动机机制进行了深入探讨。我告诉学生，真实的物理世界和社会世界都是对称性破缺的。企业成功需要很多因素的漫长积累过程，失败则可以来得很快，只需要其中某个因素变成短缺（例如，现金流断了，或者领导人死亡或入狱），就会在非常短的时间内产生系统性崩溃（雪崩效应），昔日导致成功的必要条件瞬间就变成了导致失败的充分必要条件，企业衰落的曲线会变得非常陡峭。企业如此，国家如此，个人亦如此。

关于管理学史的阅读书目

———

首先，历史与逻辑统一的大道理就不展开讲了，我强烈建议，每一名学生或者学者必须精通自己所在学科的发展史。

关于管理学史，我读过多部著作，从观点非常偏激的《管理咨询的神话》（马修·斯图尔德，中国人民大学出版社 2009 年出版），到《管理百年》（斯图尔特·克雷纳，浙江教育出版社 2021 年出版），再到丹尼尔·雷恩的长篇巨著《管理思想史》（第 7 版）（中国人民大学出版社 2022 年出版）。拿到任何一本管理学史或者管理文化史的专著，我都能把它准确地放入一个从左到右的谱系中去。

现在很少有管理学者精通管理学史，这真的是很遗憾的事情。他们基本上只读论文，不读专著。所以，对于学生来说，最主要是先引诱他们读进去，再客观中立地评价不同专著的立场观点。我强烈推荐《清教徒的礼物：那个让我们在金融废墟重拾梦想的馈赠》这本有点偏见、但是可读性很强的著作作为入门读物。不过，如果你将来写论文，要引用管理学史的经典之作，我建议还是要通读雷恩的《管理思想史》，否则显得太不专业了。

管理如果离开组织，就是无源之水。如果能再配上《公司简史：一种革新性理念的非凡历程》（约翰·米克尔思韦特、阿德里

安·伍尔德里奇，北京大学出版社 2021 年出版）和中央电视台在
2010 年录制的十集纪录片《公司的力量》，那就更好了，可以把组
织（公司）的历史和管理的历史彻底融通。

关于中国文化与管理的参考文献

这方面的文献浩如烟海，而且比较散乱，完全取决于老师的主
观偏好。如果有时间，我建议学生可以读这样几篇文章和几本书。

（1）赵孟頫书写的《道德经》，每周可以拿出两个小时来，通
读一遍，同时结合南怀瑾先生的《老子他说》（上下册）一起阅读，
这样既可以欣赏中国的书法，又能理解《道德经》中所蕴含的管理
智慧。

（2）《论语》和《中庸》或许很重要，但是，很遗憾，我不是
一个对儒家思想很感兴趣的人，读不进去，你们自己判断。南怀瑾
先生的《论语别裁》（上下册），我买了十几套送人，但是自己没有
读完过。

（3）关于佛法，我个人当然喜欢《心经》和《金刚经》，这些
都代表了无上的、究竟的智慧。感兴趣的读者可以参考星云大师解
读《心经》、南怀瑾先生的《金刚经说什么》，以及明海法师的《禅
心三无》等，但是这些无法作为课堂教学内容。

（4）《道德经》《论语》《金刚经》等都是被学者群体过滤之后
留下来的经典文献，如果你只读它们，觉得中国社会就是按照这套
价值观和认知方式运转的，那就大错特错，完全被遮蔽了。要想真

正了解中国古代人们的生活（柴米油盐酱醋茶、日常的洒扫应对）等，我建议你阅读《金瓶梅》而不是《红楼梦》，以了解明清时期的市井生活；阅读《水浒传》，以了解流民社会这个改变中国历史的重要力量之一；阅读曹锦清先生的《黄河边的中国：一个学者对乡村社会的观察与思考》，以了解中国在1990年代的农村生活；阅读翟学伟老师的《中国人的关系原理：时空秩序、生活欲念及其流变》，以了解中国人的面子、人情和关系再生产等，这才是真实的中国人的社会生活。

（5）要想了解中国革命，《毛泽东选集》岂能错过？这是关于战略和组织的经典文献。如果想了解长征，必须通读至少三本关于长征的研究专著，可以从不同时代两位外国人所写的关于长征的著作《红星照耀中国》（埃德加·斯诺）和《长征：前所未闻的故事》（哈里森·索尔兹伯里）开始，到王树增的《长征》（上下册），再到刘统的《北上》和《红军长征记：原始记录》。一路通读下来，如果你足够有悟性，在字里行间，就会明白什么是历史的"真相"、什么是"建构"。你就会知道，管理学的定量实证研究离理解中国管理实践的真相到底有多远？功夫在诗外呀。读读这些闲书，一点不多余。

（6）最后，我写过的几篇论文也可以参考一下，这都是把中国传统文化落实到管理学经验研究中的心血之作，包括《中国区域文化地图："大一统"抑或"多元化"?》（《管理世界》2015年第2期）、《基于"一分为三"思想的文化价值观、文化习俗与早期创业活动关系探索》（《管理学报》2014年第11期）、《如何让中国传统文化走进当下的管理学经验研究》（《管理学报》2017年第1期）等。

总之，如果你读完这些文献、这幅地图，还没有被打击倒下，还打算攻读管理学博士学位，祝你好运。如果你不打算攻读管理学博士学位，但是打算自修，你也可以按图索骥。虽不中，不远也。祝好！

具体参考文献

以下是"管理理论和管理思想"课程的主要参考文献，是由北京师范大学经济与工商管理学院在读博士生臧金亮和上海大学国际工商与管理学院在读博士生吕乐娣，根据我所提供的线索整理出来的。感谢他们。

管理哲学

1. 黄光国 . 社会科学的理路：第 3 版 . 台北：心理出版社，2018.

第 1 章　学术生涯的视域

第 7 章　波柏的进化认识论

第 19 章　建构实在论

第 20 章　批判实在论

第 21 章　多重哲学典范的研究取向

（选读）第一篇　维特根斯坦的哲学

第 2 章　逻辑哲学论

第 3 章　语言游戏论

2. 曾荣光 . 管理研究哲学 . 任兵，袁庆宏，译 . 北京：北京大学出版社，2020.

第一章　哲学：一个服务于研究者的小工

第二章　解释：回答"为什么"的不同方式

第八章　展望：是，或不是，一门科学？

附录　哲学如何对研究方法论做出贡献

3. 徐淑英，李绪红，贾良定，梁建，仲为国，井润田，希瑟·道格拉斯．负责任的管理研究：哲学与实践．北京：北京大学出版社，2018.

导论　科学在商学院中的历史和作用

第六章　商学院的价值观和伦理：做负责任的科学

第九章　不良管理理论正在摧毁好的管理实践

第十六章　论有同情心的学术：我们为何要关爱——美国管理学会 2012 年会主席致辞

管理理论

1. 迈尔斯．管理与组织研究必读的 40 个理论．徐世勇，李超平，等，译．北京：北京大学出版社，2017.

2. 史密斯，波特．管理学中的伟大思想：经典理论的开发历程．徐飞，路琳，苏依依，译．北京：北京大学出版社，2016.

第 14 章　不平等从何而来？——资源基础理论的个人和智力根源

第 20 章　利益相关者理论的开发：一条特殊的路

第 23 章　交易成本经济学：理论开发的过程

3. 韩巍．洞见以下皆为修辞——《管理学中的伟大思想》对本土管理研究及理论建构的启示．西安交通大学学报：社会科学版，

2017，37（1）：5-16.

4. 徐淑英，任兵，吕力．管理理论构建论文集．北京：北京大学出版社，2016.

第二章　理论的概念与特征

理论不是什么？

理论无所及，理论化有所为

第四章　理论构建的过程

开发关于理论开发的理论

第五章　理论构建的方法

通过质疑假定提出研究问题

管理的情境化研究

1. 徐淑英，李绪红，贾良定，梁建，仲为国，井润田，希瑟·道格拉斯．负责任的管理研究：哲学与实践．北京：北京大学出版社，2018.

第十七章　情景化研究：以现代化进程中的中国为例

2. 韩巍．情境研究：另一种诠释及对本土管理研究的启示．管理学报，2017（7）：947-954.

3. 韩巍．共在性的图像式理论：打开本土管理研究的一把钥匙．探索与争鸣，2018（7）：103-109＋144.

（选读）周雪光．从"官吏分途"到"层级分流"：帝国逻辑下的中国官僚人事制度．社会，2016（1）：1-33.

4. SCHAD, et al..Paradox research in management science：looking back to move forward. Academy of management annals，2016，10（1）：5-64.

5. SMITH W K，LEWIS M W. Toward a dynamic theory of paradox：a dynamic of equilibrium model of organizing. The academy of management review，2011，36（2）：381 - 403.

6. PUTNAM L L，FAIRHURST G T，BANGHART S. Contradictions，dialectics，and paradoxes in organizations：a constitutive approach. Academy of management annals，2016，10（1）：65 - 107.

7. PIERCE J R，AGUINIS H. The too-much-of-a-good-thing effect in management. Journal of management，2013，39（2）：313 - 338.

管理学史

1. 霍博 K，霍博 W. 清教徒的礼物：那个让我们在金融废墟重拾梦想的馈赠. 北京：东方出版社，2013.

（选读）雷恩，贝德安. 管理思想史：第 7 版. 李原，黄小勇，孙健敏，译. 北京：中国人民大学出版社，2022.

19

为什么我不打算升教授？

在公众号"大变局下的中国管理"的后台，有一位读者留言："赵博士，你怎么在高校工作那么久还是副教授？怎么没做到正教授呢？"

看到这个留言，让我想起曾在陕西老家农村里参加一个喜事时，一位长辈在宴席之间善意的劝告："你也该尽快地把你的职称解决一下了"（嗯，听着是不是有点像催婚？）。

大热天的，我当时的感觉就跟突然吃了一只苍蝇一样，顿时失去了继续吃饭和谈话的兴趣。毕竟是长辈，她的生活经历和境界与我完全不同，我只能含混地回答："我对升教授没有多大兴趣，现在就挺好的，我可以做自己想做的事情。"

因为在后台留言的读者以及关心我的长辈都没有什么恶意，只是人之常情而已，所以借题发挥，我认认真真地回答一下这个问题，谈谈我是如何看待职称等名利问题，以免以后还有别的好心人就同样的问题再来关心我，并以此来安慰那些因为职称问题而焦虑的无数"青椒"老师或者在职称上中不溜的大学教师。

首先，人生有很多遗憾。对于我来说，如果能以副教授的身份从北京师范大学安安稳稳地退休，这是一个可以接受的遗憾。

感谢上帝或者老天爷，到目前为止，我的生活中没有出现过任何巨大的遗憾（重大疾病、灾难性事件和重大经济损失等）。妻子贤惠，两个女儿健康成长，自己又有一份相对稳定的工作，夫复何求？

况且大学里有很多老师退休之前也升不到教授，难道他们都必须心情郁闷、跳楼不成？再说，历史上或者生活中，比我赵某人才华横溢的人多的是，有的人命运多舛，凭什么我赵某人就不能受点委屈，忍受不了一点点不公平，非得挤破脑袋去争一个教授职称呢？

其次，人在一条路上走的时间长了，经常会忘掉出发时的初心，经常是这山看着那山高，而忘了欣赏沿途的美景。在困惑、迷茫和失望的时候，我们应该时不时回到初心，扪心自问以下类似问题："我为什么会选择读大学、读博士，又为什么进大学当老师呢？管理学研究的正途到底何在？离开人世的时候，我到底对这个世界做了什么贡献？"只有时不时回到原点和初心，以终为始，瞄准人生的终极目标和价值，才能克服路途上的各种诱惑、坎坷和穿越迷雾。

讲几个关键事件，追问一下自己的初心，以及我所理解的管理学研究的正途是什么。

1989年年初，高考前，我大姐突然问我："你是打算考大学了？"我当时腾一下脸就红了，我心想：考大学这种世俗、功利的事情，怎么能跟我扯到一起呢？我爱读书，学习成绩好，仅仅是因为我热爱，我单纯地追求知识。这跟考大学有什么关系呢？

事实上，那个时候农村的孩子要想改变命运，只有考大学和参军两条路可以帮助他们"鲤鱼跳龙门"。而我的头脑里面压根就没有改变命运这种观点。在我眼里，为了上大学而读书是一件极其功利的事情，我是一个因为热爱而读书的人，除此之外，别无他求。年轻时的价值观基因深刻地影响了我后来几十年的人生选择。

2002 年年初，我从北京大学硕士毕业半年之后，把自己创办的一家小公司的股权卖给了别人，不知道接下来应该干什么。我想：干脆去读个博士吧。至少死了以后，墓碑上可以刻着 Ph. D. Zhao。于是，我去了德国，用了两年半时间，在自己完全陌生的一个学科领域（创业管理）获得了博士学位。我估计我是在德国获得博士学位最快的中国人之一。一般来说，德国人获得博士学位需要 4～5 年时间。

前文已提过，在博士论文答辩完的那一刻，我对自己的论文进行了狂批，面对五位德国教授，表达了自己对实证研究的质疑。也就是说，从博士毕业的那一刻起，我就开始质疑所谓的管理学主流研究范式的价值，我压根不认同这种研究范式。这注定我后来选择了一条与所谓的快车道渐行渐远的道路、一条人迹罕至的道路。所以，有同行曾经开玩笑地说："你本来是坐主席台的料子，但是，是你哭着喊着不跟我们玩了，能怪谁呢?"的确如此，但是，我一点都不后悔。如果有遗憾的话，我希望能少花一些时间在迷惑和摸索的过程中，早一点认识到其他研究范式的可行性，在理论上更早觉醒一点。

更为可笑的是，我读博士的时候，从未想过毕业以后干什么工作，只是觉得有一个博士头衔是件很神圣的事情，也算是了却了一桩宏大的人生心愿，它可以一直伴随着我直到进入坟墓，它是我身份的标志。在任何情况下，都无人可以剥夺我的博士头衔。

但是，毕业之后，突然发现自己年龄大了，折腾不动创业了，无可奈何只能去高校工作（研究创业、教创业、自己创业是我当时自认为的人生目标和志业）。有意思的是，当年不管是去浙江大学做博士后研究，还是后来到北京师范大学当老师，一切都是稀里糊涂的。我的人生极少有规划，极少有功利性的目标，基本上是信马由缰，走到哪儿算哪儿。

进入大学工作以后，我才发现满校园都是博士，博士位于学术界等级金字塔里的最底层，就是一些"学术劳工"，而向上延伸的职业阶梯漫长，攀爬艰难。

如果说管理学研究是一种特别有价值的科学研究，那么即使再艰难，也值得攀登。但问题是，在我看来，很多主流的管理学论文纯粹是一种"伪科学"，它们不是类似爱因斯坦做的科学研究：不发表出来实在太可惜了，是世界的巨大损失。绝大多数管理学研究的成果就是一些伪装成科学的常识，很少有令人耳目一新的洞见。

人生苦短，明知道这种类型的研究价值不大（不管是对于管理者，还是对于国家政策制定者），为什么还要为之呢？人生短暂，充满不确定性，又有那么多更具启发性的知识领域尚待探索，比如，科学哲学、政治哲学、地缘政治、人类学、社会学、历史学等，我为什么非要当一只蚂蚁，每天绕着一个狭小的地盘寻食，只是为了在这个世界上当一个大号的"教授"？

当然，那些满足所谓的科学研究标准的论文，我也发表了一些，而且我对这种研究方法相当精通，有的论文影响也很大，引用率很高。比如，有一篇论文收入英国某著名出版社出版的论文集，该论文集只印刷 100 册，供全世界的图书馆收藏，定价 500 英镑。也有一些高水平的中文论文，的确能彰显我的多学科知识积累的功力，例如，《中国区域文化地图："大一统"抑或"多元化"?》。但是，总体上来说，我越来越失去了撰写这类学术论文的兴趣，只是偶尔为之，除非有很强（可靠、可信）的数据的时候，或者写一些思辨性很强的理论文章。

除了管理学研究的价值值得怀疑以外，最令我无法忍受的是论文发表周期过长，评审过程中充满挫折感（用现在流行的话来说，就是太卷）。我有一篇英文论文从开始构思到正式发表花了八年时间。当然，也有快的，有一篇论文从投稿到接受，再到正式发表，前后不到一年。对于我这种容易见异思迁的人来说，一个再优秀的想法，三个月之后就觉得索然无味了，让我至少坚持五年时间才能发表一篇论文，这纯粹是一种非人的煎熬，是一种福柯所说的"规训"，是一种学术驯化。

感谢微信公众号这个神奇的发明，我现在已经习惯了今天写一篇文章，明天修改一下，后天就在公众号上发表出来。我希望，我写的文章，能把我的真知灼见以一种更加犀利和自由、更加通俗易懂的形式，让至少 1 000 人甚至 1 万人、最好 10 万人阅读过，而且对他们的观念或者生活产生一点点影响；而不是呕心沥血花 5 年时间发表一篇学术论文，最后只有 100 人看过、10 个人引用。当然，这种论文对于升教授时"数数"很有帮助（职称评审委员会才不关心你的论文写了什么、有什么理论贡献，他们只关心你在哪儿发了、发了几篇、引用率如何）。这不是我想要过的学术生活，我从来不会委曲求全去做自己明知道很荒谬的事情。

作为一名大学老师，除了论文发表之外，另外一个重头戏是基金申请。我几乎没有申请过国家社会科学基金项目、国家自然科学基金项目、教育部的相关基金项目等。当然，这话说得也不太符合

"事实"。真实的情况是，博士刚毕业时，我也申请过两次，后来再没有尝试过。第一次申请的时候，五个国家自然科学基金评委中有三个专家认为选题很好，第四个专家持中间意见，但是，第五个专家说："应该用顿号的地方，错误地使用了逗号。"我承认我的确标点符号使用不当，后来经常引以为戒。第二年，我重新修改了申请书，但是，还是没有中。从此之后，我就再也没有尝试申请过。现在的大学职称评审，你如果没有两三个纵向课题，即使著作等身，也很难评上教授。所以，在这种职称评审制度没有改变之前，我不打算自取其辱、自讨没趣、自不量力地去用鸡蛋碰石头。

在北京师范大学，自从六七年前评上了副教授之后，我的生存策略就变成了：尽量多承担一些教学工作量（每年6门课，2门本科生课程，3门MBA课程，1门博士生课程）。如果有很漂亮的数据，或者特别想表达的学术观点，我也偶尔写点应景的论文，以满足最低的考核标准。我从不当班主任，不参与任何面试、开题、论文答辩等工作。所以，我对学院里的事情基本上一无所知，不参与，我只安心做一名普通的老师。

因为"不求上进"——不考虑申请教授，所以我又有了大把的空闲时间，可以广泛地阅读很多经典著作，或者去旅行，或者去企业调研。这些旅行和调研，加深了我对真实管理实践的了解。而广泛的阅读则极大地开拓了我的知识视野，让我对哲学、物理学、心理学、管理学，甚至更宏观的社会学、政治学、历史等领域都有比较扎实的积累，让我能把多个学科领域的知识熔为一炉，多视角、多层次地看待世界和生活。我可不愿意拿这种在知识百花园里自由采撷花蜜的乐趣，去换取在某一个狭隘的专业领域经过经年累月的煎熬才能获得的教授职称。

我认为，这种慢悠悠的、自由的学术探索，才是古典学者曾经享有的美好岁月状态。只要北京师范大学继续容忍我慢悠悠地生活着，我就打算继续这么"混"下去。我发现，一个人要保持自己的思想独立和创造力，最好的办法就是找一份清闲的工作养家糊口，同时从事一些秘密性的研究或者创作。这是一条被某些欧洲作家、哲学家、思想家和艺术家已经证明成功的道路。他们经常找一份中小学老师、邮差或者税务员的工作，上班打卡摸鱼混日子，下班才开始追求自己的理想人生。法国年鉴学派的代表人物布罗代尔曾经是一名中学历史老师；哲学家维特根斯坦曾经在瑞士的一个小山村从事小学教师工作 7 年，编撰有《国民小学生词典》；爱因斯坦在瑞士伯尔尼的专利局混过好几年之后，在 1905 年一连发表了五篇突破性论文；对了，还有那个写出科幻巅峰之作《三体》的刘慈欣，是在山西阳泉市一个电厂里工作过的。

坦率地说，管理学是一个比较无趣的学科（如果我们不把管理学置于更广泛的人文社科领域的话），从事管理学研究也不需要很高的智商。管理学中的绝大多数文献，缺乏让人感到智力激荡和心灵感动的学术品质，被评价为"废话的胜利""自说自话的学术游戏"。所以，我根本志不在此。

我很享受给学生上课。我可以在课堂上把毕生所学，随心所欲地挥洒。我希望他们年轻的头脑能充分吸收我几十年的积累成果。但是，非常可惜，我对现在的学生也比较失望：他们迫于生存压力，忙于各种各样的考证；他们宁愿刷手机，也不愿意进行深度阅读和思考。我读大学的时候，晚上在宿舍里半夜畅谈哲学和理论，为此争得面红耳赤的日子，好像一去不复返了。

我也不喜欢带研究生，我认为只有极少数人应该读博士。大多数人缺乏做学问的天赋，没有那种从骨子里洋溢出来的好奇心以及无尽探索的热情，根本就不应该来读博士。所以，我尽量不带学生，除非有个别学生非得找我指导他们的论文。

华为顾问田涛先生非常敏锐地观察到，真正有价值的管理学者有两种：一种是类似德鲁克式的，非常博学，他们把管理学理解成一种人文艺术的实践，他们可以成为孤独的企业家的精神伴侣，企业家通过与他们进行多层次的对话交流，从而进行深度思考；另一种是类似泰勒和戴明式的，深深地扎根现场，提出解决问题的工具性知识。而学院派管理学者，即使生产出了大量的文献，基本上也毫无影响力。尤其是现在从校门到校门培养出来的拥有博士学位的教师所生产出来的论文，真的是纸上谈兵。我不喜欢烦琐的、细节性的、工具性的东西，所以我更愿意尝试第一条道路，我愿意成为企业家的精神伴侣，潜移默化地影响他们的观念，这才是我的兴趣所在。中国的大学应该容忍我这种"不求上进"、自甘边缘化的学者的存在，应该给我们这种"奇葩"一点点喘息的空间，让我们顺其自然地生长。《中庸》里讲："天命之谓性，率性之谓道，修道之谓教。"

每个人都渴望自由，但是，只有个别人有选择自由的能力和勇气；每个人都渴望自由，但是，绝大多数人恐惧孤身一人踏上未知的道路，所以他们选择加入某个群体，推推搡搡地挤在一起以壮声势；每个人都渴望自由，但是，绝大多数人活在与他人的社会比较之中，抠抠搜搜，锱铢必较。

如果一个人能够参透生死，知道那个大限之日随时可以降临，如同黑夜中的窃贼一样偷偷地溜进房间，把你带走（这是哲学家海德格尔关于人生的一个比喻），那么我不知道还有多少人会每天重复去做一件明知是错误的事情。可悲的是，太多人都心存侥幸，觉得自己至少可以安安稳稳地活到七八十岁，所以，每天得过且过，在一成不变的错误道路上行走。

迫于制度压力和生存压力，绝大多数青年教师会选择一条"先快速发表，解决生存问题，再踏踏实实做点好学问出来"的道路（请参考《"先生存后发展"：N 大学文科青年教师行动逻辑分析》，载《高教探索》2020 年第 7 期）。事实上，一旦踏上了这条路，就没有回头路，因为路径依赖非常难以改变。就如同你一旦习惯了赚快钱，就不会再胼手胝足在土里刨食一样。

当然，我也面临巨大的生存压力。北京师范大学的老师每五年也得考核一次。据说达不到基本考核要求的，要么被辞退，要么从副教授降成讲师。如果是这样，那就太尴尬了。所以，我的策略是，在我选择的道路上继续前进，不断积累自己的优势，以及其他暂时不被认可的成果（比如，类似《大变局下的中国管理》这类管理通俗读物），壮大自己的知名度，让他们在辞退我或者降级我之前，三思而后行。

如果有朝一日，风水轮流转，到了职称评审制度发生改变，让大家觉得不花科研经费也可以做研究、也可以出成果、也可以申请教授的时候，我也很乐意在我退休之前努力一下，以弥补这个小小的遗憾。这样做还有一个特别的好处，那就是我可以在当上教授之后不用再被考核了。我在博士论文答辩之后曾经暗自发誓："这一辈子，我不会容忍任何人再评审我够不够资格，我也不会去评审他人够不够资格，这是一件很无聊的事情。"但是，为了弥补那点人生遗憾，我愿意妥协一下。

选择与众不同，走一条自认为正确的道路，从来都不是容易的事情。走这条道路，需要忍受寂寞和压力，需要勇气，也需要悟性和智慧，并非每个人都适合。一开始的时候，你可能就是别人眼中的笑话。但是，如果你坚持不懈，那么，10 年之后，大家就会对你习以为常。而 20 年后，你可能就活成了传奇。孔子是这样的，耶稣也是这样的，直到三五百年之后，他们才被奉为正统。他们也是人，他们能做到，凭什么你就做不到，凭什么我就做不到呢？关键的差异在于，你能否参透一个特别简单的道理："以终为始"。想清楚，我们来这个世界一遭，生不带来，死不带去，如果有值得追求的东西，一定要尽可能去追求那些具有终极价值的目标，而放弃那些无足轻重的东西。

1950 年的元旦，德鲁克驾车带着父亲阿道夫去拜访熊彼特。那一年是熊彼特在哈佛大学担任教职的最后一年，他的健康状况也在这一年急速恶化（8 天后，他就去世了）。熊彼特与阿道夫两人絮絮叨叨地谈论他们年轻时在维也纳那段令人怀念的时光，也就是那个逐渐消失的"战前"世界。那一次的谈话，促使年轻的德鲁克决定朝向一个崇高的目标展开他日后漫长的人生旅程。

两位老人家那次闲话家常中的一段对话，竟然成为德鲁克一生非常重要的转折点。熊彼特回答阿道夫的一个问题道："你知道吗，阿道夫，在我现在这个年龄来看，人们若只晓得我写了几部著作及发明了一些理论，我认为是不够的。如果没能改变人们的生活，你就不能说你已改变了世界。"德鲁克说他"从未忘记过那段对话"，而且熊彼特的这句话成为衡量他一生成就的指标。

作为一名管理学者，我们应该向熊彼特和德鲁克学习。学习践行"以终为始"这个价值观，就是要想着如何让世界变得更好、如何做出真正的贡献，而不是每天想着发了多少篇论文、中了多少课题、有多少顶帽子、是否为正教授。

　　这就是我对那位在微信公众号后台给我留言的读者，以及关心我的长辈的漫长回答。希望以后不要再有人拿这种问题来打扰我。如果有人问，我就把这篇文章发给他（她），懒得再做重复性解释了。

跋

与其深情"告白"，不如勇敢"战斗"

截至目前，我在管理学界的学术生涯可以分为两个阶段。从2002年9月开始攻读博士学位算起到2013年左右的十年时间里，我做了几项令自己相当满意的经验研究（empirical studies），包括基于社会胜任力和社会网络的创业者能力素质模型、国家层面上文化影响创业活动的权变模型、特别是完成了《中国区域文化地图："大一统"抑或"多元化"》，提出了中国区域文化的"马赛克模型"等。这些成果有的发表在国际一流英文期刊上，有的发表在《管理世界》等国内权威期刊上。

如果沿着这条学术道路继续走下去，我的现状可能就是成为芸芸众生里的一名普通教授。但是，从做博士研究开始，我就对管理学中主流的、基于实证主义的研究范式深表怀疑。我一直在追问自己一个问题，那就是"无数这种碎片化的、定量经验研究的积累，能否让我们对组织和管理产生一种整全性的认知？"我对此感到非常困惑，但是，仅凭自己的苦思冥想又无法得到一个非常确定的判断。

2013年之后，我开始深入研究社会科学的哲学问题，比较深入地阅读了包括黄光国教授的《社会科学的理路》以及其他哲学流派的著作，特别是诠释学、建构主义、批判理论等，并且与我的好朋友、好兄长——深圳大学的韩巍教授进行了深入的探讨，才从哲学层面上解决了这种困惑。答案基本上是否定的。

除了自己的阅读和思考之外，自 2013 年开始，我积极发起或者参与的学术活动主要包括四个学术论坛：一是我个人发起的"煮茶问道·本土管理研究论坛"；二是陈明哲教授主持的"中国管理学者交流营"；三是席西民教授发起的"管理学在中国"；四是王方华教授和席西民教授联袂发起的"中国管理 50 人论坛"。除此之外，我很少参加其他学术会议。

2016—2018 年间是"煮茶问道·本土管理研究论坛"的活跃期，曾举办过四次论坛。2018—2019 年间，"煮茶问道·本土管理研究论坛"曾合并到"中国管理学者交流营"，成为其中的一个模块。"中国管理学者交流营"每次会议的第二天上午，我会邀请各个领域的名家和成熟的管理学者，进行"坦诚辩证，理性对话"（这是"煮茶问道"秉持的学风、弘扬的学术精神）。例如，我曾经邀请一些著名社会学家参会，讨论"管理学者可以从社会学家那里学到什么"等，提倡管理学研究的社会学转向，做"图像式、共在性"的经验研究。

2017 年 9 月，"中国管理 50 人论坛"在西交利物浦大学宣告成立。作为该论坛的最早参与者之一，我积极参与每次的论坛，并且多次发表主题演讲，产生了一定的社会影响，包括 2019 年 9 月在兰州大学的会议上发表《大变局下的中国管理：从以英美为师转向与德日同行》主题演讲；2020 年疫情暴发后，参与集体写作《逆势突围：56 位管理学家建言》一书（中国人民大学出版社出版，2020

年），独自撰写《疫情之下，中小企业不要过于恐慌》一文；2021年 10 月，在青岛科技大学的会议上发表《管理学与共同富裕：基于利益相关者的视角》主题演讲（请参考本人单独编辑印刷的《管理学与共同富裕》小册子，欢迎来信索取免费的电子版）；2023 年4 月在西交利物浦大学"中国管理 50 人论坛"的闭门会议上，做关于《商学院教授兼职工作中应该遵守的伦理原则》的口头发言，以及在第二天举行的"管理学在中国"大会上做《GPT4 时代的生存困境和应对策略》主题报告。

每次的发言，我都精心准备，每次仅准备工作都耗时一两个月甚至两三个月。一般都是在会议召开之前的一两天，我先在自己的公众号上发表相关文章，然后在现场与参会者积极对话，深入讨论，每次都引起了一定的反响。

在 2017 年 9 月"中国管理 50 人论坛"的成立大会上，韩巍教授执笔起草了《中国管理 50 人·金鸡湖告白》（简称《告白》）。经过全体参会者的深入讨论，这篇《告白》成为"中国管理 50 人论坛"的亮相之作。在这篇《告白》中所提到的少数"叛逆者和边缘人"，大概就是我和韩巍自己给自己的身份认同。我是"中国管理50 人论坛"群体中唯一的副教授（其他人都是校长、院长、院士、文科资深教授、长江学者、杰出青年教师等），但是，我并不感到自卑和气短，因为我坚信思想的力量和学术的价值是不拘于身份的。我特别把《告白》作为附录收入本文的结尾，因为我是为数不多的将其奉为圭臬而且打算严格按照这个《告白》去行动的人。我也希望更多的中国管理学者时不时能想起这个《告白》，拿出来读一读，对照自己的行为和中国管理学界的现实状况，做出一些改良和革新，让我们这个世界变得更好一些。

　　回顾过去十年我在中国管理学界的学术活动，我觉得，很多学术理想并没有实现，很多承诺最后变成一纸空文。但是，我没有坐而论道。我认为，与其深情"告白"，不如勇敢"战斗"，哪怕是"一个人的战斗"，哪怕只改变了自己，或者影响了为数不多的几个人。

　　林中有两条路：一条路上车水马龙、人多势众，而另外一条路上鲜见人迹、前途未料。我愿意勇敢地踏上那条少有人走的道路，虽然一路上孤魂野鬼，寂寞孤独，但可能是通向正确的方向，不管最后是活成一个传奇，还是变成一个笑话，或者成为"中国管理学界最大的搅屎棍"（这是我收到的一封匿名电子邮件对我的人身攻击中赠送的外号，我笑纳了）。

　　《大变局下的中国管理》三部曲，就是对这场自2013年开始的长达十年左右的个人学术转型的相对全面的记录，记录了这段时而激情燃烧、才思敏捷，时而抑郁焦虑甚至心怀愤怒的岁月。从研究范式上来说，这段时间的写作和发表比较充分地体现了多元范式的特点。虽然我偶尔还在期刊上发表一些经验研究，而且引用率很高，但是我的工作重心还是放在公众号创作上，创作了一些面向管理工作者的思想性很强的理论文章，而且产生了一定的社会影响力。

　　在接下来的十年里，我将继续起而行之，勇敢战斗，面向世界百年未有之大变局，做扎根中国大地的真学问，深耕管理培训和管理咨询领域，开辟人生新境界。

赵向阳

2023 年 10 月 15 日

（五十二岁生日感言）

附录：中国管理 50 人 · 金鸡湖告白

泱泱华夏，振兴正当其时；
漫漫管理，吾辈上下求索。

这是一群自愿走到一起的管理学者，大多是传统体制的执行者、学术研究的带头人、学界现状的责任人以及少数"叛逆者和边缘人"。我们注意到，改革开放近 40 年来，中国管理学界的研究有了长足进步，发表的论文在国际学术界崭露头角；但与此同时，中国管理学者的研究与现实脱节，受到实践者的冷落。一方面，中国的管理学院（商学院）的招生受到学生和家长的追崇，炙手可热；但另一方面，我们的毕业生不受企业待见，诟病不少。这样的现象值得深思。今天，我们成立"中国管理 50 人论坛"，试图展现一种深刻反思后的"集体意识"——我们坦承，她姗姗来迟。

综观当今世界，面临着意识形态、社会制度、发展模式、技术革命、生活方式等诸多挑战；以组织为分析单元、以人际互动为研究对象的管理学研究，深嵌于社会、历史、文化和生活习俗的复杂情境中。管理实践提出了许多需要研究和解决的问题，我们不能忽视这些变化而在象牙塔里孤芳自赏。我们日益清醒地看到：中国管理学术的正当性不仅仅表现为在国际学术殿堂里有没有话语权，不能简单地看发表了多少篇论文、建了多少个一流学科，而应该着眼于我们的研究对管理实践规律性的解读是否有足够的智慧；中国管理教育是否成功，不仅仅看培养的学生在多大程度上直接或间接受益于我们的研究成果，还应该着眼于他们以后能否引领或参与到中国企业的变革中，成为推动中国经济社会持续进步的健康力量。这才是管理学研究乃至管理学院（商学院）尊严最根本的来源。

　　以探索管理学理论特别是具有中国特色的管理学理论创新为使命，以推动管理理论与中国企业管理实践相结合为宗旨，总结中国优秀企业创新发展的经验，应对新的科技革命所带来的挑战，为中国经济社会的振兴、中国企业的崛起、中国管理学派的形成，做出中国管理学者应有的贡献——这是我们在苏州金鸡湖发起成立"中国管理 50 人论坛"的初衷。

　　我们将定期召开论坛，希望这个论坛为中国管理学界带来一股新风。论坛力戒空话、套话、大话，欲深入不断变化的管理实践，进行实事求是、不带偏见的讨论。"中国管理 50 人论坛"将聚焦管理理论与实践、管理思想与文化、管理组织与变革、管理技术与创新、管理研究与教学五个主题（不限于这几个方面）展开深入的讨论，我们希望在管理学理论上有所创新，通过对中国管理实践规律性的探求，提出具有中国特色的管理学理论，丰富人类管理知识的宝库。

　　我们将组织中国管理学者与教育主管部门进行各种对话，探讨学术评价标准、教师考核体系、人才培养规格与质量等涉及管理学院（商学院）发展的核心问题，改变目前理论与实践脱节的现状，促进中国管理教育的健康发展。我们知道，这是一项困难的工作，能否持续进行不取决于我们这个学术共同体的"集体意志"，但是，因为这些都是促进中国特色管理理论形成、提高中国管理人才培养质量、满足中国企业发展需要的关键所在，我辈定当努力。

　　我们将联合有志于推动中国管理理论研究的刊物组成"期刊联盟"，开辟专栏，发表有关中国管理研究的论文，吸引更多的专家、学者、企业家，从理论与实践相结合的角度讲好中国故事，探讨管理学在中国的新发展，提出管理学研究的新范式，以及对中国管理思想、中国管理模式、中国管理创新等基本问题进行系统的研究，力图形成中国管理理论研究的热潮。"百家争鸣、万木成林"才是中国管理研究的未来。

　　我们将在各自的学术领域开展有独特价值的研究，以独立思考之精神、自由探索之思想、严谨求实之态度，分析中国管理存在的客观问题和管理理论发展的学术逻辑。这是一个需要理论而且能够产生理论的时代，这是一个需要思想而且能够产生思想的时代，我们不能辜负了这个时代。我们生活在这样一个时代，当然有责任去探索、去创造，我们相信"有志者，事竟成"。"中国管理 50 人论坛"是一个开放和动态调整的社群，我们愿意和全国从事管理研究的学者一起，对中国管理的实际问题进行深入探讨，对具有中国特色管理理论的学理基础、研究范式、成果形式进行系统研究。我们主张"和而不同"，力求做到"知行合一"。我们将通过锲而不舍的努力，争取有所突破，不辜负这个时代，不亵渎我们作为管理学者的历史使命。

　　　金鸡报晓，曙光已经初显；
　　　砥砺前行，梦想定会实现。

　　　　　　　　　　　　　　　　　2017 年 9 月 29 日于苏州金鸡湖